그리스도를 닮아 가는 삶의 원리

작은 예수의 영성

1

그리스도를 닮아 가는 삶의 원리
작은 예수의 영성 1 인도자용

지은이 이영훈
펴낸이 김명식
펴낸곳 (주)넥서스

초판 1쇄 인쇄 2014년 2월 1일
초판 2쇄 발행 2014년 2월 15일

출판신고 1992년 4월 3일 제311-2002-2호
121-840 서울시 마포구 양화로 8길 24
Tel (02)330-5500 Fax (02)330-5555

ISBN 978-89-6790-769-3 04230
978-89-6790-766-2 (세트)

가격은 뒤표지에 있습니다.
잘못 만들어진 책은 바꾸어드립니다.

www.nexusbook.com
넥서스CROSS는 (주)넥서스의 기독 브랜드입니다.

그리스도를
닮아 가는
삶의 원리

A Little Jesus-The Spiritual Formation

작은 예수의 영성 1

이영훈 지음

| 인도자용 |

넥서스CROSS

머리말

예수님을 닮아 가는 것이 영성의 목적입니다

요즈음 '영성'(靈性)이라는 말이 우리 사회 다방면에서 언급되고 있습니다. 그리스도인들과 교회뿐 아니라 기업을 비롯한 세상 사람들까지 영성을 이야기하기 시작했습니다. 미래학자들은 21세기에는 '정보화시대'가 끝나고 '영성의 시대'가 열릴 것이라 말하고 있습니다. 그리하여 세계적인 기업들은 영성을 경영전략으로 활용하려는 움직임을 보이고 있습니다. 그러나 세상이 말하는 영성은 온전하지 못합니다. 그들은 영성의 근본을 이해하기보다는 상업적으로 이용하기에 바쁠 따름입니다.

성경이 가르치는 영성은 무엇보다 예수 그리스도의 십자가 복음에 철저히 기초합니다. 인간은 본래 하나님에게 찬양과 경배를 드리며 살도록 지음 받았지만, 인간의 죄로 인하여 하나님과의 관계가 파괴되고 말았습니다. 그래서 모든 사람은 죄 가운데 태어나서 죄 가운데 살다가 죄 가운데 죽을 수밖에 없는 존재가 되었습니다. 그러나 하나님은 예수 그리스도를 이 땅에 보내셔서 십자가에 못 박혀 죽게 하심으로써 인류의 모든 죄를 대속하셨습니다. 그리하여 누구든지 예수님을 구주로 영접하기만 하면 구원을 받습니다. 하나님과의 관계가 다시 회복되는 것입니다.

이처럼 십자가 대속의 은혜로 구원받아 하나님의 자녀가 된 우리는 '작은 예수'가 되어 그 은혜에 대한 감사와 감격 가운데 예수님이 가신 길을 따라가야 합니다. 예수님처럼 사랑하고, 예수님처럼 순종하며, 예수님처럼 겸손한 자세로 이웃과 사회를 섬기며 살아야 합니다. 기독교 영성의 목표는 다른 데 있지 않습니다. 예수님처럼 되는 것, 예수님을 닮아 가는 것이 바로 우리가 추구하는 영성의 목적입니다.

그러나 이것은 우리 인간의 힘과 노력으로는 가능하지 않습니다. 우리가 '작은 예수'로서 살아가기 위해서는 항상 성령으로 충만함을 받아야 합니다. 매사에 성령님을 인정하고 환영하고 모셔 들여야 합니다. 성령님이 아니고는 아무도 예수님을 닮아 갈 수 없기 때문입니다. 우리는 성령님의 인도하심을 따라 말씀과 기도로 주님과 교제하는 훈련을 받아야 합니다. 그래야만 절대 긍정의 믿음을 통해 고난과 역경을 이겨내고, 예수 그리스도의 복음을 증거하며 열매 맺는 삶을 살아갈 수 있습니다.

《작은 예수의 영성》은 예수님을 믿고 그분을 닮아 가기를 소망하며 꿈꾸는 이 땅의 '작은 예수'들을 위해 기획되었습니다. 이 책으로 훈련하는 모든 분이 성령님의 인도하심을 따라 예수님과 함께 죽고 예수님과 함께 사는 '작은 예수'가 되어 하나님에게 크게 쓰임 받게 되시기를 간절히 기도드립니다.

여의도순복음교회 당회장
이영훈 목사

추천사

작은 예수로 살 길을 제시하는 고마운 책

예수님은 이 땅에 오셔서 영혼 구원과 치유, 죄 용서와 사랑, 온유와 겸손, 꿈과 희망 등 수많은 것을 보여 주셨습니다. 그리고 보혜사 성령님을 보내셔서 우리로 성령 충만함을 받아 예수님의 발자취를 따라 살도록 하셨습니다(벧전 2:21). 우리가 예수님의 흔적을 따라 살면서 우리도 그와 같은 열매를 맺으면 작은 예수가 되는 것입니다.

그런데 작은 예수로서 이 세상을 살아가는 것은 굉장히 힘든 일입니다. 왜냐하면 세상이 우리가 작은 예수로 살아가는 것을 그냥 바라만 보고 있지 않기 때문입니다. 우리가 작은 예수로서 하나님의 말씀을 증거하고, 병든 세상을 고치고, 절망에 빠진 사람들에게 희망을 전하는 성령 충만한 삶을 살면 세상이 우리를 싫어하고 수많은 고난에 빠뜨리기 때문입니다. 그러므로 우리가 작은 예수로 살기로 작정한 다음에는 고난받을 각오를 하고 살아가야 합니다.

예수님도 우리가 작은 예수로 살아가면 세상이 우리를 미워할 것이라고 말씀하셨습니다(요 15:18~19). 바울 사도도 우리가 그리스도와 함께 영광을 받기 위하여 고난도 받아야 한다고 말했습니다(롬 8:17). 그러나 우리가 고난을 두려워하지 않아도 되는 것은 예수님이 이미 십자가에서 세상을 다 이겨 놓으셨으므로 우리가 성령 충만을 통해 날마다 예수님과 동행하면 어떠한 고난도 이겨낼 수가 있기 때문입니다(요 16:33).

이영훈 목사님의《작은 예수의 영성》에는 우리가 작은 예수로서 이 세상에서 하나님에게 영광을 돌리며 살 수 있는 길이 자세히 제시되어 있습니다. 저는 이 교재를 통해 많은 성도가 작은 예수의 삶을 살아갈 수 있기를 바라며 기쁜 마음으로 추천합니다. 아무쪼록 이 책을 통해 보다 많은 그리스도인이 명실상부한 작은 예수가 되어 어둔 세상을 밝히는 빛과 소금의 직분을 다함으로써 하나님에게 영광 돌리시기를 희망합니다.

여의도순복음교회
원로목사 조용기

교재 활용법

그리스도를 닮아 가는 작은 예수들에게

1. 본 교재는 그리스도인들이 예수 그리스도를 닮은 '작은 예수'가 되어 가는 일에 도움을 드리기 위해 고안되었습니다.

   단지 성경 지식을 배우는 차원을 넘어서서, 지금도 살아 계시는 예수님과의 만남 속에서 그분을 알고, 그분을 닮아 가는 일에 초점을 맞추시기 바랍니다. 또한 이 일이 나의 힘과 능력으로 되지 않고 오직 성령님의 인도하심에 순종할 때에만 가능하다는 사실을 인정하고, 매 순간 성령님을 의지하시기 바랍니다.

   기도수첩을 활용하여 훈련을 받는 동안 경험하게 될 하나님의 응답을 기록하십시오. 서로를 위해 중보기도하며 작은 예수로 성장해 갈 과정을 기대하십시오.

2. 본 교재는 처음부터 끝까지 읽어 가면서 꼭 기억해야 할 중심 성경 말씀을 손으로 기록하고, 질문에 답을 쓰도록 고안되었습니다.

   교재를 단순히 읽는 데서 그치면 안 됩니다. 책을 공부하면서 배운 성경적 원리를 여러분의 삶에 적용해야 합니다. 이를 위해서는 먼저 교재에 나와 있는 성경을 쓰면서 깊이 묵상하고, 질문에 답을 적어야 합니다. 교재의 많은 부분이 말씀 공부(쓰기)와 묵상, 기도를 통해 예수님을 닮아 가도록 여러분을 이끌어 줄 것입니다.

3. 본 교재의 성경 구절과 예화를 충분히 활용하시기 바랍니다.

   매 단락마다 본문의 이해를 돕기 위한 성경 구절과 예화들이 있습니다. 우리는 어느 구절, 어느 이야기에서 하나님이 은혜를 주시고 깨달음을 주실지 모릅니다. 그러므로 작은 한 부분이라도 놓치지 말고 이를 통해 말씀하시는 주님의 음성에 귀를 기울이시기 바랍니다.

4. 은혜받은 부분이나 궁금한 것이 있으면 기록하시기 바랍니다.

교재를 읽으면서 느낀 바를 그때그때 양쪽의 여백에 기록하는 것이 좋습니다. 작은 것 하나라도 하나님이 주신 깨달음이 있다면 잊지 말고 복습할 수 있도록 반드시 기록하시기 바랍니다. 또한 책을 읽으면서 이해가 되지 않거나 궁금한 점이 있으면 적어 두었다가 모임 시간에 질문을 해도 좋습니다.

5. 정해진 시간에 모임에 참석하여 훈련을 받으시기 바랍니다.

예수님을 따르는 길은 좁고 협착하여 찾는 이가 적습니다(마 7:14). 그 길을 가기 위해서는 교회에서 주 안에서 형제자매가 된 다른 성도들의 도움을 받는 것이 반드시 필요합니다. 정기적으로 모임에 참석하여 함께 공부하면서 각자의 삶을 공유하고 받은 은혜와 결단을 나눌 때 큰 유익이 있다는 사실을 발견하게 될 것입니다.

모임 진행 방법

찬양과 기도	1. 함께 찬송합니다. 2. 미리 정해진 순서에 따라 모임을 위해 대표 기도합니다.
출석 및 과제 점검	1. 출석을 체크하고 예습(교재 읽기, 성경 쓰기, 문제 풀기), 중보기도(기도수첩) 등의 과제를 점검합니다. 2. 성경 암송 과제를 점검하고 함께 암송합니다.
배움과 나눔	1. 예습하면서 가장 마음에 와 닿은 내용을 돌아가면서 이야기하는 것으로 시작합니다. 2. 각 과의 핵심 주제를 생각하면서 진행하십시오. 3. 성경을 읽고 답하는 질문은 한 사람이, 개인적인 생각이나 느낌을 묻는 질문은 여러 명이 대답하도록 하십시오. 각 과의 마지막에 생각을 정리하는 질문은 가급적 모든 사람이 나누도록 합니다. 4. 어느 특정한 부분에 시간을 너무 많이 할애하지 않도록 주의하십시오.
마무리	1. 단원의 핵심을 간단히 정리합니다. 2. 함께 찬송합니다. 3. 인도자가 단원 주제에 맞는 기도 제목을 제시하고 함께 통성으로 기도합니다(중보기도도 함께). 인도자가 마무리 기도를 한 후에 주기도문으로 마칩니다. 4. 다음 모임에 대해 안내합니다(핵심요약을 보고 다음 단원을 짧게 소개한 뒤에 과제를 확인합니다).

2장 말씀의 영성

3장 성령충만의 영성

NEXT

작은 예수의 영성 2

1장

십자가의 영성

01 십자가 영성과 하나님의 사랑

02 십자가 영성과 예수님의 대속의 십자가

03 십자가 영성과 제자의 삶

예수님의 십자가는 하나님의 공의와 사랑이 하나로 계시된 자리입니다. 하나님의 공의 앞에서 '나'는 마땅히 죽을 수밖에 없는 죄인이요, 사형수일 뿐입니다. 십자가는 죄인을 사형시키는 죽음의 형틀로서, 십자가에 달린 죄인은 수치와 모멸 속에서 참혹한 죽음을 당했습니다. 예수님도 예외가 아니었습니다. 죄 없으신 하나님의 어린 양이 온 인류의 죄악과 허물과 불의를 한 몸에 짊어진 채 가장 흉악한 사형수가 되어 죽으신 것입니다. 예수님이 "엘리 엘리 라마 사박다니"(아버지여 아버지여 어찌하여 나를 버리시나이까)라고 고통 중에 부르짖을 때 하나님은 얼굴을 돌리셨습니다. 예수님은 하나님 아버지로부터 외면당하는 고통까지 겪으신 것입니다. 예수님의 십자가는 '나의 죄'의 대속이 거저 얻어진 것이 아니라 예수님의 희생과 순종의 대가로 이루어진 것임을 보여 줍니다. 예수님이 흘리신 보혈의 공로로 내게 생명이 주어진 것입니다.

죄인인 '나'는 하나님 앞에서 바로 설 수도 없고, 죄를 사함 받을 수도 없고, 죄를 안 지을 수도 없습니다. 하나님 앞에서 죄를 용서받을 길이 없습니다. 그런데 사랑의 하나님이 영원한 죽음의 절망적 운명 속에 있는 '나'를 위해 아들의 생명을 내어 주셨고, 예수님은 나를 대신하여 십자가에서 피 흘리시고 몸을 찢기셨습니다.

예수님의 십자가는 하나님 사랑의 완결이요, 죄인으로 나서 죄인으로 살다가 죄인으로 죽을 수밖에 없었던 온 인류를 위한 영원한 구원의 근원입니다. 십자가 앞으로 나아가 예수님의 보혈로 죄를 씻음 받고 용서받은 사람은 누구든지 하나님의 영원한 생명에 참여하며 은혜로 주어지는 전인적 축복의 주인공이 됩니다. 십자가의 은혜로 구원받은 우리는 영원히 주님의 구원의 은혜를 찬양하면서, 주님을 만날 날까지 주님이 가신 십자가의 길을 따라가야 합니다. 잃어버린 한 영혼을 찾으시는 주님의 뜻을 받들어 그리스도의 복음을 전하고, 세상과 마귀의 유혹에 담대히 맞서 싸워 나가야 합니다. 십자가의 영성으로 우리는 이 일을 이루어 나가야 합니다.

그러므로 본 장에서는 하나님의 사랑과 예수님의 대속의 십자가로 이루신 일에 대하여, 그리고 예수님이 걸어가신 십자가의 길을 따라가는 제자의 삶에 대하여 살펴보겠습니다.

01 십자가 영성과 하나님의 사랑

하나님이 세상을 이처럼 사랑하사 독생자를 주셨으니
이는 그를 믿는 자마다 멸망하지 않고 영생을 얻게 하려 하심이라
하나님이 그 아들을 세상에 보내신 것은 세상을 심판하려 하심이 아니요
그로 말미암아 세상이 구원을 받게 하려 하심이라
〈요한복음〉 3:16~17

핵심 요약 1. 인간은 하나님의 형상을 따라 하나님이 친히 지으신 특별한 존재다.
2. 인간은 하나님의 피조물이기 때문에 하나님 없이는 존재할 수 없으며, 다른 피조물들처럼 유한성을 가진다.
3. 하나님의 형상이란 인간의 본성 속에 내재하며 다른 인간과 서로 교통하며 자신의 의지를 가지고 행동하게 만드는 인격적 능력이다.
4. 인간은 하나님의 주권에 도전하여 반역하고 범죄한 결과 하나님과 단절되고 사망과 저주 가운데 처하게 되었다.

1. 인간은 누구인가

하나님의 형상으로 창조되었습니다

〈창세기〉 1장 26~27절 말씀을 적어 보세요.

하나님이 이르시되 우리의 형상을 따라 우리의 모양대로 우리가 사람을 만들고 그들로 바다의 물고기와 하늘의 새와 가축과 온 땅과 땅에 기는 모든 것을 다스리게 하자 하시고 하나님이 자기 형상 곧 하나님의 형상대로 사람을 창조하시되 남자와 여자를 창조하시고

인간은 우연히 아메바 같은 생물로부터 발생하여 진화한 것이 아니라, 하나님의 형상을 따라 하나님이 친히 지으신 특별한 존재입니다. 따라서 인간에게는 본질적으로 하나님의 형상이 있으며, 다른 피조물과 달리 하나님과 인격적으로 교제할 수 있습니다. 이러한 특성이 있기 때문에 인간은 하나님을 섬기고 사랑할 때 참다운 인생의 의미를 발견하게 되고 참된 만족과 행복을 얻을 수 있습니다.

하나님이 인간을 창조하셨다는 사실은 여러 가지 의미를 지닙니다. 무엇보다도 인간이 이 땅에 존재하게 된 것은 하나님이 의도적으로 원하시고 목적하신 바가 있다는 것입니다. 하나님이 인간을 향해 특별한 목적을 가지고 계시기 때문에 인간은 목적을 하나님 안에 두어야 합니다. 즉, 우리는 하나님의 피조물이기 때문에 하나님 없이는 존재할 수 없으며 우리에게 있는 것이나 우리가 가진 모든 것은 하나님에게서 온 것입니다. 또한 인간 역시 피조물이기 때문에 다른 피조물들처럼 유한성을 가집니다. 인간은 신체적인 면에서나 지적인 면에서나 한계성을 가집니다. 그럼에도 불구하고 인간이 모든 피조물 위에 뛰어나고 특별한 이유는 하나님의 형상을 따라 지음 받은 존재이기 때문입니다.

인간의 가장 독특한 특성은 하나님의 형상을 가지고 있다는 것입니다. 그렇다면 하나님의 형상이란 무엇일까요? 보통 하나님의 형상이 무엇이냐는 질문에 대해 물질적인 것이 아니라 도덕적 형상이라고 말합니다. 인간이 닮은 하나님의 형상과 모양은 물리적이고 외적인 어떤 형상이 아니라 하나님의 성품의 속성이나 도덕

✣01~03과

- 시작 찬송: 260장, 304장
- 복음성가: 보혈을 지나
- 마무리 찬송: 95장

〈신명기〉4:15~19

야훼께서 호렙 산 불길 중에서 너희에게 말씀하시던 날에 너희가 어떤 형상도 보지 못하였은즉 너희는 깊이 삼가라
그리하여 스스로 부패하여 자기를 위해 어떤 형상대로든지 우상을 새겨 만들지 말라 남자의 형상이든지, 여자의 형상이든지,
땅 위에 있는 어떤 짐승의 형상이든지, 하늘을 나는 날개 가진 어떤 새의 형상이든지,
땅 위에 기는 어떤 곤충의 형상이든지, 땅 아래 물 속에 있는 어떤 어족의 형상이든지 만들지 말라
또 그리하여 네가 하늘을 향하여 눈을 들어 해와 달과 별들, 하늘 위의 모든 천체 곧 너희의 하나님 야훼께서 천하 만민을 위하여 배정하신 것을 보고 미혹하여 그것에 경배하며 섬기지 말라

적 형상을 닮았다는 것입니다. 이는 하나님이 이스라엘에게 형상을 만들지 말라고 경고하신 것(신 4:15~19)과 형상을 만들어 경배하지 말라고 하신 점에서도 미루어 볼 수 있습니다. 인간의 인격을 구성하고 있는 지성과 감성, 의지적 속성은 하나님 형상의 한 측면으로서, 이것은 인간과 다른 동물 사이를 구분 짓는 특질입니다. 나아가 인간에게 있는 도덕적인 형상은 스스로 선택하고 결정할 수 있는 자유의지입니다. 여기서 인간은 사랑의 하나님에게 응답하여 하나님을 사랑하고, 이웃에게 또한 사랑을 실천할 책임을 가집니다(레 19:18, 33~34; 신 10:19; 마 5:43~44; 눅 10:27~37).

또한 도덕적 형상은 우리 자신이 생각하는 것이나 행동하는 것이 옳은 것이냐, 아니냐와 관련되는 인격적 자질이기도 합니다. 첫 사람 아담과 하와는 죄가 없는 거룩한 존재로 지음 받았습니다. 그들은 순전한 마음을 가지고 하나님과 교제하고 대화했습니다. 그러나 그들이 하나님을 반역하고 범죄하여 타락했을 때 그 같은 순전한 마음이 파괴되고 도리어 하나님을 거부하는 반역적 성품이 자리를 잡게 되었습니다. 그러므로 〈에베소서〉 4장 24절은 "하나님을 따라 의와 진리의 거룩함으로 지으심을 받은 새사람을 입으라"고 말씀합니다. 하나님은 그리스도의 십자가를 통하여 우리에게 새로운 성품, 다시 말해 도덕적 형상의 회복을 부여하시는 것입니다.

하나님의 형상이란 인간이 소유하는 어떤 능력이나 행위가 아니라 인간을 인간되게 만드는 본질적인 특성입니다. 하나님의 형상이란 인간의 내재적 본성에 있어서 인간의 존재됨을 규정하는

가장 근본적 자질이라고 볼 수 있습니다. 즉 하나님의 형상은 인간의 본성 속에 내재하며 다른 사람과 서로 교통하고 사고하며 자신의 의지를 가지고 행동하게 만드는 인격적 능력이라고 볼 수 있습니다. 이와 같은 하나님의 형상은 죄나 타락의 결과에 의해서도 상실되지 않았습니다.

나아가 인간이 하나님의 형상이라는 것은 우리가 하나님에게 속한 자들이며 인간은 모두 가치 있는 귀한 존재라는 의미를 가집니다. 인간은 비록 죄인이기는 하지만 여전히 하나님의 형상대로 지음을 받은 귀한 존재입니다. 또한 이 형상은 모든 사람이 보편적으로 갖고 있습니다. 따라서 모든 사람은 존엄성을 가집니다. 우리가 하나님 앞에 나아가 하나님과 바른 관계를 가질 때, 죄로 인해 손상된 하나님의 형상은 예수 그리스도의 온전한 성품에 이르기까지 회복되어 갑니다.

하나님의 법을 어겨 죄인이 되었습니다

하나님은 특별히 인간과 천사에게 도덕적인 자유의지를 주셨습니다. 죄는 인간이나 천사와 같은 자유의지를 가진 피조물들의 선택과 관련이 있습니다. 에덴동산에서 사탄이 "하나님이 참으로 너희에게 동산 모든 나무의 열매를 먹지 말라 하시더냐"(창 3:1)라고 말하며 하와를 유혹했을 때, 하와는 스스로 그 나무의 열매를 보고, 생각하고, 선택했을 뿐 아니라 남편에게도 그 열매를 건네어 먹게 했습니다. 선악을 알게 하는 나무는 하나님의 주권을 상징합니다. 아담과 하와는 자신들의 자유의지로 하나님에게 대한 불순종을 택하였습니다. 이로 인해 하나님과 그들과의 관계는 어긋나게 되었습니다. 아담과 하와는 겸손히 하나님의 주권에 순복하고 하나님을 신뢰하는 대신에 교만과 탐욕을 품고 그 자신을 하나님의 자리에 앉혔던 것입니다. '불신앙'과 '자신을 높이고자 하는 욕망(교만)'은 죄의 핵심적인 속성입니다(창 3:16~19).

〈이사야서〉53:6
우리는 다 양 같아서 그릇 행하여 각기 제 길로 갔거늘 야훼께서는 우리 모두의 죄악을 그에게 담당시키셨도다

다른 측면에서 죄는 하나님의 법을 위반하는 것입니다(요일 3:4). 죄에 대한 히브리어 '하타'(hata)는 의도적인 타락 또는 의도적으로 어느 한 측면에 집중하여 생기는 목표의 상실을 뜻합니다(사 53:6; 롬 3:9~12, 23). 죄란 근본적으로 하나님을 불신하고 불순종하는 불신앙을 뜻합니다. 죄는 하나님의 사랑에 대해 인격적으로 거역하는 일이요, 하나님의 뜻으로부터 탈선하는 것입니다. 죄는 하나님의 목적과 명령에 대한 직접적인 반역으로서, 인간 자신이 주인이 되어 자신의 이기적 욕망을 채우려는 목적으로 하나님에게 행하는 도전 행위입니다.

성경은 인간이 본래 행복한 존재로 지음 받았다고 말씀합니다. 인간은 다른 피조물과 달리 하나님의 형상과 모양대로 지음 받았고, 하나님의 생기로 살게 된 존재입니다. 따라서 인간은 영혼을 가진 특별한 존재, 영적 존재로서 모든 피조물 중 유일하게 하나님과 교제할 수 있는 특권을 가지고 있습니다(창 1:26~27, 2:7). 그런 인간이 불행한 삶을 살게 되고, 불완전한 존재가 된 것은 죄 때문입니다. 인류의 조상 아담과 하와가 하나님에게 불순종하여 죄를 지었고, 그 때문에 죄의 세력에 문을 열어 주게 된 것입니다(롬 5:12). 죄로 말미암아 인간은 하나님과 단절된 상태에서 사망과 저주 가운

〈로마서〉5:12
그러므로 한 사람으로 말미암아 죄가 세상에 들어오고 죄로 말미암아 사망이 들어왔나니 이와 같이 모든 사람이 죄를 지었으므로 사망이 모든 사람에게 이르렀느니라

데 살게 되었습니다(롬 3:23). 인간은 하나님의 주권에 도전하여 반역하고 범죄한 결과 절망적 운명에 처하게 되었습니다. 인간의 존재와 삶 속에는 죽음과 절망, 소외와 불안이 가득 차게 되었습니다.

아담과 하와의 죄는 그들의 후손인 인류 전체에 유전되었습니다. 인간은 모두 죄인으로 태어납니다. 즉, 본질적으로 죄에 오염된 상태에서 태어나기 때문에 자연스럽게 죄를 범하게 되어 있습니다. 각 사람은 하나님과 불화한 상태로 하나님의 진노 아래 놓여 있습니다. 이렇듯 인간 후손 전체에 미치는 첫 사람 아담의 죄의 영향을 '원죄'라고 합니다. 〈로마서〉 3장 23절은 "모든 사람이 죄를 범하였으매 하나님의 영광에 이르지 못하더니"라고 말씀합니다. 인류의 시조인 아담 안에서 온 인류는 하나님의 뜻을 어기고 타락한 죄인이 되고 말았습니다. 모든 인간은 날 때부터 죄를 지을 수밖에 없는 본성을 가지고 삶을 시작합니다. 인간은 하나님 앞에서 죄인입니다. 하나님 편에서 볼 때 인간의 생각과 행위는 무익하고, 마음은 무감각하고, 행위는 불순종 가운데 있습니다.

죄의 결과는 죽음입니다. 인간이 최초로 죄를 지은 후, 하나님은 "너는 흙이니 흙으로 돌아갈 것이니라"(창 3:19)고 선언하셨습니다. 영원한 형벌을 초래하는 영적인 죽음과 더불어 육체적 죽음이 온 인류에게 다가온 것입니다. 죄지은 인간에게 제일 먼저 영적 사망이라는 심판이 임했습니다. 성경에서 죽음은 분리를 의미합니다. 영적 사망이란 영이신 하나님에게서 분리된 상태를 말합니다. 인간은 죄 때문에 하나님과 영적으로 단절되었고, 세상의 영에 속하여 본질상 진노의 자녀가 되었습니다.

〈로마서〉 3:23

모든 사람이 죄를 범하였으매 하나님의 영광에 이르지 못하더니

원죄

원죄(Original Sin)란 〈창세기〉 3장에 나오는 첫 인류 아담과 하와가 하나님의 명령을 어기고 선악을 알게 하는 나무의 실과를 따 먹은 범죄를 가리킨다. 범죄의 결과, 모든 인간은 하나님과의 완전한 분리('영의 죽음'), 가시덤불과 엉겅퀴로 표현되는 '환경의 저주', 질병으로 인한 '육신의 죽음'을 겪으며 전적인 타락 상태에 놓이게 되었다.

〈에베소서〉 2장 3절 말씀을 적어 보세요.

전에는 우리도 다 그 가운데서 우리 육체의 욕심을 따라 지내며 육체와 마음의 원하는 것을 하여 다른 이들과 같이 본질상 진노의 자녀이었더니

하나님과의 관계만 파괴되고 단절된 것이 아닙니다. 인간관계도 파괴되었습니다. '가인과 아벨 사건'을 보면, 인간의 마음속에 증오심이 자리 잡게 되었다는 것을 알 수 있습니다. 인류 역사에 끊임없이 이어져 온 전쟁, 이로 인한 고통은 죄로 인한 관계성의 파괴로 인해 다가온 것입니다. 또한 내적으로 모든 인간은 죄로 인한 갈등과 괴로움을 겪게 되었습니다. 마음의 갈등은 타락한 인간이 겪는 죄의 직접적인 결과입니다.

또한 영적인 사망뿐 아니라 육체적 사망이 다가왔습니다. 죄 때문에 인간은 영원히 살 수 없게 되었습니다. 육신에 온갖 질병이 다가와 고통당하게 되었고, 정신적으로도 불안과 고뇌와 갈등으로 인해 평안을 누릴 수 없게 되었습니다. 그리고 결국에는 육신이 죽어서 흙으로 돌아가게 됩니다(창 3:19). 육체적 사망 역시 아담과 하와의 타락으로 생겨난 인간의 비극적 결과입니다. 나아가 죄를 지은 인간은 하나님으로부터 영원히 분리되는 영원한 사망에 처하게 되었습니다. 회개하고 주님을 영접하지 않은 죄인은 모두

회개

회개는 자신의 생각을 바꿔 잘못을 뉘우치고 돌이켜 하나님에게로 향하는 것을 뜻한다. 그러므로 회개는 단순히 '마음의 변화'만을 의미하는 것이 아니라 다시금 똑같은 잘못을 행하지 않으려고 '돌이키는' 적극적인 '행동의 변화'까지 포함한다.

마지막 날에 하나님의 심판을 받게 됩니다(히 9:27). 그 심판 때에 죄인은 영원한 멸망, 곧 삶의 근원이신 하나님으로부터 영원히 분리되는 둘째 사망에 들어가게 됩니다(계 21:8).

〈히브리서〉 9:27
한번 죽는 것은 사람에게 정해진 것이요 그 후에는 심판이 있으리니

2. 좋으신 하나님_하나님의 공의와 사랑

인간은 스스로 구원할 수 없습니다

죄로 말미암아 하나님과 인간 사이에는 넘을 수 없는 벽이 생겼습니다. 그래서 인간은 구원을 갈망하며 몸부림치지만 스스로는 아무것도 할 수 없게 되었습니다. 아무리 선한 행동을 해도 구원을 얻지 못합니다. 그 어떤 종교적 수양이나 철학, 고도의 물질문명과 과학도 인간의 죄 문제를 해결해 주지 못합니다. 죄의 삯은 사망이므로 누구든지 자신의 죗값을 청산하지 않고는 하나님 앞에 설 수 없습니다. 인간은 오직 예수님을 통해서만 영생을 얻고 하나님 앞에 설 수 있습니다(롬 6:23).

하나님은 공의로운 분입니다

하나님은 인격적인 분으로서 도덕적 속성을 가지고 계십니다. 도덕적 존재로서의 하나님은 거룩하시고 의로우시며 사랑이 충만하신 분입니다.

〈이사야서〉 6장 1~4절을 보면 야훼를 모셔 서는 스랍들이 "거룩하다 거룩하다 거룩하다 만군의 야훼여"라고 서로 화답하고 있

핵심 요약
1. 죄의 삯은 사망이므로 누구든지 죗값을 청산하지 않고는 하나님 앞에 설 수 없다. 그러나 죄인 된 인간은 스스로 죄의 문제를 해결하지 못한다.
2. 하나님은 공의와 사랑의 하나님이시다. 하나님은 죄인 된 우리를 구원하시려고 독생자 예수님의 생명을 십자가 위에서 내어 주어 죗값을 치르도록 하셨다.
3. 구원은 하나님의 선물이다. 우리는 구원받을 만한 자격이 아무것도 없지만 오직 하나님의 은혜로 구원받게 되었다.
4. 우리는 십자가를 통해 하나님과 원수였던 관계를 청산하고 하나님 앞에 가까이 나아갈 수 있게 되었다. 예수님의 십자가를 통해 하나님과 우리 사이에 화목이 이루어짐으로써 하나님은 우리의 아버지가 되시고, 우리는 하나님의 자녀가 되었다.

습니다. 여기서 사용된 히브리어 '콰도쉬'(quadosh)는 '베어 내다', '분리하다'라는 의미를 가지는 동사에서 파생된 말입니다. 하나님은 그 어떤 피조물이나 피조 세계와 완전히 분리되어 있으신 분, 즉 악과 관련이 없으시며 어떤 의미에서든지 악한 것들에 관여하지 않는 분입니다.

> 나는 너희의 하나님이 되려고 너희를 애굽 땅에서 인도하여 낸 야훼라 내가 거룩하니 너희도 거룩할지어다(레 11:45)

하나님은 죄악과 무관하시며, 더 나아가 죄악을 미워하는 분입니다. 또한 하나님은 의로우시므로, 하나님이 명하시는 것들은 옳은 것이며, 그 말씀에 순종하는 자에게 선이 되는 결과를 가져옵니다. 우리는 의로우신 하나님이 세우고 하시는 일들을 신뢰할 수 있습니다. 나아가 하나님은 공의로우십니다. 이는 자신이 세운 법을 공평하게 집행하신다는 것을 의미합니다. 자신이 세운 율법에 일치하여 행동하시고, 자신이 세운 법에 따라 세계를 통치하십니다. 〈창세기〉 2장 17절을 보면, 하나님이 아담과 하와에게 "선악을 알게 하는 나무의 열매는 먹지 말라 네가 먹는 날에는 반드시 죽으리라"고 경고하셨습니다. 그래서 아담과 하와가 하나님이 세우신 법을 어겼을 때 하나님은 말씀하신 대로 심판과 형벌을 내리셨던 것입니다.

심판
'심판'은 옳고 그름에 대해 판결을 내리는 것을 의미하며, 성경에서는 하나님이 내리시는 저주나 형벌을 받는 말로 자주 사용되었다. 하나님은 예수 그리스도를 믿는 '믿음'과 그에 따르는 '행위'에 따라 모든 사람을 심판하신다.

하나님은 불순종하여 죄 가운데 처한 인간을 내버려두지 않으셨습니다. 끝까지 사랑하고 구원하고자 하셨습니다. 그러나 하나님은 공의로우신 분이므로 죄인 된 모든 인간은 죄에 대한 대가를 치러야 합니다. 인간은 모두 죄인이기 때문에 죄 없는 완전한 존재의 희생으로 대속할 필요가 있습니다(히 9:22). 그래서 하나님이 계획하신 구원 계획은 놀랍습니다. 바로 독생자 예수님, 죄와 상관없으신 예수님을 이 땅에 보내셔서 죄인들을 위해 대신 죽으므로써 죗값을 대신 치르도록 하신 것입니다.

하나님의 구원 계획을 따라 예수님은 인간의 몸을 입고 이 땅에 오셨습니다. 하나님의 뜻에 순종하신 것입니다. 그리고 인류의 모든 죄를 짊어지고 십자가에 돌아가심으로 죗값을 치르셨습니다.

✣대속

'대속'이란 죄를 알지도 못하는 예수님이 우리를 대신하여 죽으신 것을 가리킨다. 그 결과 우리의 죄는 사해졌으며, 우리는 그리스도 안에서 하나님의 의가 되었다(고후 5:21).

〈히브리서〉9:22

율법을 따라 거의 모든 물건이 피로써 정결하게 되나니 피흘림이 없은즉 사함이 없느니라

〈로마서〉 3장 23~24절 말씀을 적어 보세요.

모든 사람이 죄를 범하였으매 하나님의 영광에 이르지 못하더니 그리스도 예수 안에 있는 속량으로 말미암아 하나님의 은혜로 값 없이 의롭다 하심을 얻은 자 되었느니라

하나님은 인간을 사랑하시기에, 그리고 공의로운 방법으로 인간을 구원하시기 위해 독생자 예수님을 보내셔서 희생 제물로 삼으셨습니다(롬 5:8). 이처럼 하나님은 우리를 사랑하시되, 아들의 생명을 내어 주시기까지 사랑하셨습니다. 이런 하나님의 사랑이 바로 복음입니다. 이보다 더 기쁘고 좋은 소식은 이 세상에 없습니

〈로마서〉5:8

우리가 아직 죄인 되었을 때에 그리스도께서 우리를 위하여 죽으심으로 하나님께서 우리에 대한 자기의 사랑을 확증하셨느니라

✣ 은혜
구약에서는 하나님이 경건한 자와 고통당하는 자에게 베푸시는 인자와 긍휼을 나타내고, 신약에서는 하나님이 죄인을 용서하고 구속하신 사랑을 가리킨다. 하나님이 예수님의 십자가 대속을 통해 값없이 베풀어 주신 구원이 바로 은혜이다(엡2:8).

다. 우리의 죄 용서는 십자가의 고난과 죽음이라는 무서운 대가를 지불함으로써 얻어진 하나님의 은혜입니다. 이것은 하나님의 공의를 만족시킴과 하나님의 위대한 사랑을 보여 줍니다. 이 사랑은 하나님만이 나타내실 수 있는 가장 크고 놀라운 능력입니다(요일 4:9~10).

하나님은 사랑이십니다

어느 날, 강 위에 세워진 개폐식 철교를 여닫는 일을 하는 사람이 아들을 데리고 출근했습니다. 그는 아들을 강가에서 낚시하게 하고 조종실로 올라갔습니다. 그리고 멀리서 배가 접근하는 것이 보이자 다리가 열리도록 레버를 조작해 놓고 잠시 다른 부분들을 점검하고 있었습니다. 그런데 돌발 사태가 벌어졌습니다. 배가 지나가고 다리가 아직 열려 있는 상태에서 기차가 예정보다 빨리 철교를 향해 달려오고 있었던 것입니다. 하지만 그는 기차가 오는 것을 알아차리지 못하였습니다. 아들이 낚시를 하다가 기차를 발견하고 그를 향해 소리쳤지만 그는 듣지 못했습니다. 마음이 급해진 아들은 사고를 막기 위해 수동으로 다리를 닫는 레버를 조작하려고 다리 위로 올라가다가 그만 개폐기를 작동하는 바퀴 사이에 다리가 끼었습니다. 뒤늦게 기차가 오는 것을 발견한 그는 서둘러 다리를 닫으려고 하던 차에 아들이 기계에 다리가 끼어서 빠져나오지 못하고 있는 것을 보았습니다. 순간, 그는 눈이 아득해졌습니다. 다리를 닫으면 아들이 죽게 되고, 다리를 닫지 않으면 기차가 강으로 추락하여 승객들이 모두 죽게 됩니다. 오열하며 갈등하던 그는 결국 고통의 눈물을 흘리며 다리를 닫았습니다. 아들의 목숨을 버리고 승객들의 목숨을 구한 것입니다. 그러나 열차에 탄 수많은 낯선 사람들은 대부분 그 사실조차 알지 못합니다.

보비 가라베디안 감독이 체코에서 촬영한 29분짜리 단편 영화 〈모스트〉의 줄거리입니다(체코어로 모스트는 '다리'입니다). 사랑은 가장 근본적인 하나님의 성품입니다. 하나님의 사랑은 자신을 주시는 희생적인 사랑입니다. 사랑의 하나님은 인자하시고 은혜로우시며 자비하시고 오래 참으시는 하나님이십니다.

> 사랑하는 자들아 우리가 서로 사랑하자 사랑은 하나님께 속한 것이니 사랑하는 자마다 하나님으로부터 나서 하나님을 알고 사랑하지 아니하는 자는 하나님을 알지 못하나니 이는 하나님은 사랑이심이라 하나님의 사랑이 우리에게 이렇게 나타난바 되었으니 하나님이 자기의 독생자를 세상에 보내심은 그로 말미암아 우리를 살리려 하심이라 사랑은 여기 있으니 우리가 하나님을 사랑한 것이 아니요 하나님이 우리를 사랑하사 우리 죄를 속하기 위하여 화목 제물로 그 아들을 보내셨음이라(요일 4:7~10)

하나님은 자신이 사랑하는 자녀들의 행복에 큰 관심을 가지고 계십니다. 하나님의 사랑은 인간들처럼 자신의 유익을 구하거나 얻기 위해서 주는 조건적인 사랑이 아니라 오히려 자신을 희생하고 내어 주시는 사랑입니다. 하나님은 죄인 된 우리를 구원하시려고 독생자 예수님의 생명을 십자가 위에서 내어 주셨습니다. 그리고 하나님은 단지 신자뿐 아니라 이 세상 모든 사람에게 은혜를 베푸십니다.

다음의 성경말씀을 적어보세요.

〈요한복음〉 3장 16절

하나님이 세상을 이처럼 사랑하사 독생자를 주셨으니 이는 그를 믿는 자마다 멸망하지 않고 영생을 얻게 하려 하심이라

〈마태복음〉 5장 45절 하반절

하나님이 그 해를 악인과 선인에게 비추시며 비를 의로운 자와 불의한 자에게 내려 주심이라

사랑의 하나님은 은혜로우십니다. 하나님은 각 사람의 필요를 따라 은혜를 베푸십니다. 〈에베소서〉 2장 8~9절은 "너희는 그 은혜에 의하여 믿음으로 말미암아 구원을 받았으니 이것은 너희에게서 난 것이 아니요 하나님의 선물이라 행위에서 난 것이 아니니 이는 누구든지 자랑하지 못하게 함이라"고 말씀합니다. 하나님은 우리에게 아무것도 요구하지 않으시며, 아무 조건이나 자격을 요구하지 않고 값없이 호의를 베풀어 주시는 것입니다. 구원은 하나님의 선물입니다. 만일 받을 자격이 있는 사람에게만 구원이 주어진다면 그 누구도 구원받지 못할 것입니다. 우리는 오직 하나님의 은혜로 구원받게 된 것입니다.

사랑의 하나님은 자비하십니다. 하나님은 우리 인간을, 특히 자

녀 된 우리를 불쌍히 여기십니다. 마치 부모가 자기 자녀를 불쌍히 여기는 것처럼 하나님은 우리를 불쌍히 여기십니다(시 103:13). 예수님도 이 땅에서 공생애 사역을 하실 때 사람들을 불쌍히 여기시고 자비를 베푸셨습니다. 〈마태복음〉 14장 13~14절을 보면, "예수께서 들으시고 배를 타고 떠나사 따로 빈 들에 가시니 무리가 듣고 여러 고을로부터 걸어서 따라간지라 예수께서 나오사 큰 무리를 보시고 불쌍히 여기사 그 중에 있는 병자를 고쳐 주시니라"고 말씀합니다. 예수님은 사람들을 불쌍히 여기시고 병도 고쳐 주시고 많은 것을 가르쳐 주셨습니다(막 6:34). 또한 모든 도시와 마을을 두루 다니며 그들의 회당에서 가르치시며 천국 복음을 전파하시며 병과 모든 약한 것을 고치셨습니다. 무리가 목자 없는 양과 같이 고생하며 기진함을 보고 불쌍히 여기셨습니다(마 9:35).

〈시편〉 103:13
아버지가 자식을 긍휼히 여김 같이 야훼께서는 자기를 경외하는 자를 긍휼히 여기시나니

〈마가복음〉 6:34
예수께서 나오사 큰 무리를 보시고 그 목자 없는 양 같음으로 인하여 불쌍히 여기사 이에 여러 가지로 가르치시더라

하나님은 오래 참으십니다(시 86:15; 롬 2:4, 9:22; 벧전 3:20; 벧후 3:15). 하나님은 죄인들을 즉각적으로 심판하시지 않고 오래 참고 기다리시며 구원과 은혜를 베푸십니다. 이와 같은 하나님의 성품은 구약시대의 이스라엘 백성에 대해 오래 참으신 하나님의 사랑에서 잘 볼 수 있습니다. 하나님은 이스라엘 백성에게 늘 은혜를 베푸셨지만 이스라엘 백성은 야훼 하나님을 거듭 반역했습니다. 그럼에도 불구하고 오래 참으시는 하나님은 이스라엘 백성이 곤경에 처하여 부르짖을 때마다 구원해 주셨습니다. 베드로는 장차 올 큰 환난의 때에 대해 말하면서 그리스도의 재림이 더딘 것은 하나님이 오래 참으시기 때문이라고 했습니다.

〈시편〉 86:15
그러나 주여 주는 긍휼히 여기시며 은혜를 베푸시며 노하기를 더디 하시며 인자와 진실이 풍성하신 하나님이시오니

〈베드로후서〉 3장 9절 말씀을 적어 보세요.

주의 약속은 어떤 이들이 더디다고 생각하는 것같이 더딘 것이 아니라 오직 주께서는 너희를 대하여 오래 참으사 아무도 멸망하지 아니하고 다 회개하기에 이르기를 원하시느니라.

오늘도 하나님은 잃은 양을 찾으시며 모든 이가 회개하고 주님에게로 나아오기를 기다리고 계십니다.

사랑하지 아니하는 자는 하나님을 알지 못하나니 이는 하나님은 사랑이심이라(요일 4:8)

사랑은 여기 있으니 우리가 하나님을 사랑한 것이 아니요 하나님이 우리를 사랑하사 우리 죄를 속하기 위하여 화목 제물로 그 아들을 보내셨음이라(요일 4:10)

〈시편〉34:8
너희는 야훼의 선하심을 맛보아 알지어다 그에게 피하는 자는 복이 있도다

하나님 사랑의 궁극적 표현은 예수 그리스도의 십자가로 나타났습니다. 우리에 대한 하나님의 사랑은 십자가에 자신의 아들을 내어 준 자기희생적 사랑인 것입니다.

사랑이 많으시고 은혜로우신 하나님은 자신의 피조물인 인간이 형벌을 받고 죽는 것을 원치 않으십니다. 그러나 하나님은 완전한 사랑이시면서 완전한 의가 되십니다. 하나님은 거룩하고 의로우시기 때문에 죄악을 방치하거나 눈감을 수 없으십니다. 그래서 하

나님은 '예수 그리스도의 희생'을 통하여 이 세상과 화목을 이루기로 하셨습니다. 즉, 예수님이 우리 죄를 속량하기 위하여 대신 죽으심으로 하나님과 우리가 화목하게 되도록 하신 것입니다.

이와 같은 하나님의 뜻을 순종하여 예수님은 인간의 몸을 입고 세상에 오셔서 인류를 대신하여 십자가의 형벌을 받으셨습니다. 예수님이 죄 없는 자로서 죄 있는 자를 대신하고 의로운 자로서 불의한 자를 대신하여 십자가에 달린 이유는 바로 하나님의 사랑 때문입니다. 하나님이 우리를 사랑하셔서 죄악과 멸망에서 건지시려고 그 아들을 보내셔서 하나님이 친히 예수님을 십자가에 못 박으셨습니다. 예수님의 생명과 우리의 생명을 맞바꾸신 것입니다. 이처럼 하나님의 사랑은 말뿐 아니라 형용할 수 없는 대가를 지불한 사랑입니다.

하나님의 사랑은 결코 쉽게 생각할 수 없습니다. 하나님은 이 세상의 모든 죄인이 구원받기를 원하십니다. 그러므로 누구든지 예수님을 통해 하나님에게로 나아가면, 하나님이 죄를 용서해 주시고 구원의 축복을 베풀어 주시는 것입니다.

죄인을 위하여 자신의 생명을 내어 주신 예수님

예수님은 자신을 십자가에 못 박고 모욕하는 자들을 위하여 "아버지 저들을 사하여 주옵소서 자기들이 하는 것을 알지 못함이니이다"(눅 23:34)라고 간구하셨습니다. 예수님은 자원하여 십자가에서 인류의 모든 죄악을 담당하셨습니다. 자신을 대적하고 배신하고 미워하는 자들을 향해서 끊임없는 사랑과 긍휼을 베푸셨습니다. 십자가 처형이란 로마 시대에 흉악범들을 가장 고통스럽게 죽이는 사형 방법이었습니다. 그런데 아무 죄도 없는 예수님이 나의 죄를 위해 십자가에 못 박히셨습니다. 원수들은 "네가 만일 하나님의 아들이어든 자기를 구원하고 십자가에서 내려오라 그리하면 우리가 너를 믿겠노라 …… 그가 남은 구원하였으되 자기는 구원할 수 없도다"(마 27:40, 42)라고 비웃었습니다. 예수님은 끝까지 참으셨습니다. 그 이유가 무엇입니까? 바로 우리를 향한 사랑 때문이었습니다. 우리의 그 많은 죄를 예수님이 짊어지시고 십자가 위에서 몸 찢기고 피 흘리심으로 다 청산해 버리셨습니다. 이제 그 은혜로 인해 무조건 믿기만 하면 죄 사함을 받고 의인으로 거듭나게 되는 것입니다. 이제 누구든지 예수님을 믿는 사람은 하나님 앞에 부끄럼 없이 설 수 있는 자격을 얻게 되었습니다.

십자가는 우리와 하나님의 관계를 화목하게 한 사랑의 증거입니다. 우리는 십자가를 통해 이전에 하나님과 원수였던 관계를 청산하고 하나님 앞에 가까이 나아갈 수 있게 되었습니다. 예수님의 십자가를 통해 하나님과 우리 사이에 막혀 있던 죄의 담이 무너지고 하나님의 진노가 사라지고 화목이 이루어졌습니다. 그 증거로 하나님이 '예수의 영'을 우리에게 부어 주셔서 하나님을 향하여 '아빠 아버지'라고 부르게 하셨습니다. 이전에는 원수였으나 이제는 하나님의 자녀로 삼아 주시고 친히 아버지가 되어 주셨습니다.

하나님의 공의도 사랑입니다

하나님은 사랑의 하나님인 동시에 공의의 하나님입니다. 그런데 여기서 우리가 알아야 할 것은, 하나님의 공의는 사랑을 근거로 하고 있고 하나님의 사랑은 공의를 전제로 하고 있다는 것입니다. 하나님의 공의 앞에서 죄인 된 인간은 형벌과 심판을 받아야 합니다. 그러나 하나님은 예수님의 희생을 대가로 인간에게 죄를 용서받고 영생을 얻는 길, 구원의 문을 여셨습니다. 예수님의 십자가는 하나님의 공의와 사랑이 완전히 충족된 자리입니다. 하나님은 인간의 죄를 그냥 눈감아 주시거나 간과하신 것이 아닙니다. 어떤 인간도 대신할 수 없는 죄의 대가를 독생자 예수님을 보내셔서 대신 치르게 하셨습니다. 하나님은 자신의 아들을 내어 주시는 자기희생적 사랑을 통하여 공의를 세우셨습니다. 이런 점에서 하나님의 사랑은 더욱 크고 위대한 것입니다.

하나님은 어떤 분이신가요? 본인의 생각을 적어 보세요.

과제

- 다음 주 예습
- 중보 기도
- 하나님에게 편지쓰기: 구원을 감사하는
- 요 3:16~17 암송

02 십자가 영성과 예수님의 대속의 십자가

하나님이 세상을 이처럼 사랑하사 독생자를 주셨으니
이는 그를 믿는 자마다 멸망하지 않고 영생을 얻게 하려 하심이라
하나님이 그 아들을 세상에 보내신 것은 세상을 심판하려 하심이 아니요
그로 말미암아 세상이 구원을 받게 하려 하심이라
〈요한복음〉 3:16~17

핵심요약 1. 성경에서 말씀하는 죄는 하나님에 대한 반역과 불순종으로써, 외적으로 잘못된 행동만이 아니라 내적인 마음의 태도나 상태를 포함한다.
2. 아담과 하와는 사탄의 유혹을 받아 하나님의 말씀을 불순종하여 죄를 짓고 타락했다. 그 결과로 모든 인류는 죄인이 되어죄와 사망 가운데 처하게 되었다.
3. 인간은 영적으로 죽어 하나님과의 교통이 끊기고, 육체적으로도 죽어 흙으로 돌아갈 뿐 아니라, 육체적 죽음 뒤에는 하나님과 영원히 분리되는 영원한 사망에 들어가게 된 것이다.

1. 사망과 저주에 처한 인간

죄가 인간에게 들어왔습니다

오늘날 많은 사람이 죄책감을 느끼며 살아가고 있지만, "죄가 무엇인가?"라고 질문하면 그 답을 명확하게 말하지 못합니다. 일반적으로 '죄'라고 하면 법을 어기거나 사회적인 윤리 기준에 어긋나는 행동, 개인적으로 잘못된 행동이라고 생각합니다. 그러나 성경에서 말씀하는 죄는 하나님에 대한 반역과 불순종으로서, 외적으로 드러나는 잘못된 행동만이 아니라 내적인 마음의 태도나 상태를 포함합니다. 죄는 하나님의 도덕적 기준을 이루지 못한 것으로서 하나님의 자리에 인간 자신이나 우상을 올려놓는 것입니다.

그렇다면 죄의 근원, 즉 인간으로 하여금 죄에 빠지게 하는 원인은 무엇일까요?

✣01~03과
- 시작 찬송: 260장, 304장
- 복음성가: 보혈을 지나
- 마무리 찬송: 95장

〈야고보서〉 1장 14~15절 말씀을 적어 보세요.

오직 각 사람이 시험을 받는 것은 자기 욕심에 끌려 미혹됨이니 욕심이 잉태한즉 죄를 낳고 죄가 장성한즉 사망을 낳느니라

그렇습니다. 인간이 죄에 빠지는 원인은 자기 욕심 때문입니다. 인간은 신체적, 심리적, 사회적 욕구를 가지고 있습니다. 먹고 마시고자 하는 음식에 대한 욕구, 자손을 생산하고 인간 종족을 보존하기 위한 성적 욕구 및 자신의 소유를 획득하는 것이나 자기 발전과 자기실현의 욕구도 자연스러운 인간의 욕구입니다. 이 같은 욕구들을 건전하게 추구하고 실현하려는 것은 자연스러운 일입니다. 그러나 지나치게 되면 죄를 짓게 됩니다. 육신의 지나친 욕구는 '육신의 정욕'이 됩니다. 또한 소유욕이 지나쳐 다른 이로부터 빼앗거나 다른 이의 노력을 착취하는 데까지 나가는 것은 '안목의 정욕'입니다. 자기 성취욕이 너무 심해서 다른 이를 희생시키는 데까지 나간다면 '이생의 자랑'입니다.

외부적인 유혹이 있다 해도 죄를 짓는 것은 자발적 선택입니다. 욕구는 자연적인 것이지만 그 욕구를 충족시키기 위해 지은 죄에

대한 책임은 죄인 본인이 져야 합니다. 죄에는 심판이 따릅니다. 그런데 죄의 문제는 인간의 힘으로 해결할 수 없습니다. 오직 회개와 중생을 통해 그리스도를 영접하고 새사람으로 변화되어 하나님과 바른 관계를 맺을 때 성령의 도우심을 받아 유혹을 물리치고 죄를 이기게 됩니다.

죄로 인한 결과는 사망과 저주입니다

하나님은 하나님의 형상대로 인간을 지으시고(창 1:26) 에덴동산의 모든 것을 다스리고 돌보며, 그 안에 있는 각종 나무의 열매를 먹을 수 있는 권한을 주셨습니다(창 2:15~16). 그러나 동산 중앙에 있는 선악을 알게 하는 나무의 열매만은 먹지 말라는 명령을 내리셨습니다(창 2:17). 하나님이 인간에게 내린 이 금지 명령은 하나님의 주권에 대한 절대적인 순종과 헌신을 뜻하는 것이었습니다.

그러나 아담과 하와는 사탄의 유혹을 받아 하나님의 말씀을 불순종하고 그 열매를 따 먹으므로써 죄를 짓고 타락했습니다. 그리고 이 범죄와 타락의 결과로 모든 인류는 죄와 사망 가운데 처하게 되었습니다(롬 5:19). 죄로 인해 하나님과 인간, 인간과 인간, 인간과 자연의 관계가 파괴되었습니다. 무엇보다 먼저 하나님과 인간의 관계가 단절되었습니다. 하나님과 화목한 관계였던 인간이 죄로 인하여 죄의 종이 되어 하나님의 진노 아래에 놓였습니다.

〈로마서〉5:19
한 사람이 순종하지 아니함으로 많은 사람이 죄인 된 것 같이 한 사람이 순종하심으로 많은 사람이 의인이 되리라

하나님의 명령을 어기고 죄를 범한 결과, 제일 먼저 인간은 영적으로 죽고 말았습니다. 하나님과 화목하며 교제하던 인간은 영이

죽으므로 하나님과의 교통이 끊기게 되었습니다. 본성적으로 하나님과 분리되어, 오관을 통한 감각적 지식은 얻을 수 있으나 하나님과 영적 세계에 대한 계시적 지식에는 깜깜하게 되었습니다. 죄 아래 있는 인간은 하나님의 심판과 정죄만 있을 뿐 하나님의 임재를 체험할 수 없습니다. 죄적 본성으로 인해 선을 행할 수도 없고, 영안이 없으므로 영적 문제에 대한 인식이나 반응도 할 수 없게 되었습니다. 육신은 살아 있을지라도 영은 죽은 상태가 되었습니다(창 2:16~17).

〈창세기〉2:16~17
야훼 하나님이 그 사람에게 명하여 이르시되 동산 각종 나무의 열매는 네가 임의로 먹되 선악을 알게 하는 나무의 열매는 먹지 말라 네가 먹는 날에는 반드시 죽으리라 하시니라

또한 인간은 육체적으로도 영원히 살 수 없게 되었습니다. "너는 흙이니 흙으로 돌아갈 것이니라"(창 3:19)고 하나님이 말씀하셨습니다. 육체적 사망을 선고받은 인간은 질병으로 고통받고 결국에는 죽어서 흙으로 돌아가게 되었습니다. 원래 인간은 불멸의 존재는 아니었으나 죄를 짓지 않았다면 생명나무의 열매를 먹고 육체적으로도 영생할 수 있었을 것입니다. 그러나 죄로 인해 인간은 심판을 받고 영적 죽음과 더불어 육체적으로 죽을 수밖에 없게 되었습니다. 뿐만 아니라 마음에 염려, 근심, 걱정, 고통, 괴로움 등 말할 수 없는 많은 문제와 어려움 속에 처하게 되었습니다.

나아가 죄인 된 인간은 마지막 심판 때에 영원한 사망에 들어가게 되었습니다(히 9:27). 이 영원한 사망은 영적인 죽음의 마지막 종착역이라고 할 수 있습니다. 영적으로 하나님으로부터 분리된 채 살다가 육체적으로 죽으면 영원한 사망이라는 절망적 상황에 떨어지게 됩니다. 영원한 사망은 하나님으로부터의 영원한 분리를 말하는 것으로서 마지막 심판대 앞에서 영벌, 즉 영원한 불못에

〈요한계시록〉21:8

그러나 두려워하는 자들과 믿지 아니하는 자들과 흉악한 자들과 살인자들과 음행하는 자들과 점술가들과 우상 숭배자들과 거짓말하는 모든 자들은 불과 유황으로 타는 못에 던져지리니 이것이 둘째 사망이라

들어가는 것, 바로 둘째 사망입니다(계 21:8).

타락과 죄로 인하여 인간은 저주받은 환경에서 수고하며 살게 되었습니다. 땅이 저주를 받아 가시와 엉겅퀴를 내게 되었기 때문에 땀 흘려 일해야 먹고살 수 있게 되었습니다(창 3:19).

그 죄가 모든 인간에게 이어집니다

첫 사람 아담의 타락한 본성과 죄책은 그의 후손 된 모든 인류에게 전가되었습니다. 모든 사람이 타락한 본성을 타고나서 그에 따른 죄책과 정죄를 받게 된 것입니다. 인간은 모두 첫 사람 아담을 따라 죄인입니다. 어느 누구도 예외 없이 죄인으로 태어나서 죄인으로 살다가 영원한 사망에 들어갈 운명인 것입니다(롬 5:12).

〈로마서〉 5장 12절 말씀을 적어 보세요.

그러므로 한 사람으로 말미암아 죄가 세상에 들어오고 죄로 말미암아 사망이 들어왔나니 이와 같이 모든 사람이 죄를 지었으므로 사망이 모든 사람에게 이르렀느니라

여기서 말한 한 사람, 우리를 죄인으로 만든 사람은 누구인가요?.

아담

2. 십자가 대속_우리를 구원하시는 예수님

인간을 구원하시려는 하나님의 계획이 있습니다

죄로 인해 인간은 참 행복을 누리지 못하게 되었습니다. 인생의 목적과 길을 알지 못한 채 살아가게 되었습니다. 어디로부터 왔고, 어디로 가는지도 모른 채 허무한 인생을 살아가게 되었습니다. 사랑의 하나님은 이런 인간을 위해 독생자 예수님을 이 땅에 보내셔서 십자가에 달려 죽게 하셨습니다. 하나님이 이러한 구원 계획을 세우신 데에는 이유가 있습니다. 하나님은 공의의 하나님이시기 때문에 죄에 대한 대가를 치를 것을 반드시 요구하시는 것입니다.

〈로마서〉 3장 23~24절 말씀을 적어 보세요.

모든 사람이 죄를 범하였으매 하나님의 영광에 이르지 못하더니 그리스도 예수 안에 있는 속량으로 말미암아 하나님의 은혜로 값없이 의롭다 하심을 얻은 자 되었느니라

인간은 한 사람 아담으로 인하여 정죄를 받아 모두 죄인이 되었으므로 스스로는 구원할 수 없습니다(롬 5:16). 인간은 모두 죄인이기 때문에 죄인이 아닌 누군가의 희생과 대속이 필요합니다. 죄와 상관없는 분은 오직 한 분 예수님밖에 없습니다(히 9:22; 롬

핵심 요약 1. 인간은 모두 죄인이기 때문에 스스로를 구원할 수 없다. 인간이 구원을 얻으려면 죄인이 아닌 누군가의 희생과 대속이 필요하다.
2. 예수님은 하나님으로서 이 땅에 무죄한 인간으로 오신 유일한 분이다. 예수님만이 속죄의 제물이 될 수 있었다.
3. 하나님은 예수님의 대속의 죽음을 통하여 우리의 죄를 용서하여 주시고, 그 피로 우리의 죄와 부정을 씻어 주셨다.
4. 누구든지 십자가에서 우리의 죄를 사하시고 돌아가신 예수님을 믿기만 하면 구원받고 하나님의 자녀가 된다.
5. 예수님의 십자가는 위대한 하나님의 능력으로서 죄와 절망, 가난과 질병을 이기는 위대한 능력이다.

3:23~24). 하나님은 절망에 처한 인간을 긍휼히 여기셔서 예수 그리스도의 십자가의 죽으심과 부활을 통해 구원의 길을 열어 주셨습니다. 예수님의 십자가 고난과 대속의 죽음은 예수님을 믿고, 그 믿음으로 구원의 은혜를 받아들이는 모든 사람에게 영원한 구원의 근원이 되었습니다. 예수님의 보혈로 말미암아 인간은 사탄의 종에서 하나님의 소유가 됩니다. 예수님을 영접한 사람은 죄와 사탄의 권세 아래서 벗어나, 예수님으로 말미암은 참 자유를 누리며 살아갈 수 있습니다(엡 1:7). 지금 이 순간에도 회개하면 바로 죄에서 깨끗해집니다. 아담과 하와의 범죄로 말미암은 죄(원죄)뿐만 아니라 살아가면서 짓는 죄(자범죄) 역시 예수님의 보혈로 용서받습니다(요일 1:7). 오직 예수님의 보혈을 믿을 때 하나님은 우리를 의인으로 여기십니다(롬 5:9). 예수님의 보혈로 말미암아 하나님과 우리 사이의 막힌 담이 허물어지고(골 1:20), 우리가 하나님과 대화하고 소통할 수 있게 되었습니다.

〈에베소서〉 1:7
우리는 그리스도 안에서 그의 은혜의 풍성함을 따라 그의 피로 말미암아 속량 곧 죄 사함을 받았느니라

〈로마서〉 5:9
그러면 이제 우리가 그의 피로 말미암아 의롭다 하심을 받았으니 더욱 그로 말미암아 진노하심에서 구원을 받을 것이니

예수님의 속죄 사역에 대한 예언과 성취, 그리고 의미

죄지은 인간은 스스로를 위해 속죄할 수 없습니다. 오직 무죄한 자만이 속죄할 수 있습니다. 예수님은 하나님으로서 이 땅에 무죄한 인간으로 오신 유일한 분이십니다. 예수님만이 속죄의 제물이 될 수 있었습니다.

예수님의 죽음은 구약성경의 제사 제도에서 발견할 수 있습니다. 구약시대에 속죄를 위한 희생 제사에는 점 없고 흠 없는 짐승을 제물로 드렸습니다. 속죄받아야 할 당사자는 희생 제물로 쓸 짐

승을 바치고 그 위에 손을 얹었습니다(레 1:3~4). 손을 얹는 것은 자신의 죄가 그 제물에게 전가되는 것을 상징하는 행위입니다.

〈레위기〉 1:4
그는 번제물의 머리에 안수할지니 그를 위하여 기쁘게 받으심이 되어 그를 위하여 속죄가 될 것이라

우리는 다 양 같아서 그릇 행하여 각기 제 길로 갔거늘 야훼께서는 우리 모두의 죄악을 그에게 담당시키셨도다(사 53:6)

구약시대에 희생 제사를 통해 죄를 희생 제물에게 전가하여 속죄했던 것처럼, 예수님이 인간의 속죄를 위하여 희생 제물이 되셨다는 것은 죄인 된 모든 인간의 죄악이 '고난받는 종' 예수님에게 전가되었음을 의미합니다.

예수님은 자신의 생애와 죽음이 구약성경의 메시아 예언의 성취임을 분명히 밝히셨습니다. 예수님은 〈이사야서〉 53장 12절을 인용하시면서(눅 22장) 자신을 고난받는 종과 동일시하셨습니다. 또한 예수님은 자신의 대속의 죽음이 인류 구원을 위한 수단이 될 것임을 말씀하셨습니다(막 8:31, 10:45).

〈마가복음〉 8:31
인자가 많은 고난을 받고 장로들과 대제사장들과 서기관들에게 버린바 되어 죽임을 당하고 사흘 만에 살아나야 할 것을 비로소 그들에게 가르치시되

〈마가복음〉 10:45
인자가 온 것은 섬김을 받으려 함이 아니라 도리어 섬기려 하고 자기 목숨을 많은 사람의 대속물로 주려 함이니라

다음의 성경 구절 말씀을 적어 보세요.

〈에베소서〉 1장 7절
우리는 그리스도 안에서 그의 은혜의 풍성함을 따라 그의 피로 말미암아 속량 곧 죄 사함을 받았느니라

〈골로새서〉1장 20절

그의 십자가의 피로 화평을 이루사 만물 곧 땅에 있는 것들이나 하늘에 있는 것들이 그로 말미암아 자기와 화목하게 되기를 기뻐하심이라

우리는 어떻게 하나님과 화목하게 되었나요?

하나님은 거룩하시므로 죄를 용납하지 않으십니다. 따라서 죄인은 결코 하나님 앞에 설 수 없습니다. 그러나 하나님은 죄인 된 인간을 사랑하셔서 자신의 아들을 아끼지 아니하시고 죄인들을 위해 십자가에 내어 주어 아들의 생명을 희생시키고 죄인들을 구원하여 주셨습니다(롬 8:32; 엡 5:2). 하나님은 예수님의 대속의 죽음을 통하여 우리의 죄를 용서하여 주시고, 그 피로 우리의 죄와 부정을 씻어 주셨습니다.

예수님은 십자가 위에서 대속의 죽음을 통하여 우리의 죄를 씻어 주시고 하나님과 화목하게 하시는 희생 제물이 되셨습니다. 뿐만 아니라 예수님은 대제사장으로서 속죄 사역을 이루셨습니다. 예수님이 드리신 희생은 염소와 송아지의 피가 아니라 그 자신의 피였습니다(히 9:11~15). 예수님은 십자가를 통해 오늘도 죄인의 구원을 위한 대제사장의 사역을 행하고 계십니다. 예수님은 십자가의 죽으심을 통해 하나님과 우리 사이에 화해(화목)를 이루셨습

〈히브리서〉9:11~12

그리스도께서는 장래 좋은 일의 대제사장으로 오사 손으로 짓지 아니한 것 곧 이 창조에 속하지 아니한 더 크고 온전한 장막으로 말미암아
염소와 송아지의 피로 하지 아니하고 오직 자기의 피로 영원한 속죄를 이루사 단번에 성소에 들어가셨느니라

니다. 예수님의 보혈이 하나님과 우리 사이에 막힌 죄의 담을 헐고 우리로 하나님의 사랑받는 자녀가 되게 하였습니다. 예수님의 십자가는 우리에게 생명의 길이며, 하나님의 자녀로서 복된 삶을 누리게 하는 축복의 길이 되었습니다.

예수님은 우리 모두의 죄를 지고 십자가에 달려 돌아가셨습니다. 누구든지 십자가에서 우리 죄를 사하시고 돌아가신 예수님을 믿기만 하면 구원받고 하나님의 자녀가 됩니다. 예수님이 그의 피로 우리의 모든 죗값을 지불하셨습니다. 그러므로 우리가 예수님을 믿는 순간 하나님이 우리의 아버지가 되시고 우리의 영혼이 잘됨같이 범사가 잘되며 강건하게 되는 은혜와 축복이 우리의 삶 가운데 임하는 것입니다.

예수님의 십자가는 위대한 하나님의 능력입니다. 죄와 절망, 가난과 질병을 이기는 위대한 능력입니다. 십자가에서 흘리신 예수 그리스도의 보혈은 모든 죄를 이기게 합니다. 모든 절망에서 놓여나게 하며, 악한 귀신과 질병의 결박으로부터 우리를 자유롭게 해 줍니다. 십자가 안에 모든 것이 다 담겨 있기 때문에 우리는 십자가의 능력에 의해서 승리의 삶을 살아갈 수 있게 됩니다. 예수님의 십자가는 철학이나 이론이 아닙니다. 십자가는 하나님의 능력이요, 생명입니다. 십자가를 통해 모든 죄의 사슬을 끊고 자유를 얻게 됩니다. 즉, 십자가는 우리가 죄 사함 받고 의롭게 되게 만드는 하나님의 능력입니다. 십자가를 통해 우리는 성령 충만 받고 날마다 거룩하게 됩니다. 나아가 예수님의 십자가는 성령의 능력입니다(고전 2:10).

〈고린도전서〉 2:10

오직 하나님이 성령으로 이것을 우리에게 보이셨으니 성령은 모든 것 곧 하나님의 깊은 것까지도 통달하시느니라 우리가 십자가의 능력을 체험하면 성령이 임하십니다. 또 성령 충만하면 예수님의 십자가의 은혜를 제대로 깨닫게 됩니다. 성령이 임하면 죄의 사슬에서 풀려나고, 귀신이 쫓겨 나가고, 병을 치료받고, 문제가 해결되고, 하나님의 기적이 임합니다. 나아가 복음 전도의 능력이 나타나 예수님의 증인이 되어 십자가의 은혜를 널리 전하게 됩니다.

핵심 요약 1. 예수님의 구원의 은혜를 받아들이는 길은 회개하고 예수님을 구주로 영접하는 것이다. 이 회심은 예수님을 믿는 신자가 되는 첫걸음이다.
2. 회심은 회개와 믿음(신앙)이라는 두 가지 측면이 있다. 회개는 나의 죄에 대해 통회하는 마음으로 죄에서 돌아서려는 결단이다. 믿음(신앙)은 예수님의 십자가 은혜를 받아들일 뿐 아니라 예수님을 전인격적으로 신뢰하는 것을 말한다.
3. 우리가 회심하면 우리의 영이 새롭게 살아난다(거듭남=중생). 하나님은 거듭난 사람을 의롭다고 선언하신다(칭의). 중생하고 의롭다 함을 받은 후로는 일생 동안 거룩하게 변화되어 간다(성화).
4. 예수님의 대속의 십자가를 통해 우리의 영이 살아날 뿐 아니라 환경적, 육체적 축복이 임한다. 우리의 마음과 삶 속에 평화가 임하고, 우리의 육체에 건강과 치료가 넘치게 된다.

3. 십자가 대속으로 인한 전인구원의 축복

어떤 사람이 외국에 가야 할 일이 있어 배를 타게 되었습니다. 하지만 그는 가난했기 때문에 뱃삯을 지불하고 나니 남은 돈이 얼마 없었습니다. 목적지에 가서 쓸 돈을 조금이라도 아끼려는 마음에, 그는 배 안에 있는 1박 2일 동안 돈을 한 푼도 쓰지 않겠다고 마음먹었습니다. 그는 식비를 아끼려고 배가 고파도 참고 또 참으며 다른 승객들이 음식을 맛있게 먹고 있는 모습을 그저 부러운 시선으로 쳐다보기만 했습니다. 그런데 이튿날이 되자 그는 더 이상 배고픔을 참을 수 없었습니다. 그는 자존심도 다 내던지고 배 안의 식당으로 뛰어 들어가서 직원에게 사정했습니다. "제가 지금 가진 돈이 없습니다. 혹시 남는 음식이 있다면 조금 얻을 수 있을까요? 어제부터 아무것도 먹지 못했습니다." 그러자 그 직원은 깜짝 놀라며 이렇게 대답했습니다. "여기 있는 음식들은 다 무료입니다. 뱃삯에 식비가 다 포함되어 있습니다. 그래서 뱃삯이 비싼 것이지요.

어서 마음껏 드세요." 이 말을 듣자 그 사람은 자신의 어리석음을 깨닫고 허탈해하다가 음식을 정신없이 먹기 시작했습니다.

하나님은 아무 대가 없이 구원의 은총을 받을 수 있도록 누구에게나 구원의 길을 열어 주셨습니다. 그러나 그 사실을 모른 채 아직도 구원의 은혜를 누리지 못하는 사람들이 너무나 많습니다.

전인구원은 회심(회개와 믿음)에서 시작합니다

예수님의 구원의 은혜를 받아들이는 길은 회개하고 예수님을 구주로 영접하는 것입니다. 이는 다른 말로 하면 '회심'입니다. 회심은 예수님을 믿는 신자가 되는 첫걸음입니다. 회심은 회개와 믿음이라는 두 가지 측면을 가집니다. 먼저, 우리는 죄와 허물로 죽은 이전의 삶을 회개하고 주께로 나와야 합니다. 하나님을 외면하고 하나님 없이 살면서 죄짓고 불의하며 방탕하게 살았던 죄악 된 삶을 통회하고 돌이켜야 합니다. 회개는 헬라어로 '메타노이아'이며, 이 단어의 문자적 의미는 "어떤 것에 대해 다르게 생각하거나 마음의 변화가 일어났다"라는 뜻입니다.

전인구원

'전인구원'이란 죽어서 천국에 가는 차원으로만 '구원'을 이해하는 것이 아니라, 인생 전체에 걸쳐 포괄적으로 주어지는 놀라운 축복으로 이해하는 것을 말한다. 예수님의 십자가 사역은 '삼중구원'을 가져왔다. 즉, 영혼이 잘되는 '영적 축복', 범사에 잘되는 '환경적 축복', 강건하게 되는 '육체적 축복'이다.

> 너희가 회개하여 각각 예수 그리스도의 이름으로 침례를 받고 죄 사함을 얻으라 그리하면 성령의 선물을 받으리니(행 2:38)

이 말씀에서 볼 때 회개는 구원을 이루는 첫걸음입니다. 회개는 나의 죄에 대해 통회하는 마음을 가지고 죄에서 돌아서는 결단입니다. 예수님의 사랑을 받아들이면 자신이 죄인임을 고백하고 회개하게 됩니다. 성령님은 우리의 어둡고 타락한 모든 죄를 생각나게 하셔서 스스로 회개하게 하십니다. 하나님은 사랑의 증거로 택한 자들에게 회개의 영을 부어 주십니다. 회개는 하나님의 사랑이고 은혜이며 복음입니다. 회개 속에 하나님이 부어 주시는 사랑이 있고, 용서가 있고, 참된 기쁨이 있습니다. 어떤 죄인이라도 회개의 관문을 통과하면 용서와 생명, 기쁨으로 그 마음이 가득 채워지는 것입니다. 죄를 용서받기 위해서는 먼저 죄를 고백하고 회개할 수 있는 용기가 필요합니다. 우리가 어떠한 죄와 불의와 추악한 일을 했을지라도 주께 회개하고 내어놓으면 주님은 긍휼히 여기시고 용서해 주십니다.

또한 회개는 히브리어로는 '슈브'이며, 이 말은 '길을 바꾸다' 또는 '되돌아오다'라는 뜻을 가지고 있습니다. 즉, 마음속에 있는 죄에 대해 자각하고 마음이 변화되어 삶의 방향을 돌이키는 것입니다. 회개는 단순히 후회하는 것이 아닙니다. 죄에 대해 깊은 책망과 가책으로 죄에서 180도 완전히 돌아서는 것을 말합니다. 후회를 반복하는 것이 아니라, 옛 생활을 버리고 새 생활로 돌아서는 것입니다. 그러나 새 생활로 돌이키는 것은 우리의 능력과 힘으로 되는 것이 아닙니다. 하나님의 은혜가 있어야 가능한 일입니다. 하나님의 사랑을 경험하면 내 중심에서 하나님 중심으로, 내 뜻대로 살던 삶이 하나님의 뜻에 따라 사는 삶으로 바뀌는 것입니다.

회심의 또 다른 요소는 예수님의 약속과 구속의 은혜를 마음으로 믿고 받아들이는 일입니다. 신약성경에서 '믿음'으로 번역된 헬라어 '피스티스'는 '피스튜오'라는 동사에서 나온 단어로, '어떤 사람이 말한 것을 믿고, 전인격적으로 진리로서 받아들이다'라는 의미입니다.

〈히브리서〉 11장 6절 말씀을 적어 보세요.

믿음이 없이는 기쁘시게 못하나니 하나님께 나아가는 자는 반드시 그가 계신 것과 또한 그가 자기를 찾는 자들에게 상 주시는 이심을 믿어야 할지니라.

믿음이 없으면 하나님을 기쁘시게 하지 못합니다. 그런데 예수님을 믿는다는 것은 예수님을 전인격적으로 신뢰한다는 것입니다. 우리를 구원에 이르게 하는 믿음은 예수님의 십자가 은혜를 받아들일 뿐 아니라 예수님을 전인격적으로 신뢰하는 것입니다.

예수 그리스도의 전인구원의 은혜를 누리기 위한 전제인 회심, 즉 회개와 믿음은 하나님의 역사하심에 대한 인간의 반응입니다. 하지만 이 회개와 믿음도 하나님의 선물임을 알아야 합니다. 하나님이 보내신 성령의 역사로 말미암아 우리는 죄를 깨닫고 회개하게 되며, 성령의 도우심을 받아 우리의 믿음이 성장하는 것입니다. 예수님도 내게 오는 사람은 아버지께서 이끄신 것이라고 말씀하셨습니다(요 6:44).

〈요한복음〉 6:44

나를 보내신 아버지께서 이끌지 아니하시면 아무도 내게 올 수 없으니 오는 그를 내가 마지막 날에 다시 살리리라

김익두 목사님은 일제 강점기에 활동한 부흥사이신데, 놀라운 신유의 기적을 행하신 분으로 유명합니다. 김익두 목사님은 황해

김익두
(1874~1950)
장로교 목사이자 부흥사. 일제강점기 말 신사참배 거부로 모진 고문을 받기도 하였다. 그는 유명한 부흥사이자 병자를 치유하는 목사로서 널리 알려졌다. 새벽기도를 하다가 공산군에게 총살되었다.

도에서 큰 부잣집의 아들로 태어났습니다. 여섯 살 때는 신동이라고 불릴 정도로 총명한 아이였으나, 후일 성장하여 과거 시험을 보았는데 낙방하고 말았습니다. 그러자 부친이 크게 실망하고 충격을 받아 화병으로 돌아가셨습니다. 게다가 부친이 돌아가시고 얼마 있지 않아 빚보증을 잘못 서는 바람에 전 재산을 다 날리고 말았습니다. 그때부터 그는 술에 빠지고 주먹을 쓰며 사는 깡패가 되었습니다. 그는 늘 시장 입구에서 지키고 있다가 지나가는 사람에게 시비를 걸어 폭행하고 돈을 빼앗았으며, 시장 상인들에게도 횡포를 부렸습니다. 그래서 사람들마다 그와 마주치는 것을 두려워하고 그를 피했습니다.

그런데 어느 날 그가 장터에 나갔다가 서양 선교사에게서 무심코 받아 온 전도지를 보니, 다음과 같은 말이 있었습니다.

> 모든 육체는 풀과 같고 그 모든 영광은 풀의 꽃과 같으니 풀은 마르고 꽃은 떨어지되 오직 주의 말씀은 세세토록 있도다(벧전 1:24~25).

그는 이 말씀을 읽을 때 갑자기 가슴이 뭉클해지며 '내 인생도 결국 풀처럼, 꽃처럼 시들어 가겠구나'라는 생각이 들었습니다. 그런데 그런 그에게 한 친구가 찾아와서 부흥회에 같이 가자고 권유했습니다. 보통 때 같으면 어림없는 일이었을 터인데 마음에 뭔가 찔리는 것이 있는지라 그는 부흥회에 따라갔습니다. 그리고 거기서 그는 예수님을 믿기로 결심을 하고 그날 이후 교회를 다니기 시작했습니다.

그러나 어느 날 술친구들이 와서 불러내자 그는 다시 술집에 가서 술에 진탕 취해 버리고 말았습니다. 문득 술이 깨어 정신을 차려 보니 자신이 술집에 와 있는 것이었습니다. 그는 그길로 자리를 박차고 뛰어나가서 산에 올라가 통곡하며 회개했습니다. "하나님 앞으로 내가 바로 살겠습니다. 내가 다시는 이전의 죄짓고 방탕하던 모습으로 돌아가지 않겠습니다"라고 회개했던 것입니다. 그날 밤 그가 잠을 자는데 비몽사몽간에 그의 마음속에 불덩어리가 굴러 들어왔습니다. 그는 너무나 놀라 "어이쿠, 불벼락이야!" 하며 자리에서 벌떡 일어났습니다. 그에게 성령의 불이 임한 것이었습니다.

그날부터 깡패 김익두가 변화되어 하나님의 신실한 일꾼이 되었습니다. 늘 주먹을 휘두르고 남의 것을 빼앗던 불한당 같았던 그가 사람들 앞에서 공개적으로 자기 죄를 회개하고 신약성경을 무려 백 번 이상 읽고 시장에 나가서 복음을 전했습니다. 그에게 매를 맞고 물건을 빼앗겼던 사람이 와서 욕을 하고 주먹질을 해도 그는 "더 때리시오, 내가 죄인입니다"라고 말하며 조금도 저항하지 않았습니다. 이렇게 변화된 김익두 청년의 모습을 보고 많은 사람이 감동을 받았습니다.

그 후 그는 신학을 공부하고 주의 종이 되어 전국을 다니며 부흥회를 인도했습니다. 그가 가는 곳마다 구름 떼같이 사람들이 모이고 많은 병자가 낫는 신유의 기적이 나타났습니다. 당시 《동아일보》 기사를 보면, 세계 7대 불가사의 중에 하나가 김익두 목사가 병 고친 것이라고 기록되어 있습니다. 깡패 김익두가 변하여 신실하고 충성된 하나님의 종이 된 것이었습니다. 이것이 바로 회개의 열매입니다.

하나님의 자녀가 되는 권세_영적 축복

✣ 칭의

칭의란 재판장에서 무죄가 확인된 사람을 '의롭다'고 선언하는 법정 용어다. 즉, 믿음으로써 예수 그리스도의 보혈을 통해 중생을 경험한 사람들을 하나님이 '의롭다'고 칭하는 것을 뜻한다(갈 2:16).

우리가 회개하고 예수님을 구주로 영접하면 죽었던 우리의 영이 새롭게 살아납니다. 이것이 거듭남, 곧 중생입니다. 거듭난다는 것은 새 생명이 시작된다는 것입니다. 우리가 거듭나면 하나님이 우리를 의롭다고 선언하십니다(칭의). 우리는 죽을 수밖에 없는 죄인이지만 예수님을 믿어 보혈의 공로로 죄를 용서받고 하나님의 자녀가 되면 하나님이 그리스도 안에서 의롭다고 하시는 것입니다.

다음 성경말씀을 적어 보세요.

〈에베소서〉 2장 8~9절

너희는 그 은혜에 의하여 믿음으로 말미암아 구원을 받았으니 이것은 너희에게서 난 것이 아니요 하나님의 선물이라 행위에서 난 것이 아니니 이는 누구든지 자랑하지 못하게 함이라

〈요한복음〉 1장 12절

영접하는 자 곧 그 이름을 믿는 자들에게는 하나님의 자녀가 되는 권세를 주셨으니

우리는 어떻게 하나님의 자녀가 될 수 있나요?

'의롭다 하심'은 개인의 공로로 받는 것이 아니라, 받을 만한 가치가 전혀 없는 사람에게 은혜로 주시는 하나님의 선물인 것입니다.

인간은 모두 죄인이기 때문에 영원한 사망, 즉 지옥에 갈 수밖에 없는 존재입니다. 그러나 예수님을 영접하면 영원한 생명을 얻고 하나님의 자녀가 되는 권세를 얻습니다(요 1:12). 하나님의 자녀가 된다는 것은 하나님의 자녀로서의 특권을 향유하게 되는 법적인 신분 변화를 뜻합니다. 죄를 용서받고 하나님과 화목한 관계가 되며, 하나님이 예비하신 영생의 축복과 천국 기업의 축복을 누리게 되는 것입니다.

중생하고 의롭다 함을 받은 다음에는 일생 동안 거룩하게 변화되어 갑니다(성화). 이전의 죄의 습관들을 벗어 버리고 하나님의 자녀답게 변화되어 가는 것입니다. 옛 사람의 성품을 벗어 버리고 새사람, 곧 예수 그리스도의 성품을 닮아 가는 것입니다.

✣ 성화
성화는 거듭남에서 출발해서 성령께서 주시는 능력으로 지속적으로 예수님을 닮아 거룩한 모습으로 변화되는 것을 말한다. 성도는 그리스도의 장성한 분량에 이르기까지 성령 안에서 계속적으로 성장해야 한다(엡 4:13).

〈갈라디아서〉 5장 22~23절 말씀을 읽고 성령의 열매를 적어 보세요.

〈갈라디아서〉 5장 24절 말씀을 적어 보세요.

그리스도 예수의 사람들은 육체와 함께 그 정욕과 탐심을 십자가에 못 박았느니라

중생한 신자는 일평생에 걸쳐 성령의 인도하심을 받게 됩니다. 성령님은 신자들 안에 역사하셔서 그리스도의 형상을 닮아 가도록 이끌어 가십니다.

범사에 승리하는 삶_환경적 축복

아담과 하와가 죄짓고 타락한 결과 인간은 영적으로 죽었을 뿐 아니라 인간 삶의 모든 영역에 저주가 다가왔습니다(창 3:17~18). 인간은 하나님이 모든 것을 예비해 놓으신 풍요와 축복의 에덴동산에서 쫓겨난 후 삶 속에 역사하는 저주와 싸워야 했습니다. 오늘날 인간의 삶을 돌아보면, 인간은 이마에 땀을 흘리며 수고롭게 일을 하지만 가난과 저주로 인한 생존 문제로 늘 고통받고 있습니다. 이 땅에는 경제적, 사회적 문제로 전쟁이 끊이지 않아 수많은 사람이 피 흘리고 죽었습니다. 게다가 오늘날에는 물질에 대한 이기적인 욕심과 탐욕으로 인해 자연을 파괴하고 남용함으로써 환경 문제가 인간의 삶을 위협하는 이슈가 되고 있습니다.

〈창세기〉 3:17~18

아담에게 이르시되 네가 네 아내의 말을 듣고 내가 네게 먹지 말라 한 나무의 열매를 먹었은즉 땅은 너로 말미암아 저주를 받고 너는 네 평생에 수고하여야 그 소산을 먹으리라 땅이 네게 가시덤불과 엉겅퀴를 낼 것이라

그런데 예수 그리스도께서 고난의 십자가를 지고 우리의 환경적 저주를 깨끗하게 속량하셨습니다. 〈갈라디아서〉 3장 13절은

"그리스도께서 우리를 위하여 저주를 받은 바 되사 율법의 저주에서 우리를 속량하셨으니"라고 말씀합니다. 이 말씀은 예수님이 인간이 당하는 환경적인 고난과 저주를 대속하셨음을 선언하는 것입니다. 또한 〈고린도후서〉 8장 9절은 "우리 주 예수 그리스도의 은혜를 너희가 알거니와 부요하신 이로서 너희를 위하여 가난하게 되심은 그의 가난함으로 말미암아 너희를 부요하게 하려 하심이라"고 말씀합니다. 복의 근원이신 예수님이 고난과 저주를 우리 대신 짊어지시고 십자가에서 피 흘려 죽으심으로 환경적 저주의 세력을 멸하셨습니다. 그 결과 가난에 허덕이며 불안하던 삶 속에 주님의 부요가 임하게 되었습니다.

예수님을 믿으면 미움과 불안, 공포와 절망, 좌절과 죽음, 죄책감과 정죄 등 모든 환경적 가시가 제거되고 마음과 생활 속에 평화의 축복이 강물처럼 흐르게 됩니다(요 14:27). 예수님이 십자가에서 우리의 저주를 대속하심으로 말미암아 우리의 삶 속에 저주의 세력이 철폐되었습니다. 그러므로 우리의 인간관계 속에 역사하여 우리의 마음과 사회를 황폐하게 만들던 미움과 불안, 초조, 공포와 절망 등의 가시가 제거되고 마음에 평안이 임하고 이웃과의 관계에 평화가 임하는 것입니다.

〈요한복음〉 14:27
평안을 너희에게 끼치노니 곧 나의 평안을 너희에게 주노라 내가 너희에게 주는 것은 세상이 주는 것과 같지 아니하니라 너희는 마음에 근심하지도 말고 두려워하지도 말라

사랑하는 자여 네 영혼이 잘됨 같이 네가 범사에 잘되고 강건하기를 내가 간구하노라(요삼 1:2)

우리의 삶은 예수님을 믿고 영혼이 잘되는 순서를 따라 범사가 잘되어 나갑니다. '범사'란 단지 우리의 생활 문제만이 아니라 우

리를 둘러싼 사회적, 경제적, 인간관계적, 환경적 측면을 포괄하는 삶의 전반적인 환경을 의미합니다. 환경적 축복이란 이 같은 인간 삶의 전 영역에 하나님의 축복이 임하는 것을 말합니다. 예수님의 은혜로 우리 삶의 모든 영역에 평안과 부요, 축복이 임하게 된 것입니다.

예수님이 말씀하신 가장 큰 계명은 "마음과 목숨과 뜻을 다하여 하나님을 사랑하고, 이웃을 내 자신처럼 사랑하는 것"(마 22:37~40)입니다. 주님의 은혜로 누리게 된 평안과 부요, 축복은 나 혼자만 누리는 것이 아니라 이웃과 세상에 나누어 주어야 하는 것입니다. 하나님에게 받은 축복을 끊임없이 이웃과 함께 나눌 때 더욱 풍성하고 생명력 있는 신앙의 열매를 맺게 됩니다.

건강과 치료가 넘치는 삶_육체적 축복

아담과 하와가 죄짓고 타락한 결과 인간은 영적으로 하나님과 분리되었을 뿐 아니라 육체적으로도 죽게 되었습니다. 범죄한 인간에게 사망의 권세가 다가와 인간의 영혼을 부패시킬 뿐 아니라 질병을 통해 육체를 죽이게 된 것입니다(롬 5:12). 인간은 죄의 결과로 질병과 사망의 세력으로 인한 육체적, 정신적 고통을 겪어야 하고 끝내 육체적 죽음을 맞이해야 하는 절망적 상황 속에 있습니다.

〈로마서〉 5:12

그러므로 한 사람으로 말미암아 죄가 세상에 들어오고 죄로 말미암아 사망이 들어왔나니 이와 같이 모든 사람이 죄를 지었으므로 사망이 모든 사람에게 이르렀느니라

그런데 예수님의 대속으로 육체적 저주에서 해방되었습니다. 그러므로 우리는 예수 그리스도의 보혈의 공로에 힘입어 모든 질병을 치료받고 건강을 회복했다고 담대하게 주장할 수 있는 것입니다.

〈이사야서〉 53장 5절 말씀을 적어 보세요.

그가 찔림은 우리의 허물 때문이요 그가 상함은 우리의 죄악 때문이라 그가 징계를 받으므로 우리는 평화를 누리고 그가 채찍에 맞으므로 우리는 나음을 받았도다

예수님은 이 땅에 계실 때 가는 곳마다 죄를 용서하시고 병자를 고치셨습니다. 죄의 용서와 질병의 치료는 불가분의 관계가 있습니다. 예수님의 보혈은 죄를 사하는 능력이 있으므로 우리의 죄로 인해 다가오는 질병과 육체적 죽음의 세력을 무력화시킵니다. 예수님의 보혈로 우리의 육체적 저주는 철폐된 것입니다.

예수님은 우리의 모든 연약과 질병을 대속하시기 위해 채찍에 맞으심으로 우리의 육체를 점령하고 파멸시키는 모든 정신적, 육체적 질병을 담당하셨습니다. 그러므로 구원받고 하나님의 자녀가 된 우리는 예수님의 보혈의 공로를 의지하여 마귀가 가져다주는 연약과 질병의 세력을 물리치고, 예수님이 주시는 치료의 은혜를 누릴 수 있습니다.

나아가 예수님은 십자가에 죽으시고 삼일 만에 부활하심으로 사망 권세를 완전히 철폐하시고 우리에게 부활의 생명을 부여하셨습니다. 예수님이 죽으시고 부활하셔서 살려 주는 영이 되셨으므로 예수님을 구주로 모신 사람, 즉 그리스도의 영이 있는 사람은

〈마태복음〉 9:5~6

네 죄 사함을 받았느니라 하는 말과 일어나 걸어가라 하는 말 중에 어느 것이 쉽겠느냐 그러나 인자가 세상에서 죄를 사하는 권능이 있는 줄을 너희로 알게 하려 하노라 하시고 중풍병자에게 말씀하시되 일어나 네 침상을 가지고 집으로 가라 하시니

부활할 생명의 씨앗이 있으므로 영생의 축복을 누리게 됩니다.

죽은 자의 부활도 그와 같으니 썩을 것으로 심고 썩지 아니할 것으로 다시 살아나며 욕된 것으로 심고 영광스러운 것으로 다시 살아나며 약한 것으로 심고 강한 것으로 다시 살아나며 육의 몸으로 심고 신령한 몸으로 다시 살아나나니 육의 몸이 있은즉 또 영의 몸도 있느니라 기록된 바 첫 사람 아담은 생령이 되었다 함과 같이 마지막 아담은 살려 주는 영이 되었나니(고전 15:42~45)

과제

- 다음 주 예습
- 중보 기도
- 예수님이 내게 주신 소중한 것 5가지 써오기
- 갈 2:20 암송

예수님이 십자가를 지심으로 우리가 얻게 된 것을 5가지 이상 적어 보세요.

1. 하나님과 화목
2. 죄사함
3. 구원
4. 병고침
5. 저주에서 풀려남
6. 하나님의 자녀가 됨 등등

03

십자가 영성과 제자의 삶

하나님이 세상을 이처럼 사랑하사 독생자를 주셨으니
이는 그를 믿는 자마다 멸망하지 않고 영생을 얻게 하려 하심이라
하나님이 그 아들을 세상에 보내신 것은 세상을 심판하려 하심이 아니요
그로 말미암아 세상이 구원을 받게 하려 하심이라
〈요한복음〉 3:16~17

우리가 예수님을 믿고 일생을 살아갈 때 가장 중요한 것은 예수님을 닮아 가야 한다는 것입니다(갈 2:20, 막 8:34). 예수님을 믿은 순간부터 천국에 갈 때까지 우리는 예수님을 닮아 가야 합니다. 예수님처럼 되기 위해 힘써야 합니다. 예수님처럼 생각하고, 말하고, 행동하고, 살아야 합니다. 그리고 세상에 나가서 내가 만난 예수님, 내가 사랑하고 일생 따르고 닮아 가기를 원하는 예수님을 전해야 합니다. 우리가 예수님을 믿으면 그 즉시 구원받은 하나님의 자녀요, 신자가 되지만 제자가 되는 것은 아닙니다. 제자는 믿고 난 다음 훈련을 받아 기도와 말씀과 성령의 은혜를 통하여 만들어져 가는 것입니다. 우리는 단순히 믿는 것이 아니라 날마다 영적으로 점점 더 성장해 가며 제자의 길을 가야 합니다.

01~03과
- 시작 찬송:
  260장 , 304장
- 복음성가:
  보혈을 지나
- 마무리 찬송:
  95장

〈갈라디아서〉 2:20
내가 그리스도와 함께 십자가에 못 박혔나니 그런즉 이제는 내가 사는 것이 아니요 오직 내 안에 그리스도께서 사시는 것이라 이제 내가 육체 가운데 사는 것은 나를 사랑하사 나를 위하여 자기 자신을 버리신 하나님의 아들을 믿는 믿음 안에서 사는 것이라

예수님은 "누구든지 나를 따라오려거든 자기를 부인하고 자기 십자가를 지고 나를 따를 것이니라"(막 8:34)고 말씀하셨습니다. 이 세상 사람들은 세상의 부귀영화, 권세 그리고 자신이 이루고자 하는 목표를 위해 달려갑니다. 그러나 우리 그리스도인은 예수님을 따라가야 합니다. 예수님의 참된 제자는 스승 되신 예수님만 바라보고 믿고 의지하고 따라가는 사람입니다. 예수님의 가르침을 늘 마음판에 새기고 그 말씀을 지켜 행하기 위해 최선을 다하는 사람들이 예수님의 참된 제자입니다.

1. 예수님을 따르는 삶_ 온유와 겸손

앨런 페이턴(Alan Paton)은 《당신의 땅은 아름답다》(*Ah, But Your land is beautiful*)에서 올리버 판사의 섬김에 대한 이야기를 소개하고 있습니다.

남아프리카공화국에서 흑백 차별이 한창 심했을 때의 이야기입니다. 흑인 교회인 성(聖)시온교회에서 고난주간에 성찬식을 거행하는데 저명한 백인 판사인 잔 크리스티안 올리버를 초청했습니다. 그날 예배 순서 가운데는 자신이 고맙게 생각하는 사람들의 발을 씻어 주는 세족식 행사가 있었습니다. 고난주간을 맞아 예수님의 사랑을 기념하고 서로 예수님의 사랑을 나누기 위한 행사였습니다.

올리버 판사는 이러한 순서가 있는지 모르고 참석했습니다. 그

앨런 페이턴 (1903-1988)
남아프리카 공화국의 소설가. 《울어라, 사랑하는 조국이여》로 세계적인 명성을 얻었다.

핵심 요약
1. 우리는 예수님을 믿은 순간부터 천국에 갈 때까지 예수님을 닮아 가야 한다. 그것은 온유와 겸손의 삶을 사는 것이다.
2. 온유란 쉽게 화내지 않고 다투지 않으며 강하지 않고 부드러우면서도 사람을 감동시키는 능력으로써 외유내강을 뜻한다. 참된 온유는 예수 그리스도의 사랑을 깨달아 알고 그 사랑 안에 거하여 작은 일에 쉽게 흥분하거나 화내지 않는 것이다.
3. 예수님은 철저히 낮아지심으로 사랑을 행하셨다. 예수님의 사랑을 알면 알수록 겸손을 배우고 실천하게 된다.

런데 자신의 차례가 되자 놀랍게도 한 늙은 흑인 여인 앞에 대야를 놓고 무릎을 꿇었습니다. 흑인 예배에 참석하는 것만으로도 백인 사회에서 지탄을 받을 텐데, 그는 너무나도 당당히 흑인 여인의 발을 씻어 주려고 한 것입니다. 알고 보니 그 흑인 여인은 올리버 판사의 집에서 30년 동안 일하고 있는 마르다 포투인이라는 종이었습니다. 올리버 판사의 집에서 그의 자녀들을 돌보고 그 가족들의 발을 씻기던 비천한 자신에게 주인인 판사가 무릎을 꿇고 발을 씻어 주자 그 여종은 울음을 터뜨렸습니다. 그리고 이 광경을 보는 사람들도 모두 감동을 받고 숙연해졌습니다.

이 사실이 알려지자 백인 사회에서는 곧 이를 문제시하여 올리버의 판사직을 박탈하였습니다. 이 소식을 듣고 흑인 교회의 담임목사가 미안한 마음에 그의 집을 방문했습니다. 그때 올리버 판사가 말했습니다.

> 고난주간에 당신의 교회에서 행한 예식에 참여한 일은 나에게 판사로서 해왔던 그 어떤 일들보다도 더 중요한 일이었습니다. 더 이상 그 일을 미안해하지 마세요.

앨런 페이턴은 이 일화를 소개하면서 "그는 그의 직장을 잃었지만, 그 순간 그의 영혼을 찾았다"라고 기록했습니다. 이처럼 예수님의 사랑을 실천하는 것은 인종차별의 벽을 허물 정도로 강력한 힘을 발휘하며, 많은 이에게 살아 있는 감동을 전해 줍니다.

다음의 성경말씀을 적어 보세요.

〈마태복음〉 11장 29절

나는 마음이 온유하고 겸손하니 나의 멍에를 메고 내게 배우라 그리하면 너희 마음이 쉼을 얻으리니

〈디모데후서〉 2장 24절

주의 종은 마땅히 다투지 아니하고 모든 사람에 대하여 온유하며 가르치기를 잘하며 참으며

〈베드로전서〉 3장 15절

너희 마음에 그리스도를 주로 삼아 거룩하게 하고 너희 속에 있는 소망에 관한 이유를 묻는 자에게는 대답할 것을 항상 준비하되 온유와 두려움으로 하고

위의 말씀에 공통적으로 들어가는 예수님의 성품은 무엇인가요?

예수님을 닮은 제자가 되기 위해서 우리는 온유하고 겸손해야 합니다. 예수님의 성품 중 가장 큰 특징은 온유입니다. 온유는 '부드러운 성품'이라고 말할 수 있습니다. '온유'란 유연하고 침착하고 성내지 않고 관용하며 부드럽고 인내력이 있는 상태를 뜻합니다. 이는 쉽게 화내지 않고 다투지 않으며 강하지 않고 부드러우면서도 사람을 감동시키는 능력을 말하는 것으로, 외유내강의 상태를 가리킵니다.

온유한 사람이란 다른 사람에게 군림하려 하지 않고 항상 섬기는 자세를 갖춘 사람, 모든 희망을 하나님에게 두는 사람을 말합니다. 그러므로 섬김을 받기 위해서가 아니라 섬기기 위해 오신 예수님(막 10:45)의 성품을 가장 잘 나타내는 단어가 바로 '온유'라고 말할 수 있습니다.

온유한 사람은 인간관계 속에서 언제나 부드럽고 따뜻한 사랑을 나타냅니다. 온유는 타고나는 것이 아니라 훈련을 통해서 얻는 성품입니다. 그런데 우리가 온유한 성품을 개발하기 위해서는 무엇보다 날마다 십자가의 사랑을 깨달아야 합니다. 참된 온유는 예수 그리스도의 사랑을 깨달아 알고 그 사랑 안에 거하여 작은 일에 쉽게 흥분하거나 화내지 않는 것입니다. 비난과 모욕을 받을 때에도 그것에 완전히 몰입하여 반응하지 않는 것입니다. 이같이 온유한 태도는 오직 예수님의 사랑의 십자가만을 바라볼 때 함양될 수 있습니다.

모세는 불평불만이 많고 조금만 어려움이 닥쳐도 흥분하고 하나님을 신뢰하지 못하는 이스라엘 백성들을 40년간이나 온유함으로 이끌었습니다. 그러나 모세는 원래부터 온유한 사람이 아니었습니다. 그는 젊은 시절에는 자신의 동포를 억압하는 애굽 사람에게 격노하여 쳐서 죽일 정도로 다혈질적인 성품을 가졌습니다. 그러나 40년 동안 광야에서 훈련을 받은 뒤에 하나님은 "이 사람 모세는 온유함이 지면의 모든 사람보다 더하더라"(민 12:3)고 인정하셨습니다.

이처럼 우리는 날 때부터 온유함을 타고 태어나지 않습니다. 우리가 예수님의 십자가를 통해 하나님의 사랑 안에 거하면서 '나'를 버리는 훈련을 할 때 우리는 온유한 사람으로 만들어져 가는 것입니다. 우리는 주님 앞에 갈 때까지 예수님의 온유함에 이르지는 못합니다. 그러나 날마다 성령님을 의지하며 예수님을 닮은 성품으로 살기 위해 노력하며 나아갈 때 우리는 예수님의 제자가 되어 가는 것입니다.

예수님은 하늘의 권세와 능력을 가지고 계시며 하나님의 아들이심에도 불구하고 겸손하셨습니다. 예수님의 겸손은 하늘 보좌를 버리고 자신을 비워 인간이 되실 뿐만 아니라 십자가에 달려 죽기까지 낮아지신 데서 잘 살펴볼 수 있습니다. 예수님은 성육신을 통하여 자기를 비우고 낮추는 것이 겸손임을 보여 주셨습니다. 그러므로 우리가 예수님의 제자로서 주님을 따르려면 무엇보다 겸손으로 허리를 동여야 합니다. 하나님은 우리가 겸손할 때 은혜를 주시겠다고 하셨습니다.

성육신
성육신은 전능한 하나님이신 예수님이 인간이 되심으로써 인간의 존재적 한계를 스스로 취하신 것을 말한다. 예수 그리스도의 인격과 사역에 관한 신약성경의 중요한 진술에서 발견되고 있다(예, 요 1:14, 빌 2:5~8).

다음의 성경말씀을 적어 보세요.

〈빌립보서〉 2장 5~6절

너희 안에 이 마음을 품으라 곧 그리스도 예수의 마음이니 그는 근본 하나님의 본체시나 하나님과 동등 됨을 취할 것으로 여기지 아니하시고

〈베드로전서〉 5장 5절

젊은 자들아 이와 같이 장로들에게 순종하고 다 서로 겸손으로 허리를 동이라 하나님은 교만한 자를 대적하시되 겸손한 자들에게는 은혜를 주시느니라

〈빌립보서〉 2:7~8

오히려 자기를 비워 종의 형체를 가지사 사람들과 같이 되셨고 사람의 모양으로 나타나사 자기를 낮추시고 죽기까지 복종하셨으니 곧 십자가에 죽으심이라

〈베드로전서〉 5:6

그러므로 하나님의 능하신 손 아래에서 겸손하라 때가 되면 너희를 높이시리라

자기를 낮추시고 죽기까지 복종하신 예수 그리스도의 마음을 품으라는 〈빌립보서〉의 권면과 장로에게 순종하고 겸손으로 허리를 동이라는 〈베드로전서〉의 말씀은 다시 한 번 예수님을 배우게 합니다.

예수님은 철저히 낮아짐으로 사랑을 행하셨습니다. 그러므로 우리가 예수님에게 나아가면 나아갈수록, 그래서 예수님의 사랑을 알면 알수록 겸손을 배우고 실천하게 됩니다. 예수님의 겸손한 사랑을 경험한 사람은 비판자가 아니라 겸손히 섬기는 자의 모습

으로 다른 사람을 대하게 됩니다. 예수님의 사랑을 체험하면 할수록 예수님의 사랑밖에 자랑할 것이 없다는 것을 알게 됩니다. 주님의 사랑 없이는 한순간도 살 수 없음을 깨닫고 전적으로 그 사랑을 의지할 때, 그리고 내게 있는 모든 것이 다 주님에게서 온 것임을 인정할 때 진정한 겸손을 실천할 수 있게 됩니다. 그래서 예수님이 우리를 사랑하신 것같이 우리도 다른 사람을 사랑할 수 있게 되는 것입니다.

핵심요약 1. 우리는 날마다 깨어지는 삶을 살아야 한다. '깨어짐'이란 물질과 명예와 세상의 인기를 중심으로 살았던 자아를 죽이는 것이다. 나를 천대하고 멸시하는 자들에게 헌신하고 그들보다 철저히 낮아지는 것이다.
2. 우리는 주님의 제자로서 날마다 죄의 습관을 십자가에 못 박고 그리스도의 의로 옷 입고 죄와 싸우며 나아가는 거룩해지는 전쟁을 해야 한다.
3. 예수님이 하나님의 권위와 뜻에 절대적으로 순종하신 것처럼 우리 삶의 모든 영역에서 예수님의 주권을 인정하고 따라야 한다.
4. 예수님의 제자는 마음과 뜻과 힘을 다해 하나님을 사랑하고, 이기적인 마음을 버리고 이웃을 내 몸처럼 사랑하는 삶을 살아야 한다.

2. 자기를 부인하고 자기 십자가를 지는 삶

내가 진실로 진실로 너희에게 이르노니 한 알의 밀이 땅에 떨어져 죽지 아니하면 한 알 그대로 있고 죽으면 많은 열매를 맺느니라(요 12:24)

깨어짐과 희생의 삶을 말합니다

하나님이 주신 은혜와 축복 가운데 특별히 우리를 영적으로 성장시켜 주는 복이 있습니다. 그것은 '깨어짐의 축복'입니다. 우리가 어떻게 해야 주님의 뜻을 이루고 잘했다고 칭찬받을 수 있습니까? 무엇보다도 먼저 나 자신이 죽어야 합니다. 우리는 예수님을 위해서 날마다 깨어지는 삶을 살아야 합니다. 물질과 명예와 세상의 인기를 중심으로 살았던 자아를 죽여야 합니다. 교만의 자아가 깨어져야 합니다. 회개하지 않고 밥 먹듯이 죄를 짓는 자아, 남을 미워하고 정죄하는 자아가 깨어져야 합니다. 사소한 일에 분노하고 혈기를 다스리지 못하는 자아가 깨어져야 합니다. 우리의 자아가 깨어질 때 주께서 우리의 삶을 다스리시고 모든 문제를 해결해 주십니다.

또한 내가 죽어야 많은 열매가 맺힙니다. 내가 죽는다는 것이 무엇입니까? 나를 천대하고 멸시하는 자들에게 헌신하고, 그들보다 철저하게 낮아지는 것입니다. 나의 마음을 고통스럽게 하는 사람을 섬기고 위해서 기도해 주는 것입니다. 그리하면 죽었던 영혼이 살아나고 방황하던 영혼들이 주께 돌아오는 역사를 볼 수 있습니다. 내가 깨어지기만 하면 그 이후의 일은 나의 주인 되신 하나님이 주관하시는 것입니다.

〈갈라디아서〉 2장 20절 말씀을 적어 보세요.

내가 그리스도와 함께 십자가에 못 박혔나니 그런즉 이제는 내가 사는 것이 아니요 오직 내 안에 그리스도께서 사시는 것이라 이제 내가 육체 가운데 사는 것은 나를 사랑하사 나를 위하여 자기 자신을 버리신 하나님의 아들을 믿는 믿음 안에서 사는 것이라

〈마가복음〉 8:34

무리와 제자들을 불러 이르시되 누구든지 나를 따라오려거든 자기를 부인하고 자기 십자가를 지고 나를 따를 것이니라

예수님의 제자가 되기 위해서는 날마다 자기를 부인하고 자기 십자가를 지고 예수님을 따라야 합니다(막 8:34). 그러므로 제자가 되려면 먼저 자기를 부인해야 합니다. 육신의 정욕, 안목의 정욕,

이생의 자랑을 버려야 합니다. 온전히 하나님의 뜻에 자신의 뜻을 맞춰야 합니다. 그리고 '자기 십자가', 즉 주께서 각자에게 주신 사명이나 극복해야 할 과제들을 지고 주님을 따라야 합니다. 주께서 원하시는 제자의 길을 걸어갈 때 예수 그리스도께서 늘 함께하시며 인도해 주십니다.

그러므로 우리가 그의 죽으심과 합하여 침례를 받음으로 그와 함께 장사되었나니 이는 아버지의 영광으로 말미암아 그리스도를 죽은 자 가운데서 살리심과 같이 우리로 또한 새 생명 가운데서 행하게 하려 함이라 만일 우리가 그의 죽으심과 같은 모양으로 연합한 자가 되었으면 또한 그의 부활과 같은 모양으로 연합한 자도 되리라 우리가 알거니와 우리의 옛 사람이 예수와 함께 십자가에 못 박힌 것은 죄의 몸이 죽어 다시는 우리가 죄에게 종노릇하지 아니하려 함이니(롬 6:4~6)

우리는 예수님과 함께 십자가에 못 박혀 죽었고, 또한 예수님과 함께 부활하였습니다. 우리는 예수님과 함께 우리의 죄 된 자아와 옛 세상에 대하여 못 박혀 죽었습니다. 우리는 주님의 제자로서 날마다 죄의 습관을 십자가에 못 박고 그리스도의 의로 옷 입고 죄와 싸우며 나아가야 합니다. 거룩해지는 전쟁, 즉 우리 삶의 모든 영역에서 일어나는 죄의 욕심과 싸워 하나님의 거룩하심을 이루어 나가야 합니다. 이와 같은 맥락에서 그리스도를 따르는 제자의 길은 십자가의 길입니다. 그러므로 우리는 세상의 유혹을 끊어 버리고, 나아가 그리스도를 따를 때 다가오는 세상의 핍박과 손해를 기꺼이 감수하고 주님이 가신 고난의 길을 따라가야 합니다.

순종의 삶을 말합니다

예수님을 닮은 제자가 되려면 예수님이 육신으로 계실 때 아버지 하나님의 뜻에 절대적으로 순종하셨던 것처럼 절대 순종의 자세를 가져야 합니다.

> 그가 아들이시면서도 받으신 고난으로 순종함을 배워서 온전하게 되셨은즉 자기에게 순종하는 모든 자에게 영원한 구원의 근원이 되시고(히 5:8~9)

예수님은 십자가 고난을 앞두고 겟세마네 동산에서 기도하실 때 고난의 잔이 예수님에게서 옮겨지기를 간구하셨습니다. 이때 얼마나 간절히 기도하셨던지 땀방울이 피같이 되어 땅에 떨어졌습니다. 그러나 예수님은 자신의 소원보다는 하나님의 뜻이 이루어지길 기도하셨습니다(막 14:36). 이 기도는 아버지 하나님의 뜻에 절대적으로 순종하시려는 예수님의 마음을 잘 보여 주고 있습니다.

〈마가복음〉14:36
이르시되 아빠 아버지여 아버지께는 모든 것이 가능하오니 이 잔을 내게서 옮기시옵소서 그러나 나의 원대로 마시옵고 아버지의 원대로 하옵소서 하시고

예수님은 하나님의 아들로서 몸소 순종의 본을 보여 주셨습니다. 그 순종을 통해 구원의 사역을 완수하셨고 순종하는 모든 자의 구원의 본이 되셨습니다. 그러므로 우리는 예수님을 본받아 하나님의 말씀과 뜻에 절대적으로 순종해야 합니다. 그리할 때 우리의 신앙도 성장하고 온전해집니다. 아브라함은 아들 이삭을 바치라는 명령을 받았을 때 이해하기 어려웠지만 즉각적으로 순종하였습니다. 우리가 주님을 따르려면 때로는 이해할 수 없다 할지라도 하나님의 말씀에 즉각적이고 절대적으로 순종해야 됩니다. 예수

님의 제자가 되기 원한다면 예수님이 하나님의 권위와 뜻에 절대적으로 순종하신 것처럼 우리 삶의 모든 영역에서 예수님의 주권을 인정하고 따라야 합니다.

예수님에게 순종하는 참 제자는 하나님의 뜻대로 사는 것이 무엇인지 아는 사람입니다. 남들이 부러워하는 명예가 있어도, 학식이 있어도, 재물이 있어도 하나님이 명하시면 그 모든 것을 버리고 하나님의 뜻에 순종하는 사람입니다. 하나님을 사랑한다고 하면 하나님에게 100퍼센트 순종해야 합니다.

사랑과 긍휼을 실천하는 삶을 말합니다

제자는 무엇보다 먼저 하나님을 온 마음과 뜻과 힘을 다해 사랑하는 사람이어야 합니다(마 22:37~40). 하나님은 죄짓고 불의하고 하나님과 원수 된 우리를 위해 하나님의 아들 예수님을 보내셨습니다. 예수님은 우리의 모든 죄를 대신 짊어지고 십자가에 못 박혀 몸 찢기고 피 흘려 우리의 구원을 이루셨습니다. 성경은 "우리가 아직 죄인 되었을 때에 그리스도께서 우리를 위하여 죽으심으로 하나님이 우리에 대한 자기의 사랑을 확증하셨느니라"(롬 5:8)고 말씀합니다. 하나님의 놀라운 사랑은 십자가에서 증명된 것입니다. 누군가 우리의 빚을 탕감해 준다면 평생 감사할 것입니다. 그런데 예수님이 우리 대신 죽으심으로써 우리의 죗값을 갚아 주시고 영원한 생명을 주셨으니, 우리는 일평생 주께서 주신 구원의 은혜만 감사해도 모자랄 것입니다.

〈마태복음〉22:37~40
예수께서 이르시되 네 마음을 다하고 목숨을 다하고 뜻을 다하여 주 너의 하나님을 사랑하라 하셨으니 이것이 크고 첫째 되는 계명이요
둘째도 그와 같으니 네 이웃을 네 자신 같이 사랑하라 하셨으니 이 두 계명이 온 율법과 선지자의 강령이니라

우리는 무엇보다도 먼저 하나님을 사랑해야 합니다. 우리가 하

나님을 사랑하려면 우리를 죽기까지 사랑하신 예수님 한 분만을 우리의 마음과 삶의 중심에 두고 진실한 마음으로 하나님을 섬겨야 합니다. 주님을 위해 나의 생명까지 아낌없이 드릴 수 있는 사랑을 가지고 주님을 따라야 하는 것입니다.

> 내가 달려갈 길과 주 예수께 받은 사명 곧 하나님의 은혜의 복음을 증언하는 일을 마치려 함에는 나의 생명조차 조금도 귀한 것으로 여기지 아니하노라 (행 20:24)

우리는 주님을 향한 흔들리지 않는 믿음을 가짐으로써 하나님을 사랑해야 합니다. 아무리 어렵고 절망적인 일이 다가와도 하나님에 대한 흔들리지 않는 신뢰를 표현하는 것, 그것이 하나님을 대하는 우리의 사랑의 표현입니다. 우리가 하나님에게 사랑을 표현하는 또 다른 방법은 하나님의 계명을 지켜 행하는 것입니다.

〈요한복음〉 15장 10, 12절 말씀을 적어 보세요.

내가 아버지의 계명을 지켜 그의 사랑 안에 거하는 것같이 너희도 내 계명을 지키면 내 사랑 안에 거하리라 내 계명은 곧 내가 너희를 사랑한 것같이 너희도 서로 사랑하라 하는 이것이니라

우리가 주님을 사랑한다면 주님의 말씀을 지켜 행해야 합니다. 그리할 때 주님의 사랑 가운데 거할 수 있습니다. 사랑과 계명은

일치합니다. 하나님이 말씀하신 계명을 지키지 않는다면, 하나님을 사랑한다고 아무리 외쳐도 그것은 인정받을 수 없는 사랑입니다. 우리가 제자라면 매일의 삶 속에서 주님의 말씀을 지켜 행함으로써 하나님에 대한 우리의 사랑을 표현해야 합니다.

예수님의 제자는 하나님의 사랑을 기반으로 이웃을 내 몸처럼 사랑해야 합니다. 우리가 참된 이웃 사랑을 실천하려면 이기적인 마음을 버려야 합니다. 예수님은 '강도 만난 자의 비유'를 들어 참된 이웃에 대하여 교훈하셨습니다.

> 어떤 사람이 예루살렘에서 여리고로 내려가다가 강도를 만나매 강도들이 그 옷을 벗기고 때려 거의 죽은 것을 버리고 갔더라 마침 한 제사장이 그 길로 내려가다가 그를 보고 피하여 지나가고 이와 같이 한 레위인도 그곳에 이르러 그를 보고 피하여 지나가되 어떤 사마리아 사람은 여행하는 중 거기 이르러 그를 보고 불쌍히 여겨 가까이 가서 기름과 포도주를 그 상처에 붓고 싸매고 자기 짐승에 태워 주막으로 데리고 가서 돌보아 주니라 그 이튿날 그가 주막 주인에게 데나리온 둘을 내어 주며 이르되 이 사람을 돌보아 주라 비용이 더 들면 내가 돌아올 때에 갚으리라 하였으니 네 생각에는 이 세 사람 중에 누가 강도 만난 자의 이웃이 되겠느냐(눅 10:30~36)

우리가 예수님의 참된 제자라면, '네 이웃에게 너는 어떻게 해주었느냐?'고 물으시는 주님의 질문을 생각하고 내 앞에서 죽어 가는 사람, 연약한 사람, 도움을 필요로 하는 사람을 외면하지 말고 힘껏 도와주어야 합니다. 우리가 하나님 앞에서 열심히 예배드리고 기도를 많이 해도 어려움에 처한 이웃에 소홀하고 외면한다면 우리의 경건은 헛된 것이 됩니다. 사랑은 율법의 완성입니다. 예수님을 진실로 믿는 제자는 예수님에게 받은 사랑을 자신의 삶 속에서 나타내야 합니다. 그러므로 우리가 주님의 참 제자가 되려면 하나님을 사랑하고 이웃을 사랑하는 사람으로 변화되어야 합니다. 이기적인 마음을 죽이고 사람들 속에 거하며 사랑을 실천해야 하는 것입니다.

이웃 사랑은 허물을 덮어 주는 것입니다(벧전 4:8). 남의 죄를 들춰내고 할퀴고 짓밟는 것은 사랑이 아니라 미움입니다. 사랑하면 허물을 덮어 주게 됩니다. 부모에 대한 증오심과 미움, 믿었던 친구나 배우자의 배신에 분노하며 미워하지 않고 용서하는 것이 사랑하는 것입니다. 내게 잘못한 이웃의 허물을 덮어 주고 용서해 주는 것이 사랑하는 것입니다. 율법의 잣대를 가지고 이웃의 잘못을 폭로하는 것은 미움의 표현입니다. 이웃의 잘못을 품어 주고 이웃을 살리려 하는 것이 사랑의 속성입니다. 그러므로 우리는 다른 사람의 연약함을 떠벌리고 지적할 것이 아니라 그 연약함을 감싸 안아 주어야 합니다. 그리할 때 우리 역시 허물을 용서받고 하나님의 온전한 사랑을 누릴 수 있습니다.

〈베드로전서〉4:8
무엇보다도 뜨겁게 서로 사랑할지니 사랑은 허다한 죄를 덮느니라

우리는 하나님이 주신 사랑과 행복을 나누며 살아야 합니다. 사랑은 주는 사람도 행복하고 받는 사람도 행복합니다. 우리가 복되게 사는 길은 사랑을 나누고 베풀며 사는 것입니다. 하나님이 우리에게 주신 축복은 우리 개인이 혼자 누리라고 주신 것이 아닙니다. 나도 누리고 이웃에게도 나누어 주라고 축복을 주시는 것입니다. 이웃에게 사랑과 행복을 베풀면 그것은 더 큰 행복이 되어 돌아옵니다. 그러나 이기적으로 움켜쥐고 나 혼자서만 누리려고 하면 소

멸되어 버립니다. 그러므로 나에게 복을 베풀어 주신 주님의 은혜를 기억하며 최선을 다해 사랑과 행복을 나누며 살아야 합니다.

3. 그리스도와 복음을 위해 생명까지도 내어놓는 삶

핵심 요약 1. 우리는 예수님의 제자로서 예수님의 섬김의 본을 따라 작은 일에서부터 섬김을 실천해야 한다.
2. 무엇보다도 제자는 영혼에 대한 사랑과 사람들에 대한 동정심을 가지고, 초대교회의 제자들처럼 목숨을 아끼지 않고 영혼 구원의 사명에 붙들린 삶을 살아야 한다.

섬김을 실천하는 삶이어야 합니다

예수님을 닮은 제자가 되려면 섬김의 도를 실천해야 합니다. 예수님이 오신 것은 "섬김을 받으려 함이 아니라 도리어 섬기려 하고 자기 목숨을 많은 사람의 대속물로 주려 함"(마 20:28)이었습니다. 세상에서는 권력을 가진 자가 그렇지 못한 자 위에 군림하여 다스리고 지배합니다. 하지만 하나님의 나라는 오히려 큰 자가 작은 자를 섬기는 곳입니다. 십자가 고난을 앞두고 예수님은 제자들의 발을 씻어 주시면서 '섬김의 제자도'의 본을 보여 주셨습니다(요 13:14~15). 예수님이 친히 제자들의 발을 씻어 주신 것은 장차 제자들도 섬김을 실천하도록 가르치신 시청각 교육이자 산 교훈이었습니다. 그러므로 우리는 예수님을 본받아 섬김을 실천해야 합니다.

〈요한복음〉 13:14~15
내가 주와 또는 선생이 되어 너희 발을 씻었으니 너희도 서로 발을 씻어 주는 것이 옳으니라 내가 너희에게 행한 것 같이 너희도 행하게 하려 하여 본을 보였노라

예수님은 섬김으로 온 세상을 품는 본을 보여 주셨습니다. 제자는 말이 아니라 행동과 실천으로 본을 보여야 합니다. 우리가 진정한 사랑으로 섬김의 본을 보일 때 사람들이 우리를 예수님의 제자로 인정합니다. 섬김은 작은 일에서부터 실천할 수 있습니다. 즉, 자신이 맡은 일에 최선을 다하는 것입니다. 이를 위해 시간 관리를 잘해야 합니다. 학생은 수업 시간에 열심히 공부하고, 직장인은 근

무 시간에 사적인 일로 시간을 낭비하지 말고 성실하게 업무를 수행해야 합니다. 누가 보든지 안 보든지 자기가 맡은 일에 최선을 다해야 하는 것입니다.

사랑으로 섬기는 일에는 거창한 노력이 필요하지 않습니다. 예수님의 사랑을 표현할 수 있는 일이라면 작은 것에서부터 섬김을 실천하는 것입니다. 예수님은 이 땅에 오셔서 십자가에 못 박혀 죽는 순간까지 낮고 천한 사람들을 섬기셨습니다. 그들의 작은 필요를 채워 주며 진정한 사랑을 느끼게 했습니다. 우리가 작은 일에 충성하며 섬김의 삶을 살면 우리의 가정이 변화되고 교회가 변화되고 우리 사회에 거대한 변화의 물결이 일어날 것입니다.

십자가를 자랑하는 삶(복음 전도)이어야 합니다

십자가에서 예수 그리스도의 구원 사역이 완성되었기 때문에 이제부터 우리의 자랑거리는 예수님의 십자가가 되어야 합니다.

제자는 예수님만 자랑해야 합니다. 예수님의 십자가만을 자랑거리로 삼아 때를 얻든지 못 얻든지 만나는 사람에게 예수님을 전해야 합니다.

다음의 성경말씀을 적어 보세요.

〈고린도전서〉 2장 2절

내가 너희 중에서 예수 그리스도와 그가 십자가에 못 박히신 것 외에는 아무것도 알지 아니하기로 작정하였음이라

〈갈라디아서〉 6장 14절

내게는 우리 주 예수 그리스도의 십자가 외에 결코 자랑할 것이 없으니 그리스도로 말미암아 세상이 나를 대하여 십자가에 못 박히고 내가 또한 세상을 대하여 그러하니라

예수님이 우리를 택하시고 부르신 것은 우리의 유익만을 위해서가 아닙니다. 예수님은 제자들을 부르셔서 그들을 가르치신 다음 세상에 보내어 복음을 전하며 병든 자를 치료하게 하셨습니다.

> 예수께서 나아와 말씀하여 이르시되 하늘과 땅의 모든 권세를 내게 주셨으니 그러므로 너희는 가서 모든 민족을 제자로 삼아 아버지와 아들과 성령의 이름으로 침례를 베풀고 내가 너희에게 분부한 모든 것을 가르쳐 지키게 하라 볼지어다 내가 세상 끝 날까지 너희와 항상 함께 있으리라(마 28:18~20)

우리 그리스도인은 모두 예수님의 증인입니다. 예수님의 증인은 예수님에 대한 체험적 신앙이 있어야 합니다. 예수님의 구원의 은혜를 그저 머리로만 알고 믿는 것은 불완전한 신앙입니다. 머리로 믿고 가슴으로 믿고 확신하기 위해서는 은혜를 체험해야 합니다. 나아가 때를 얻든지 못 얻든지 복음을 전할 준비를 하고 있어야 합니다. 언제 어디서든지 사람들에게 예수님을 전할 준비가 되어 있어야 합니다.

무엇보다도 제자는 영혼에 대한 사랑과 사람들에 대한 동정심을 가져야 합니다. 예수님은 죄악으로 가득 찬 이 땅에 오셔서 구원 사역을 감당하셨습니다. 사탄은 이를 막으려고 예수님을 시험하고 유혹했습니다. 그러나 예수님은 사탄의 모든 유혹을 단호히 물리치시고 십자가의 고난을 통해 구원을 이루어 놓으셨습니다. 예수님이 십자가를 지고 고난을 받으신 것은 죄인의 영혼을 구원하시고 하나님의 사랑을 회복시키기 위한 것이었습니다.

예수님은 제자들을 부르시고 그들에게 사명을 주셨습니다. 어린 양을 먹이고 돌보는 일입니다. 믿지 않는 영혼들을 주께로 인도해 구원받게 하는 일입니다.

우리는 하나님의 사랑으로 인해 먼저 구원받았습니다. 이제 먼저 구원받은 우리는 예수님의 보냄을 받은 자로서 그분의 사랑을 전하며 살아야 합니다. 이 세상에 얼마나 많은 사람이 죄악과 저주로 인해 영적, 육체적, 심적 고통 속에서 방황하고 있는지 모릅니다. 이런 세상에서 우리가 할 일은 예수님의 사랑으로 방황하는 수많은 영혼을 주께 인도하는 것입니다. 초대교회의 제자들처럼 목숨을 아끼지 않고 담대하게 예수님을 전해야 합니다. 우리는 예수님의 지상 명령에 절대 순종하여 영혼 구원의 사명에 붙들린 삶을 살아야 합니다. 예수님이 이끄시는 곳 어디든지, 땅끝까지라도 복음을 들고 가서 소외되고 버림받은 불쌍한 영혼들에게 예수님의 복음을 전해야 합니다.

예수님의 십자가는 하나님이 우리에게 부어 주신 사랑이 얼마나 구체적이고 헤아릴 수 없이 큰 사랑인지를 보여 줍니다. 예수님의 십자가 은혜를 알아 가는 것은 하나님의 사랑의 깊이와 너비와 높이를 알아 가는 것과 같습니다. 우리는 매일매일, 매 순간 그 은혜를 감사해야 합니다.

> 믿음으로 말미암아 그리스도께서 너희 마음에 계시게 하시옵고 너희가 사랑 가운데서 뿌리가 박히고 터가 굳어져서 능히 모든 성도와 함께 지식에 넘치는 그리스도의 사랑을 알고 그 너비와 길이와 높이와 깊이가 어떠함을 깨달아 하나님의 모든 충만하신 것으로 너희에게 충만하게 하시기를 구하노라 우리 가운데서 역사하시는 능력대로 우리가 구하거나 생각하는 모든 것에 더 넘치도록 능히 하실 이에게 교회 안에서와 그리스도 예수 안에서 영광이 대대로 영원무궁하기를 원하노라 아멘(엡 3:17~21)

우리는 예수님의 십자가 앞으로 나아와 그 보혈의 공로로 죄를 용서받고 새사람이 되는 순간부터 내 몫의 십자가를 지고 주님이 가신 길을 따라가야 합니다. 성령님의 도우심과 능력을 받아 죄와 싸워 이기며, 온유와 겸손, 자기 부인과 순종, 섬김과 복음 전도를 삶 가운데 실천하며 내 속에 예수님의 형상을 이루어 나가야 합니다. 단지 예수님을 믿을 뿐만 아니라 예수님과 복음을 위해 내 생명을 기꺼이 내어놓는 제자가 되어야 합니다. 우리가 십자가 영성으로 무장하여 하나님을 뜨겁게 사랑하고 그와 같이 이웃을 뜨겁게 사랑하는 참 제자의 길을 걸어갈 때에 하나님이 우리 각자에게 주신 사명을 이루게 될 것입니다.

예수님의 제자로 어떻게 살아야 할지 적어 보세요.

과제

- 다음 주 예습
- 중보 기도
- 가장 좋아하는 성경말씀 생각해 오기
- 신 12:32 암송

2장

말씀의 영성

영성은 인간이 자신의 생각과 자신의 능력, 자신의 기준으로 수련을 한다고 해서 쌓아지는 것이 아닙니다. 기독교 영성은 철저하게 하나님 말씀의 기초 위에서만 가능합니다. 성경은 하나님의 말씀이며, 우리의 신앙과 생활에 있어 절대적인 기준입니다. 인간은 하나님이 성경을 통해 그 음성을 들려주시지 않으면 하나님을 알 수도 없고 하나님을 만날 수도 없습니다. 또한 아무리 노력을 해도 말씀을 읽고 말씀 안에 거하게 되기 전까지는 삶이 변하지 않습니다.

하나님은 무한하시고 무소부재하십니다. 우리는 삶의 구체적인 문제와 필요, 상황에 맞는 하나님의 말씀을 찾을 수 있고, 그 말씀을 통해서 하나님을 만날 수 있습니다. 말씀을 읽다 보면 기록된 말씀이 어느 순간 내게 주시는 특별한 말씀으로 다가올 때가 있습니다. 응답의 말씀입니다. 성경을 뛰어넘는 어떤 권위도 있을 수 없고, 성경을 벗어난 어떤 신비 체험도 있을 수 없습니다.

내가 너희에게 명령하는 이 모든 말을 너희는 지켜 행하고 그것에 가감하지 말지니라(신 12:32).

성령 충만은 성경을 벗어난 신비 체험이 아닙니다. 말씀의 영성 위에 서기 위해서 우리는 말씀을 훈련받아야 합니다. 모든 그리스도인은 반드시 규칙적으로 말씀을 읽고, 묵상하고, 공부하고, 암송하고, 실천해야 합니다.

04 말씀을 통해 듣는 하나님의 음성

내가 너희에게 명령하는 이 모든 말을
너희는 지켜 행하고 그것에 가감하지 말지니라
신명기 12:32

핵심 요약 1. 기독교 영성은 하나님의 말씀인 성경에 기초한 것이다. 인간은 하나님이 성경을 통해 음성을 들려주실 때 하나님을 만날 수 있다. 그 하나님의 말씀을 받아들이고 순종하는 것이 기독교 영성이다.
2. 하나님의 말씀인 성경을 가까이하지 않은 죄를 회개하고 말씀을 가까이 하는 삶을 살아야 한다.
3. 하나님을 믿는 것은 결국 하나님의 말씀을 믿는 것이다. 그리스도인의 영적인 삶이란 말씀을 믿고 말씀의 모든 약속이 내 삶 속에서 이루어지는 것을 체험하며 사는 삶이다.

1. 성경_하나님이 그리스도인에게 들려주시는 음성

영성의 기초는 하나님의 말씀입니다

기독교 영성은 하나님의 말씀인 성경에 기초한 영성입니다. 그런 의미에서 기독교 영성은 인간의 정신적 가능성에 근거를 둔 것이 아닙니다. 또한 인간의 보편적인 종교심에 기초한 것도 아니며, 보다 나은 삶, 보다 도덕적인 삶을 살고자 하는 인간적인 소망에 뿌리를 박고 있지도 않습니다. 기독교 영성은 철저하게 성경에 근거한 영성입니다.

오늘날 사람들은 '영성'이라는 말에 대해서 대체로 긍정적인 이미지를 가지고 있습니다. '영성'이라는 말에는 무언가 인간을 고

귀하게 만들어 주는 정신적 자원이 있는 것처럼 느껴집니다. 심지어 종교에 대해서는 거부감을 가지고 있으면서도 영성에 대해서는 긍정적인 관심을 가지고 있습니다. 그렇기 때문에 오늘날 미국에서는 자신을 "영적이기는 하지만 종교적이지는 않다"(spiritual, but not religious)라고 표현하는 사람들이 많습니다. 기존의 종교단체들은 권위적이고 딱딱한 교리 중심이라서 가입하고 싶지 않지만, 종교와 상관없이 자신의 영적인 삶을 개발하는 일에는 관심이 있다는 것입니다.

기독교 영성은 세속적인 유행으로서의 영성과는 관계가 없습니다. 기독교적 영성은 인간 중심적인 영성이 아니라 하나님의 말씀에 기초한 영성이기 때문입니다. 기독교 영성은 탈권위적인 영성이 아니고 하나님의 말씀을 받아들이고 그에 순종하는 것입니다. 성경은 하나님의 말씀입니다. 따라서 성경은 우리의 신앙과 생활에 있어 절대적인 기준입니다.

하나님 말씀의 이러한 권위를 인정하지 않고서는 진정한 기독교 영성을 가질 수 없습니다. 영성은 인간이 자신의 생각과 자신의 능력, 자신의 기준으로 수련을 한다고 해서 쌓이는 것이 아닙니다. 기독교 영성은 철저하게 하나님 말씀의 기초 위에서만 가능한 영성입니다.

말씀의 권위를 인정하는 것이 영성 수련의 시작입니다. 오늘날 사람들은 '권위'에 대해서 거부감이 있습니다. 권위보다는 자율을 중시하고 복종보다는 비판에 익숙합니다. 무언가 나보다 권위 있는 상위의 힘이 있는 것을 좋아하지 않습니다. 누구에게 복종할 필

✣04~06과
- 시작 찬송: 200장, 202장
- 복음성가: 주님 말씀하시면
- 마무리 찬송: 540장

요 없이 자기 뜻대로 생각하고, 느끼고, 행동하고 싶어 합니다. 권위에 대한 거부감은 성경에 대해서도 마찬가지입니다. 하나님의 말씀인 성경보다 인간의 과학적인 지식, 역사관, 비판적 사고에 더 큰 권위를 부여합니다. 심지어 흠 있고 죄 많은 인간 사회가 만들어 놓은 제도와 법, 관습을 성경보다 더 권위 있는 것으로 받아들이는 경우도 허다합니다.

그러나 성경의 권위에 기초하지 않은 기독교 신앙과 영성은 상상할 수 없습니다. 왜냐하면 인간은 하나님이 성경을 통해 그 음성을 들려주시지 않으면 하나님을 알 수도 없고 하나님을 만날 수도 없기 때문입니다. 성경말씀의 살아 있는 능력에 기초하지 않은 기독교 영성은 있을 수 없습니다.

〈히브리서〉 4장 12절 말씀을 적어 보세요.

하나님의 말씀은 살아 있고 활력이 있어 좌우의 날 선 어떤 검보다도 예리하여 혼과 영과 관절과 골수를 찔러 쪼개기까지 하며 또 마음의 생각과 뜻을 판단하나니

그렇습니다. 하나님의 말씀은 살아 있고 활력이 있습니다. 이렇게 생명력 넘치는 하나님의 말씀을 믿고 이 말씀을 통해 자신을 변화시키고자 하는 사람은 영성 수련의 올바른 길로 접어든 것입니다.

어거스틴은 말씀을 통해 하나님을 만났습니다. 어거스틴은 하나님을 믿지 않고 방탕한 생활을 하던 사람이었습니다. 육신의 정욕과 안목의 정욕과 이 세상 자랑이 그의 마음을 가득 채우고 있었습니다. 돈과 명예와 쾌락을 좇는 그를 위해 어머니 모니카는 오랜 세월 기도했지만, 어거스틴의 삶은 전혀 변화되지 않았습니다. 그러나 그는 삼십대 초반이 되었을 때 마침내 신앙을 가지게 되었습니다.

어거스틴 (354~430)
중세 기독교 역사상 가장 위대한 신학자이자 목회자이자 사상가. 4세기 북아프리카 및 이탈리아에서 활동하였으며 서방 교회의 4대 교부 가운데 한 사람이다. 《참회록》은 그의 사상을 대표하는 책으로, 지금도 많은 사람에게 사랑을 받는 고전이다.

어느 날 어거스틴이 자신의 죄악된 모습을 생각하며 고민하고 있었습니다. 하나님을 믿고 싶은데 확실하게 믿음이 생기지도 않았습니다. 그런데 고민하고 있는 그의 귀에 어디선가 아이들의 소리가 들려왔습니다. 근처에서 노는 아이들의 노래 소리였습니다. 그 노래 소리에 귀를 기울이던 그는 "집어 읽어라, 집어 읽어라"는 가사를 듣고 그 말에 따라 곁에 있던 성경을 집어 들어서 읽었습니다. 그때 그의 눈에 들어온 말씀이 〈로마서〉 13장 12~14절 말씀이었습니다.

> 밤이 깊고 낮이 가까웠으니 그러므로 우리가 어둠의 일을 벗고 빛의 갑옷을 입자 낮에와 같이 단정히 행하고 방탕하거나 술 취하지 말며 음란하거나 호색하지 말며 다투거나 시기하지 말고 오직 주 예수 그리스도로 옷 입고 정욕을 위하여 육신의 일을 도모하지 말라

이 말씀을 읽을 때 그의 마음속에 성령님이 역사하셔서 마음이 뜨거워지고 눈물이 쏟아졌습니다. 마음에 희미하기만 하던 하나님이 뚜렷하고 확실하게 믿어졌습니다. 도저히 떨쳐 버릴 수 없던

육신의 정욕, 안목의 정욕, 이생의 자랑이 그 순간 사라져 버렸습니다. 더 이상 방황과 의심에 사로잡히지 않게 되었습니다. 어거스틴은 완전히 새로운 사람이 되었습니다. 이 모든 것이 하나님의 말씀을 읽음으로써 일어난 위대한 구원의 역사입니다.

말씀을 가까이하지 않은 죄를 회개해야 합니다

성경이 하나님의 말씀이라는 것은, 하나님이 성경 기자들에게 성령으로 감동을 주셔서 하나님이 우리에게 하시고자 하는 말씀을 정확하게 기록해 놓았다는 뜻입니다. 또한 천지 창조 이래로 하나님이 인류를 구원하시기 위해 행하신 구원의 역사가 성경에 기록되어 있다는 뜻입니다. 우리 구주 예수님에 대해서도 성경을 통해서 알 수 있습니다. 성령님에 대해서도 성경을 통해서 알 수 있습니다. 그렇기 때문에 우리가 성경을 귀하게 여기고 성경 중심의 신앙생활을 해야 하는 것입니다.

다음의 성경말씀을 적어 보세요.

〈디모데후서〉 3장 16절

모든 성경은 하나님의 감동으로 된 것으로 교훈과 책망과 바르게 함과 의로 교육하기에 유익하니

〈시편〉 119편 11절
내가 주께 범죄하지 아니하려 하여 주의 말씀을 내 마음에 두었나이다

우리는 말씀을 어떻게 대해야 할까요?

앞의 〈디모데후서〉 말씀처럼 교훈과 책망과 바르게 함과 의로 교육하기에 유익한 성경, 곧 하나님의 말씀을 우리 마음에 두어야 합니다. 그리스도인의 삶에서 가장 중요한 것이 말씀을 가까이하는 것이기 때문입니다. 아무리 노력을 해도 우리가 말씀을 읽고 말씀 안에 거하게 되기 전까지는 삶에 변화가 다가오지 않는다는 것을 깊이 깨달아야 합니다. 말씀은 곧 생명입니다. 기적입니다. 축복입니다. 드라마를 볼 때는 넋을 놓고 보면서 하나님의 말씀은 귀하게 대하지 않는 분들을 보면 안타깝습니다. 왜 드라마만큼도 하나님의 말씀을 사랑하지 않는지 안타깝습니다. 많은 그리스도인이 세상 것에 너무나 취해서 말씀에 소홀합니다. 말씀보다 세상 것들을 더 사랑한 죄를 회개해야 합니다. 집중해서 하나님의 말씀을 읽으십시오. 놀라운 하나님의 은혜를 체험하게 될 것입니다.

〈전도서〉 5:1
너는 하나님의 집에 들어갈 때에 네 발을 삼갈지어다 가까이 하여 말씀을 듣는 것이 우매한 자들이 제물 드리는 것보다 나으니 그들은 악을 행하면서도 깨닫지 못함이니라

하나님의 말씀을 읽을 때 우리에게 생기는 변화는 일일이 기록할 수 없을 정도로 많습니다. 어떤 사람은 말씀을 읽다가 치료자 예수님을 믿게 되어 병이 낫기도 합니다. 어떤 사람은 너무나 어려운 문제를 만나서 눈물을 흘리며 괴로워하다가 하나님의 말씀 한

구절을 읽고 용기를 얻고 성령님의 위로를 받아 인생을 새롭게 시작하기도 합니다. 말씀에는 능력이 있습니다. 말씀에는 희망이 있습니다. 절대 절망 가운데서도 절대 희망을 주는 것이 하나님의 말씀입니다. 주님이 우리에게 허락하신 모든 은혜와 축복은 말씀에 다 기록이 되어 있습니다. 그렇기 때문에 우리가 말씀을 귀하게 여기고 말씀을 읽고 말씀에 기록된 은혜를 주께 구할 때, 우리의 삶은 말씀대로 주님의 은혜가 충만한 삶이 될 것입니다.

말씀대로 믿으면 말씀대로 이루어집니다

하나님의 말씀에 따라 복을 받은 대표적인 인물 중 하나가 아브라함입니다. 아브라함 당시에는 아직 성경이 기록되어 있지 않았지만, 아브라함은 하나님과 직접 대화를 나누었기 때문에 그 역시 하나님의 말씀으로 인도받은 사람이라고 할 수 있습니다. 아브라함은 100세에 아들 이삭을 얻었습니다. 생물학적으로 도저히 불가능한 일이었지만 하나님의 기적으로 자손을 얻게 된 것입니다.

성경에 기록된 아브라함의 삶을 살펴보면 하나님의 말씀이 얼마나 능력이 있고 우리가 신뢰할 수 있는 말씀인지 분명하게 드러납니다. 또한 우리가 하나님을 믿을 때, 하나님은 말씀의 능력으로 우리를 돌보시고 지켜 주심을 알 수 있습니다.

> 야훼께서 말씀하신 대로 사라를 돌보셨고 야훼께서 말씀하신 대로 사라에게 행하셨으므로 사라가 임신하고 하나님이 말씀하신 시기가 되어 노년의 아브라함에게 아들을 낳으니(창 21:1~2)

위의 〈창세기〉 말씀에 반복적으로 등장하는 표현은 무엇입니까?

하나님의 말씀대로

그렇습니다. 하나님은 하나님의 말씀대로 행하시는 분입니다. 믿을 수 있는 신실하신 분입니다. 하나님을 믿는다는 것은 무엇입니까? 그것은 결국 하나님의 말씀을 믿는 것입니다. 하나님이 하신 말씀을 믿지 않으면서 하나님을 믿는다거나 하나님을 사랑한다고 할 수 없습니다. 하나님의 말씀을 그대로 믿고 그 믿음에 맞게 오늘을 사는 것이 믿음이고 말씀에 기초한 영성입니다.

하나님의 말씀에 "태초에 하나님이 천지를 창조하시니라"(창 1:1)고 했으면, 그 말씀을 그대로 믿고 이 세상을 하나님이 창조하신 피조물로 받아들이는 것입니다.

하나님이 "너는 나 외에는 다른 신들을 네게 두지 말라"(출 20:3)고 말씀하셨으면, 그 말씀을 그대로 믿고 어떤 유혹과 위협이 있어도 우상에게 절하지 않고 이 세상의 그 어느 것도 하나님보다 더 사랑하지 않으며 오직 하나님만을 섬기고 사는 것입니다.

하나님의 말씀에 "하나님이 세상을 이처럼 사랑하사 독생자를 주셨으니 이는 그를 믿는 자마다 멸망하지 않고 영생을 얻게 하려 하심이라"(요 3:16)고 했으면, 내가 예수님을 믿으므로 이 말씀대로 내가 구원을 받아 영생을 얻었다는 것을 받아들이고 믿으며 마귀가 아무리 유혹해도 말씀에 의지해서 내가 구원받았음을 믿고 고백하는 것입니다.

하나님의 말씀에 "수고하고 무거운 짐 진 자들아 다 내게로 오라 내가 너희를 쉬게 하리라"(마 11:28)고 했으면, 말씀대로 주님에게 무거운 짐을 맡기고 쉬는 것입니다.

성경은 우리에게 주신 하나님의 말씀입니다. 성경을 떠나서 기독교 영성은 있을 수 없습니다. 우리는 성경을 사랑하고, 성경을 읽고, 성경 속에서 하나님의 음성을 들어야 합니다. 말씀을 가까이 하십시오. 그리고 말씀을 가까이하지 않았다면 회개하십시오. 그리스도인의 영적인 삶이란 말씀을 믿고 말씀의 모든 약속이 내 삶 속에서 이루어지는 것을 체험하며 사는 삶입니다.

핵심 요약 1. 예수님을 믿고 하나님의 자녀가 되었으면 이에 상응하는 축복된 삶을 살아야 한다. 세상 사람들과 구별된 삶을 살아야 한다. 예수님을 믿고 난 다음 달라진 모습으로 세상을 변화시켜 나가는 변화의 주역들이 되어야 한다. 오직 말씀으로 충만할 때 신앙과 생활의 분리 문제가 극복된다.
2. 나의 상황에 필요한, 구체적인 문제에 대한 구체적인 말씀을 찾아서, 그 말씀을 통해서 나에게 찾아오시는 하나님을 만나야 한다.
3. 성경 전체가 하나님의 '기록된 말씀'이라면, 나에게 특별한 은혜로 다가온 말씀은 '선포된 말씀'이라고 할 수 있다. 말씀을 통해 자신을 발견하자.

2. 나에게 주시는 말씀을 찾으십시오

말씀을 통해 신앙과 생활의 분리를 극복해야 합니다

예수님을 믿는 것 자체가 일생일대의 기적이요, 축복이요, 은혜입니다. 예수님을 믿는 것과 믿지 않는 것에는 근본적인 차이가 있습니다. 즉, 죄인과 의인을 가르는 차이요, 하나님의 자녀와 마귀의 노예를 가르는 차이가 있습니다. 존재 자체가 완전히 달라지는 커다란 분기점이 바로 예수님을 믿는가 안 믿는가입니다.

우리는 마귀의 노예, 죄의 노예로 살다가 예수님을 믿어 하나님의 축복받는 자녀가 되었으니 얼마나 기쁘고 감사한지 말로 다 표현할 수 없습니다. 우리는 세상 사람들과 구분되어 근본적으로 다른 사람이고, 근본적으로 새롭게 변화된 존재이고, 근본적으로 하나님의 축복을 받은 자녀입니다. 따라서 우리는 비록 이 세상에 살고 있지만 예수님을 믿지 않는 세상 사람들과 똑같이 살지 않고 그들과 구별된 삶을 살아야 합니다. 그런데 문제는 우리 그리스도인들이 믿지 않는 사람들과 구분되지 않는 삶을 살아가고 있다는 것입니다. 이것이 오늘날 기독교 영성의 큰 문제입니다.

왜 많은 그리스도인이 예수님을 믿고 하나님의 자녀가 되었음에도 불구하고 여전히 세상 사람들과 똑같이 삽니까? 그것은 신앙이 말씀의 영성에 기초해 있지 않기 때문이며, 신앙과 생활이 분리되어 있기 때문입니다.

교회에서 예배를 드릴 때에는 누가 보아도 하나님의 백성인데 예배를 마치고 세상에 나가면 세상 사람이 되는 분들이 있습니다. 이처럼 교회 안에서와 교회 밖에서의 모습이 다르다면 큰 문제입니다. 그리스도인들은 언제 어디에 있든지 예수님을 믿는 사람다운 모습이 나타나야 합니다. 아름다운 모습, 빛을 발하는 모습, 소금처럼 꼭 필요한 모습이 나타나야 합니다. 예수님을 믿기 전에 우리가 어떻게 살았는가는 중요하지 않습니다. 중요한 것은 예수님을 믿고 난 다음 달라진 모습으로 세상을 변화시켜 나가는 변화의 주역들이 되어야 한다는 것입니다. 그리스도인들이 변화된 만큼 세상이 아름다워집니다.

우리를 변화시키는 은혜와 축복이 어디서 옵니까? 하나님의 말씀으로부터 옵니다. 말씀이 성령의 감동을 통해서 우리에게 임할 때 우리는 새로운 모습으로 변화받게 됩니다. 우리는 영적인 존재입니다. 동물은 음식만 먹고 살면 되지만 우리 그리스도인들은 영적인 음식, 즉 하나님의 말씀을 먹고 살아야 한다는 점을 기억해야 합니다. 예수님은 하나님이시면서도 광야에서 시험을 받으셨을 때 말씀으로 마귀를 물리치셨습니다. 하물며 우리가 말씀으로 무장하지 않고서 어떻게 삶의 변화를 기대할 수 있겠습니까? 오직 말씀으로 충만할 때 신앙과 생활의 분리 문제가 극복됩니다.

〈마태복음〉4:4

예수께서 대답하여 이르시되 기록되었으되 사람이 떡으로만 살 것이 아니요 하나님의 입으로부터 나오는 모든 말씀으로 살 것이라 하였느니라 하시니

구체적인 문제에 필요한 말씀에서 시작해야 합니다

구체적으로, 어떻게 하면 우리가 하나님 말씀의 능력 안에서 변화된 삶을 살 수 있을까요?

〈잠언〉4장 20~21절 말씀을 적어 보세요.

내 아들아 내 말에 주의하며 내가 말하는 것에 네 귀를 기울이라 그것을 네 눈에서 떠나게 하지 말며 네 마음속에 지키라

하나님의 말씀을 마음속에 지킨다는 것은 무엇일까요?

우리는 먼저 하나님의 말씀에 주의해야 합니다. 하나님의 말씀에 귀를 기울이고, 우리의 마음속에 지켜야 합니다. 하나님은 전지전능하시고 무소부재하신 분이십니다. 무한하신 하나님을 유한한

우리의 생각으로 다 알 수 없습니다. 그러나 우리가 하나님을 만날 기회와 계기가 있습니다. 우리의 삶에서 다가오는 문제에 대해서 구체적으로 길을 비춰 주시는 하나님의 말씀을 찾는 것이 바로 그것입니다. 우리는 이 세상을 살면서 여러 가지 어려운 곤경에 처할 때가 있습니다. 죄, 질병, 인간관계, 사업, 자녀 문제, 그리고 마음속에 삶의 의미와 가치를 발견하지 못해서 괴로워 몸부림치는 무의미의 문제 등 수없이 많은 문제가 우리를 괴롭힙니다. 우리는 이러한 우리의 필요에서 시작해서 우리에게 역사하는 하나님의 말씀을 성경에서 찾을 수 있습니다. 죄인은 용서의 말씀을, 병자는 치료의 말씀을, 고난당하는 사람은 건져 주시는 하나님의 말씀을 성경에서 찾아야 합니다. 이것이 하나님을 만나는 방법이고, 하나님의 말씀에 주의하는 방법입니다.

성경은 하나님의 약속의 말씀, 하나님의 은혜의 말씀으로 가득합니다. 내가 어떤 상황에서 어떤 필요를 가지고 하나님을 만나고자 해도 그에 해당되는 말씀들이 다 있습니다. 그러므로 나의 현실에 적합하고 필요한 말씀을 찾아서 그 말씀에 주의해야 합니다. 아무런 방향과 소원, 필요도 없이 어지럽고 산만한 마음에는 하나님의 말씀이 와 닿지 않습니다. 말씀 안에서 우리를 찾아오시는 하나님을 만나십시오.

말씀이 내게 부딪쳐 오는 그 순간에 집중하십시오

우리는 하나님의 말씀에 귀를 기울여야 합니다. 어떻게 하나님의 말씀에 귀를 기울일 수 있을까요? 성경은 글자로 쓰여 있는 것인데, 이것이 내게 무슨 말을 할까요? 우리가 알아야 할 것은, 하나님이 성경의 글자들을 통해서 오늘 우리에게 말씀하신다는 사실입니다. 육신의 귀에 말씀하시는 것이 아니라 성령님을 통해서 우리 마음에 가르쳐 주십니다. 그 음성을 듣기 위해서는 먼저 하나님의 말씀에 집중하고, 말씀과 내 상황이 만나게 해야 합니다. 그런 다음에는 성령님이 성경의 글자를 통해서 내게 말씀해 주시기를 기다려야 합니다. 고요하고 잠잠한 음성이 내 마음의 귀에 부딪쳐 와서 내 영혼을 뒤흔들어 놓고 내 심령 속에 들어와서 믿음을 일으킬 때까지 하나님의 말씀에 집중하고 주의하면서 귀를 기울여야 합니다.

〈요한복음〉 14:26

보혜사 곧 아버지께서 내 이름으로 보내실 성령 그가 너희에게 모든 것을 가르치고 내가 너희에게 말한 모든 것을 생각나게 하리라

하나님의 말씀을 깊이 읽으면서 기도하면 성령님이 우리 마음의 생각을 드러내 주십니다. 저는 도쿄에서 사역할 때 이러한 체험을 많이 했습니다. 내 자신은 나를 자세히 몰라도 말씀을 깊이 읽고 성령님에게 구하면 성령님이 하나님의 말씀을 통해서 내 안의 가장 깊은 것까지도 보여 주십니다. 그러면 교만하지 않고, 내 자신을 의지하고 않고 사역에 임할 수 있습니다. 이러한 과정 없이, 즉 말씀을 통해서 자신을 돌아보지 않고 신앙생활을 하면 말씀에 대한 갈증, 성령에 대한 갈증에 시달리게 됩니다.

✣ 기록된 말씀

기록된 말씀이란 성령의 감동하심을 받은 사람들이 하나님에게서 받아 기록한 성경을 가리킨다. 성경은 진리의 기준이 되며, 그 핵심은 구원자 되시는 예수 그리스도이다. 신자는 성경을 통해 하나님의 말씀을 듣는다.

하나님의 말씀을 깊이 읽다 보면 어느 한순간 그 말씀이 내 마음에 부딪쳐 옵니다. 늘 읽던 말씀인데도 그 순간 그 말씀이 마치 천둥소리처럼, 번개처럼 내 마음속에 감동을 일으킵니다. 그 말씀이 믿어지고, 눈물이 나고, 마음이 뜨거워지고, 그 말씀이 지금 이 순간 내게 개인적으로 주시는 하나님의 말씀으로 받아들여집니다.

성경 전체가 하나님의 '기록된 말씀'이라면, 이렇게 특별한 은혜로 내게 다가오는 말씀은 '선포된 말씀'이라고 할 수 있습니다. '기록된 말씀'이 내게 주시는 '선포된 말씀'이 될 때 우리의 기도는 응답이 되고 우리의 삶에 말씀을 통한 진정한 변화가 다가옵니다.

성경을 읽거나 말씀을 들을 때 하나님의 말씀이 내게 부딪쳐 오는 순간이 있었나요? 그 선포된 말씀을 기록하고 고백해 봅시다.

✣ 선포된 말씀

성령님은 신자의 마음을 깨우쳐 주셔서 성경의 말씀들을 이해하고 받아들이며 행하도록 이끌어 주신다. 이와 같이 성령의 능력으로 기록된 말씀이 신자의 삶에 역사할 때 그 말씀은 선포된 말씀이 된다.

✣ 과제

- 다음주 예습
- 중보 기도
- 성령 충만하다는 것은 무엇인지 3가지 적어 오기
- 히4:12 암송

05 성령 충만은 곧 말씀 충만

내가 너희에게 명령하는 이 모든 말을
너희는 지켜 행하고 그것에 가감하지 말지니라
신명기 12:32

✣ 04~06과

- 시작 찬송: 200장, 202장
- 복음성가: 주님 말씀하시면
- 마무리 찬송: 540장

✣ 은사

'은사'는 성령님이 우리에게 나누어 주시는 다양한 '선물들'을 말한다. 이는 인간의 공로로 받는 보상이 아니라, 하나님이 값없이 주시는 선물이다. 신약 성경에는 여러 가지 성령의 은사가 롬 12:6~8, 고전 12:8~10 등에 기록되어 있다.

올바른 영성은 오직 성경대로 믿고, 오직 성경대로 실천하고, 오직 성경대로 체험하는 영성입니다. 성경을 뛰어넘는 어떤 권위도 있을 수 없고, 성경을 벗어난 어떤 신비 체험도 있을 수 없습니다. 성령 충만은 성경을 벗어난 신비 체험이 아닙니다. 성령 충만은 성경에 약속되었고, 성경대로 제자들이 마가의 다락방에서 체험했습니다. 성경대로 성령 충만을 받은 사람들은 나가서 예수님의 증인이 되며, 성경대로 은사를 받아 하나님이 주신 사명을 감당하며 성령의 열매를 맺습니다. 그러므로 성령 충만과 말씀의 영성을 분리해서 생각해서는 안 됩니다. 성령 충만은 곧 말씀 충만입니다.

1. 성령 충만은 감정이 아니라 말씀을 통한 삶의 변화입니다

핵심요약 1. 성경말씀은 하나님이 우리에게 주신 '축복의 통로'다. 우리는 이 말씀을 귀하게 여기고 가까이 대할 때 하나님의 생각으로 가득하게 된다.
2. 성령 충만의 궁극적인 목적과 의미는 말씀을 통한 삶의 변화 그리고 능력 있는 증인의 삶에 있다.
3. 성령 충만은 말씀의 참된 의미를 이해하고 깨닫게 해줌으로써 말씀으로 충만하게 되는 체험이다.
4. 현대 오순절 운동은 체험 추구가 아니라 말씀 공부에서 시작되었다. 그리스도인은 말씀을 통해 영적으로 성장하는 것을 최우선의 목적으로 삼아야 한다.

말씀을 금은보화보다 귀하게 여겨야 합니다

저희 할아버지께서는 본래 평양에서 사시다가 1948년에 가족을 데리고 월남하셨습니다. 그때의 일화를 들으면 마치 영화의 한 장면을 보는 것 같습니다. 할아버지께서는 월남하기 위해 미리 황해도 해주에 가서 통통배를 빌려 놓으시고, 시간을 정하여 온 가족이 그곳에 각자 모이도록 하셨습니다. 그렇게 모인 가족들을 배 밑바닥에 숨기고 그 위에 생선 상자를 얹어서 가린 다음 야음을 틈타 38선을 넘으셨다고 합니다. 당시 월남하다가 발각되면 감옥에 들어가기 때문에 가족 모두 평상시에 입던 옷을 그대로 입고 나왔다고 합니다. 재봉틀 상회를 경영하셨던 할아버지는 재산을 다 두고 평상복 차림으로 가방 하나만 들고 나오셨고, 중학생이던 삼촌도 교복을 입은 채로 식구들과 함께 38선을 넘었습니다.

그때 할아버지께서 들고 나오신 가방 속에는 성경책과 주석책만 들어 있었습니다. 저희 집에는 족보가 많이 있었지만 할아버지께서는 "족보도 필요 없고 집문서나 돈도 필요 없다"고 말씀하시며 성경책과 주석책만 들고 나오셨다고 합니다. 할아버지께서는 하나님의 말씀 안에 그 어떤 보물보다도 더 귀한 것이 담겨 있다는 것을 알고 계셨던 것입니다. 저는 지금도 그 낡고 오래된 주석책을 풀로 붙여 가며 늘 들여다보시던 할아버지의 모습이 생각납니다. 성경은 어떤 금은보화, 족보, 세상의 가치 있는 그 무엇보다 귀한 하나님의 말씀입니다. 말씀의 보화를 발견한 사람은 복이 있습니다. 또한 후손에게 이 귀한 보화를 잘 전달해 주면 후손도 복을 받게 됩니다.

〈마태복음〉 13:44
천국은 마치 밭에 감추인 보화와 같으니 사람이 이를 발견한 후 숨겨 두고 기뻐하며 돌아가서 자기의 소유를 다 팔아 그 밭을 사느니라

성경말씀은 하나님이 우리에게 주신 '축복의 통로'입니다. 하나님의 은혜를 풍성히 체험하기 위해서는 이 축복의 통로를 활용해야 합니다. 말씀이라는 통로를 통하지 않고서 하나님의 온전한 은혜를 받고 우리 삶이 변화되는 것은 불가능합니다. 그러므로 우리는 하나님의 말씀을 읽고, 듣고, 공부하고, 암송하고, 묵상해야 합니다. 이렇게 하면 우리의 생각이 하나님의 생각에 맞춰지게 되고, 우리의 생각이 하나님의 생각으로 가득하게 됩니다. 성경을 귀하게 여기고 성경을 부지런히 읽으십시오. 성도라면 적어도 1년에 한 번은 성경 전체를 정독해야 합니다.

성령 충만은 말씀 충만입니다

성령 충만하기 위해서는 하나님의 말씀으로 충만해야 합니다. 많은 사람이 성령 충만하기 위해서는 무언가 신비한 체험을 해야 하는 것으로 생각합니다. 체험을 많이 한 사람이 성령 충만한 사람이라고 생각하는 경향마저 있습니다. 체험은 물론 중요하고 필요합니다. 그러나 체험이 많다고 해서 그 사람이 반드시 성령 충만한 것은 아닙니다. 성령 충만은 일시적인 체험과 감동 이상의 것입니다. 성령 충만은 기분의 변화와 흥분 이상의 것입니다. 감정의 흥분을 성령 충만과 동일시하는 것은 성령 충만을 매우 제한하는 생각입니다. 성령 충만의 궁극적인 목적과 의미는 말씀을 통한 삶의

변화 그리고 능력 있는 증인의 삶에 있습니다.

다음의 성경말씀을 적어 보세요.

〈갈라디아서〉 5장 25절

만일 우리가 성령으로 살면 또한 성령으로 행할지니

〈로마서〉 12장 1~2절

그러므로 형제들아 내가 하나님의 모든 자비하심으로 너희를 권하노니 너희 몸을 하나님이 기뻐하시는 거룩한 산 제물로 드리라 이는 너희가 드릴 영적 예배니라 너희는 이 세대를 본받지 말고 오직 마음을 새롭게 함으로 변화를 받아 하나님의 선하시고 기뻐하시고 온전하신 뜻이 무엇인지 분별하도록 하라

이 말씀들이 우리에게 가르치는 것은 무엇입니까?

우리가 성령 안에서 살면 성령으로 행해야 한다.

하나님이 기뻐하시는 삶을 살아야 한다.

이 말씀들은 우리가 성령 안에서 하나님이 기뻐하시는 삶을 사는 것이 중요하다고 가르쳐 주고 있습니다. 성령 충만하다고 하면서 정작 성령님이 원하시는 삶을 살지 않는 것은 앞뒤가 맞지 않는 일입니다. 성령 충만은 반드시 말씀 안에서 성령님이 원하시는 삶의 모습으로 나타나야 합니다.

진정한 의미의 성령 충만을 위해서 우리는 아침저녁으로 변하는 인간의 감정이 아니라 하나님의 영원한 말씀의 기초 위에 서야 합니다. 성령 충만은 말씀 충만입니다. 말씀으로 충만한 사람이야말로 진정으로 성령 충만하고 복 있는 사람입니다.

> 복 있는 사람은 악인들의 꾀를 따르지 아니하며 죄인들의 길에 서지 아니하며 오만한 자들의 자리에 앉지 아니하고 오직 야훼의 율법을 즐거워하여 그의 율법을 주야로 묵상하는도다 그는 시냇가에 심은 나무가 철을 따라 열매를 맺으며 그 잎사귀가 마르지 아니함 같으니 그가 하는 모든 일이 다 형통하리로다(시 1:1~3)

〈여호수아서〉 1:8

이 율법책을 네 입에서 떠나지 말게 하며 주야로 그것을 묵상하여 그 안에 기록된 대로 다 지켜 행하라 그리하면 네 길이 평탄하게 될 것이며 네가 형통하리라

우리가 복 있는 사람이 되려면 늘 하나님의 말씀을 묵상하고 하나님의 말씀과 동행하는 삶을 살아야 합니다.

성령 충만은 말씀대로 이루어진 약속입니다

성령 충만과 말씀 충만은 동전의 양면과 같습니다. 예수님의 제자들은 오순절 날 성령을 받은 직후부터 능력 있는 증인이 되어서 강력하게 복음 전파 사역을 했습니다. 제자들이 어찌나 담대하게 전도를 하고 그들의 모든 말과 행동에 어찌나 큰 기쁨이 나타났던

지, 제자들을 술 취한 사람들로 오해하고 조롱하는 유대인들이 있을 정도였습니다.

> 그때에 경건한 유대인들이 천하 각국으로부터 와서 예루살렘에 머물러 있더니 이 소리가 나매 큰 무리가 모여 각각 자기의 방언으로 제자들이 말하는 것을 듣고 소동하여 다 놀라 신기하게 여겨 이르되 보라 이 말하는 사람들이 다 갈릴리 사람이 아니냐 보라 우리가 우리 각 사람이 난 곳 방언으로 듣게 되는 것이 어찌 됨이냐 우리는 바대인과 메대인과 엘람인과 또 메소보다미아, 유대와 갑바도기아, 본도와 아시아, 브루기아와 밤빌리아, 애굽과 및 구레네에 가까운 리비아 여러 지방에 사는 사람들과 로마로부터 온 나그네 곧 유대인과 유대교에 들어온 사람들과 그레데인과 아라비아인들이라 우리가 다 우리의 각 언어로 하나님의 큰일을 말함을 듣는도다 하고 다 놀라며 당황하여 서로 이르되 이 어찌 된 일이야 하며 또 어떤 이들은 조롱하여 이르되 그들이 새 술에 취하였다 하더라(행 2:5~13)

이 말씀과 같이 제자들은 성령 충만을 받자 성령의 권능을 얻고 주체할 수 없는 기쁨이 샘솟아 강력하게 그리스도의 복음을 전파하며 초대교회를 탄생시켰고, 성령 충만을 받은 사람들은 삶이 근본적으로 변화되었습니다.

이렇듯 담대하게 복음을 전하고 자신의 모든 것을 다 드려서 주님을 섬길 수 있게 하는 성령 충만의 근거는 하나님의 기록된 말씀, 즉 성경입니다. 말씀을 모르고서는 성령님을 알 수 없으며, 말씀으로 충만하지 않고서는 성령 충만을 유지할 수 없습니다. 우리는 말씀과 상관없는 개인적인 신비 체험을 성령 충만이라고 부르지 않습니다. 처음부터 성령 충만은 하나님의 말씀을 통해서 약속되었습니다.

성경은 예수님이 성령 강림을 예고하시고 약속하셨음을 다음과 같이 증언하고 있습니다.

〈사도행전〉 1장 4~5절 말씀을 적어 보세요.

사도와 함께 모이사 그들에게 분부하여 이르시되 예루살렘을 떠나지 말고 내게서 들은바 아버지께서 약속하신 것을 기다리라 요한은 물로 침례를 베풀었으나 너희는 몇 날이 못 되어 성령으로 침례를 받으리라 하셨느니라

바로 이 말씀을 따라서 제자들은 예루살렘을 떠나지 않고 마가의 다락방에 모여서 열흘 동안 간절히 기도했습니다.

또한 성령을 받고 난 후 베드로는 성령 강림 사건이 요엘 선지자를 통해 주신 하나님의 약속의 성취임을 깨닫고 증언하였습니다.

이는 곧 선지자 요엘을 통하여 말씀하신 것이니 일렀으되 하나님이 말씀하시기를 말세에 내가 내 영을 모든 육체에 부어 주리니 너희의 자녀들은 예언할 것이요 너희의 젊은이들은 환상을 보고 너희의 늙은이들은 꿈을 꾸리라 그때에 내가 내 영을 내 남종과 여종들에게 부어 주리니 그들이 예언할 것이요(행 2:16~18)

제자들은 영적인 황홀경에 들어가고 싶어서 간절히 기도한 것이 아닙니다. 신비한 것을 체험해 보고 싶어서 간절히 기도한 것도 아닙니다. 제자들이 간절히 기도한 것은 오직 예수님의 명령을 따른 것이었습니다. 예수님이 기도하고 기다리면 성령의 침례를 주시겠다고 말씀하셨기 때문에 기도했습니다. 이렇듯 성령 충만은 말씀을 통해 약속된 것이며, 오순절에 마가의 다락방에서 기도하던 제자들에게 성취된 이후 이천 년이 지난 지금까지도 계속 이루어지고 있습니다. 우리는 성경말씀을 따라 성령 충만을 사모하고 기도하여 체험합니다. 성령 충만은 강력한 체험이며, 근거가 없는 자의적인 체험이 아니라 철저히 말씀의 기반 위에 선 체험입니다.

✣ 침례

침례는 물속에 들어가는 의식으로, 예수님과 함께 죄에 대하여 죽고 예수님과 함께 부활하여 하나님의 백성과 연합되었음을 뜻한다. 그 형식은 다양할 수 있지만, 신약성경과 초대교회가 따른 방식은 물속에 완전히 잠기는 '침례'였다(막 1:9~10, 행 8:36~38 참조).

구약에 약속된 말씀과 예수님이 명령하신 말씀을 따라 성령 충만을 받은 제자들은 성경말씀에 대해 이전보다 더 분명한 이해력을 가지게 되었습니다. 성령 강림 직후에 베드로가 설교한 내용을 보십시오(행 2:14~40). 또한 스데반의 설교 내용을 보십시오(행 7:2~53). 성령 충만을 받은 결과 이 두 사람은 구약성경과 이스라엘의 역사에 대해 매우 정확한 영적 이해력을 가지게 되었습니다. 그래서 예수 그리스도의 구속과 오순절 성령 강림의 의미에 근거해서 구약의 모든 역사를 해석할 수 있었습니다. 이것은 베드로와 스데반이 자신들의 인간적 지혜로 생각해 낸 것이 아니라 성령님이 그들에게 성경을 깨닫게 하셨기 때문에 가능한 일이었습니다. 이와 같이 성령 충만은 말씀의 참된 의미를 이해하고 깨닫는 눈을 열어 줍니다. 성령 충만은 말씀 중심의 신앙생활에서 벗어나서 자신의 감정과 기분에 취해 있는 것이 아닙니다. 성령 충만은 오히려 성경말씀에 대해서 무지하고 말씀의 깊은 뜻을 깨닫지 못했던 이들에게 말씀을 알게 하고 말씀으로 충만하게 해 주는 체험입니다.

현대 오순절 운동은 말씀 공부에서 시작하였습니다

오순절에 성령 강림으로 시작된 초대교회는 오순절적 교회였습니다. 그러나 언제인가부터 모르게 〈사도행전〉에 기록된 역동적인 성령의 역사가 교회사에서 점차 사라지게 되었습니다. 그러다가 20세기 초부터 시작된 오순절 운동을 통해서 다시금 초대교회적인 성령의 역사가 활발해지게 되었습니다. 오순절 운동은 성령 충만과 방언 강조, 신유 등 초자연적인 기적들 그리고 뜨거운 기도와 선교의 열정 등으로 잘 알려진 현대 기독교의 가장 중요한 영적 흐름 가운데 하나입니다.

오순절 운동은 성령 충만을 강조하고 체험적인 신앙을 중시합니다. 그렇기 때문에 오순절 운동은 말씀 중심의 신앙을 추구합니다. 체험적 신앙이 말씀의 기반을 떠나면 매우 위험해질 수 있습니다. 실제로 현대 오순절 운동이 체험을 추구하는 것에서가 아니라 말씀을 공부하는 데서 시작하였다는 점에 주목할 필요가 있습니다.

찰스 팔함 (1873-1929)
현대 오순절 성령 운동의 아버지. 토피카 시에 설립한 벧엘성경학교 기도회에서 한 학생이 성령을 받고 방언을 말하였다. 이후 그의 제자인 윌리엄 시무어를 통해 1906년에 일어난 아주사 부흥은 미국 전역뿐 아니라 세계 각국에 성령 운동의 불길을 일으켰다.

현대 오순절 운동은 미국 캔자스 주 토피카에서 벧엘성경학교를 운영하던 찰스 팔함(Charles F. Parham) 목사님으로부터 시작되었습니다. 1900년 12월에 팔함 목사님은 성경학교 학생들에게 〈사도행전〉에서 성령받은 증거가 무엇인가를 연구하라는 과제를 내주었습니다. 현대 오순절 운동을 일으킨 계기가 된 이 과제가 성경을 연구하는 과제라는 점이 중요합니다. 이 과제에 대한 답은 방언이었고, 그에 따라 학생들은 〈사도행전〉 말씀과 같이 성령을 받고 방언을 말하기 위해 기도했습니다. 그리고 마침내 1901년 1월 1일, 아그네스 오즈만이라는 여학생이 최초로 성령을 받고 방언을 말함으로써 오순절 운동이 시작되었습니다. 성령 충만을 강조하는 오순절 운동이 말씀 공부에서 시작되었듯이, 성령 충만과 말씀 충만은 결코 분리될 수 없습니다.

〈요한복음〉 14장 26절 말씀을 적어 보세요.

보혜사 곧 아버지께서 내 이름으로 보내실 성령 그가 너희에게 모든 것을 가르치고 내가 너희에게 말한 모든 것을 생각나게 하리라

성령님은 우리에게 모든 것을 가르치고, 예수님이 말씀하신 모든 것을 생각나게 하십니다. 우리가 말씀으로 충만해지면 우리 삶에 진정한 변화가 다가옵니다. 성령님이 우리 안에서 하시는 주된 일이 바로 우리를 하나님 아버지와 성자 예수님의 말씀으로 인도하시는 것입니다. 성령님은 말씀을 듣고, 알고, 깨닫고, 믿게 하십니다. 성령 충만한 사람은 예수 충만한 사람이며 말씀 충만한 사람입니다. 우리 삶이 변하려면 우리를 향한 하나님의 뜻을 분별해야 합니다(롬 12:2). 이러한 분별력 또한 성령님이 우리에게 주시는 것입니다.

〈로마서〉 12:2

너희는 이 세대를 본받지 말고 오직 마음을 새롭게 함으로 변화를 받아 하나님의 선하시고 기뻐하시고 온전하신 뜻이 무엇인지 분별하도록 하라

그리스도인이 된 이후에 우리 인생에서 가장 중요한 것은 영적

으로 성장하는 것입니다. 그리스도인이 성장하지 않는다는 것은 무언가 문제가 있다는 표시입니다. 성장하지 못하고 성숙하지 못하는 그리스도인은 하나님에게 영광을 돌리는 삶을 살 수 없습니다. 내가 변화되지 못하면 내 주변 사람들이 시험에 들고 상처를 받게 됩니다. 오래 교회를 다닌 사람, 먼저 예수님을 믿은 사람이 다른 사람의 신앙에 걸림돌이 되어서는 안 됩니다. 그러므로 우리는 날마다 변화되어야 합니다. 말씀을 통해서 훈련받아야 합니다. 말씀을 통해서 변화되고 깨어져야 합니다. 하나님의 말씀에는 능력이 있습니다. 〈예레미야서〉 12장 29절은 "야훼의 말씀이니라 내 말이 불같지 아니하냐 바위를 쳐서 부스러뜨리는 방망이 같지 아니하냐"라고 말씀합니다. 우리가 불과 같고 방망이와 같은 말씀을 붙잡으면 말씀 중심의 영성을 갖추게 됩니다. 이 말씀을 붙잡고 기도하면 우리 자신이 깨어지고 변화를 받습니다. 말씀 안에서 참된 자유를 얻게 됩니다.

핵심요약 1. 성령 충만한 신앙생활을 하기 위해서는 그리스도인의 삶에 기도와 말씀이 균형 있게 채워져야 한다.
2. 말씀을 붙잡으면 하나님의 뜻을 알게 되고, 그 말씀을 붙잡고 기도하면 우리 인생에 새로운 길이 열린다.
3. 그리스도인은 말씀에 근거하여 기도할 때 응답에 대해 확신할 수 있다. 말씀에 근거한 기도만이 참된 기도가 되는 것이다.

2. 기도와 말씀은 새의 양 날개와 같습니다

말씀을 붙잡고 기도하면 주님이 길을 보여 주십니다

〈사도행전〉 6장에 보면, 초대교회가 급격히 성장하면서 교회에 여러 가지 처리해야 할 일들이 생기자 사도들이 그 일들을 전담할 사람들을 세우는 내용이 나옵니다. 이때 사도들은 자신들의 사역에 대해서 "우리는 오로지 기도하는 일과 말씀 사역에 힘쓰리라"

(4절)고 말했습니다. 여기에서 우리는 하나님을 위해서 하는 모든 일이 하나님의 일이지만, 그중 가장 중심적인 것이 말씀 사역과 기도 사역임을 알 수 있습니다.

성령 충만한 신앙생활을 하는 비결도 이 두 가지에 있습니다. 우리는 기도를 많이 해야 합니다. 그런데 그 기도는 반드시 말씀과 함께하는 기도여야 합니다. 간혹 기도를 많이 하다가 잘못된 신비주의에 빠지는 분들을 보면 안타까움을 느낍니다. 이러한 일을 없애기 위해서 우리는 기도하는 만큼 말씀을 읽고 묵상해야 합니다. 말씀 안에 뿌리를 깊이 내리면 기도도 더 깊어집니다. 새는 한쪽 날개만 가지고 날지 못합니다. 양 날개가 있어야 날 수 있습니다. 이처럼 그리스도인들은 기도와 말씀이라는 양 날개로 날아올라 승리하는 신앙생활을 해야 합니다.

문제에 부딪치면 말씀을 붙잡고 주께 부르짖어 기도해야 합니다. 그러면 주님이 기도에 응답해 주십니다. 많은 경우, 주님의 응답은 말씀을 통해서 다가옵니다. 말씀과 기도는 우리로 하여금 문제를 해결하고 하나님의 뜻을 발견하게 해 주는 방법입니다.

조용기 목사님은 목회 초기에 복음을 들으려 하지 않는 마을 주민들 때문에 기도를 많이 하셨습니다. 현재의 생활이 너무나 힘들기 때문에, 예수님을 믿으면 구원을 받고 천국에 갈 수 있다고 해도 사람들이 들으려 하지 않았습니다. 목회의 난관에 봉착한 조용기 목사님은 선입견을 버리고 새롭게 성경을 읽기 시작했습니다. 그리고 성경에 기록된 예수님은 천국에 대한 이야기를 하실 뿐만 아니라 실제로 천국을 전해 주신 분임을 다시 한 번 깨닫게 되었습니다. 예수님은 죄를 용서해 주시고, 질병을 고쳐 주시고, 마귀에게 눌린 자를 해방시켜 주시고, 주린 자를 먹이시는 주님이심을 다시 알게 되었습니다. 그래서 조용기 목사님은 이러한 말씀을 붙잡고 기도하기 시작하였습니다. 그러자 예수님은 조용기 목사님에게 주님이 하신 사역을 본받으라고 응답하셨습니다. 그때부터 조용기 목사님은 병자를 위해 기도하여 신유를 체험하게 하였고, 낙심에 빠진 사람에게 내일의 희망을 주었고, 성령 충만을 전하는 목회를 하였습니다. 그러자 마을 주민들의 삶이 바뀌기 시작했으며, 교회도 성장하게 되었습니다.

〈마가복음〉16:17~18
믿는 자들에게는 이런 표적이 따르리니 곧 그들이 내 이름으로 귀신을 쫓아내며 새 방언을 말하며 뱀을 집어올리며 무슨 독을 마실지라도 해를 받지 아니하며 병든 사람에게 손을 얹은즉 나으리라 하시더라

말씀 속에 길이 있습니다. 말씀을 붙잡으면 하나님의 뜻을 알게 되고, 그 말씀을 붙잡고 기도하면 우리 인생에 새로운 길이 열립니다.

말씀은 하나님의 연애편지, 기도는 하나님과의 대화입니다

기도는 하나님과의 대화입니다. 그렇기 때문에 하나님과 친밀하게 교제하고 싶은 사람은 반드시 기도 생활에 힘써야 합니다. 기도하지 않는 사람은 신앙이 없는 사람이라고 해도 과언이 아닙니다. 그런데 기도를 하되 말씀 없이 기도하는 사람이 있습니다. 말씀 없이 기도하는 사람은 신앙은 있지만 하나님과 깊게 교제하기 어려운 사람이라고 할 수 있습니다. 왜 그렇습니까? 성경은 하나님이 보내신 '연애편지'와 같습니다. 하나님이 우리를 얼마나 사랑하시는지, 우리를 위해서 어떻게 예수님을 보내셔서 우리에게 구원을 주셨는지, 어떻게 성령님을 보내셔서 우리에게 능력을 주시고 복음의 증인으로 살아가게 하시는지가 성경에 다 기록되어 있

습니다. 성경에는 우리에 대한 하나님의 사랑과 구원이 다 녹아들어 있습니다. 그러므로 하나님을 사랑하고 하나님과 깊이 교제하는 사람은 하나님과의 대화인 기도를 하되, 반드시 성경말씀을 깊이 읽으면서 기도를 해야 합니다.

비유를 들어 말씀드리겠습니다. 연애를 하는 젊은 남녀는 상대방의 모든 것을 귀하고 아름답게 느낍니다. 연인과의 만남의 시간 자체가 행복이고, 연인과 대화를 나누며 교제하는 것이 세상에서 가장 즐거운 일로 생각될 것입니다. 어느 날 집에 갔더니 연인이 보내온 연애편지가 우편함에 있다고 상상해 보십시오. 연애편지를 받은 연인은 떨 듯이 기뻐할 것입니다. 요즈음처럼 이메일을 많이 이용하는 시대에는 하루에도 몇 번씩 연인이 이메일을 보냈는지 확인해 볼 것입니다. 이 세상에 어떤 연인도 '방금 만나고 대화도 많이 했는데 무슨 연애편지를 또 보냈지? 귀찮으니까 다음에 읽자'라고 생각할 사람은 없을 것입니다. 이런 생각을 한다면 그 연애는 이미 끝난 것이나 마찬가지일 것입니다. 바쁜 것이 문제가 아닙니다. 한참 이야기를 나누다 방금 전에 헤어진 것이 문제가 아닙니다. 연인의 편지는 아무리 바쁘고 아무리 대화를 많이 나누었어도 여전히 궁금하고 여전히 읽고 싶은 것입니다. 한 번 읽는 것으로는 부족합니다. 두 번, 세 번, 네 번씩 읽고 또 읽으며 책갈피에 고이 꽂아 둡니다.

성경말씀은 하나님의 연애편지입니다. 정말 하나님을 사랑하는 그리스도인이라면 성경 읽기를 게을리할 수 없습니다. 기도는 열심히 하는데 그만큼 성경을 읽지 않는다면 균형 잡힌 신앙생활이라고 할 수 없습니다. 그것은 마치 "나는 하나님과 대화(기도)는 많이 하지만, 하나님의 연애편지(성경)에는 관심이 없어"라고 말하는 것과 같습니다. 올바른 신앙생활은 반드시 말씀과 기도가 균형을 맞추게 되어 있습니다. 그렇게 해야 하나님과 우리의 관계가 올바르게 깊어질 수 있습니다. 어떤 사람들은 성경을 읽고는 싶은데 내용이 너무 어려워서 읽기 힘들다고 말합니다. 어렵게 느껴지는 부분도 있을 수 있지만, 그렇기 때문에 우리가 성경 공부를 해야 하는 것입니다. 연애편지의 비유를 다시 한 번 생각해 보십시오. 연인으로부터 연애편지를 받았는데 그 내용 중에 이해하기 어려운 부분이 있다고 생각해 보십시오. 이해하기 어렵다고 해서 연애편지를 읽지 않을까요? 결코 그렇지 않을 것입니다. 이해하기 어려운 부분은 반복해서 읽고, 그래도 이해가 안 되면 이해가 된 부분만이라도 열심히 읽을 것입니다.

키르케고르 (1813~1855)
덴마크의 철학자이자 종교 사상가. 인간 실존의 문제를 고민하면서, 인간은 절망이라는 구렁텅이에서 단독자(單獨者)로 하나님 앞에 서야 하는 존재이며, 그를 통해 자신의 무력과 책임을 올바로 알아야 한다고 주장했다. 하나님의 사랑을 드러낸(계시된) 예수님의 삶을 주체적 내면적으로 살아내야 한다는 것이다.

하나님의 말씀을 연애편지에 비유해서 아름다운 글을 쓴 키르케고르라는 철학자가 있습니다. 그는 자신이 알지 못하는 외국어가 섞여 있는 연애편지를 받은 연인에 대해서 말한 일이 있습니다. 편지를 받은 연인은 외국어로 쓴 부분을 전혀 이해할 수 없었습니다. 그러나 다행히 편지 안에는 모국어로 쓴 부분도 있었습니다. 모국어로 된 부분에는 연인에게 무언가를 부탁하는 내용이 있었습니다. 비록 외국어로 쓴 부분은 이해를 하지 못했지만 이 연인은 자신이 이해한 부탁을 들어주기 위해서 당장 행동에 착수한다는 비유입니다. 이 비유는 우리가 성경에서 이해하지 못하는 부분이 있을지라도 이미 이해한 하나님의 뜻과 명령은 즉시 실천해야 한다는 것을 가르쳐 줍니다. 우리 모두 기도를 통해서 하나님과 끊임없이 대화하고, 성경을 통해서 하나님의 사랑의 말씀을 늘 묵상하는 그리스도인이 되어야 하겠습니다.

어느 신학자는 참된 기도의 기준들 중의 하나로 '들어주심을 이미 확신한 상태에서 드리는 기도'를 제시했습니다. 그런데 우리가 어떻게 기도를 하기도 전에, 혹은 기도를 하는 중간에 하나님의 들어주심을 확신할 수 있을까요? 응답이 오기 전까지는 들으심을 확신할 수 없는 것이 당연해 보입니다. 응답이 오기 전까지는 모든 것이 불확실해 보입니다. 그런데 이러한 불확실성을 극복하는 유일한 방법은 말씀에 근거하여 기도하는 것입니다. 말씀에 근거하여 기도할 때 우리는 들으심을 확신할 수 있게 됩니다.

> 그를 향하여 우리가 가진바 담대함이 이것이니 그의 뜻대로 무엇을 구하면 들으심이라(요일 5:14)

우리에게는 하나님이 들어주신다고 약속하는 이러한 성경말씀이 있기 때문에 확신을 가지고 기도를 드릴 수가 있습니다. 기도와 말씀은 결코 분리될 수 없습니다. 말씀의 인도함 없이 기도하는 것은 참된 기도일 수 없습니다. 기도와 말씀은 새의 양 날개와 같이 모든 그리스도인의 영성에 함께 나타나야 하며, 모든 그리스도인은 이 두 날개로 날아올라야 합니다.

과제

- 다음주 예습
- 중보 기도
- 예수님을 믿고 달라진 점 3가지 적어 오기
- 딤후 3:16 암송

신앙의 두 날개는 무엇인가요?

신앙의 두 날개는 말씀과 기도

신앙의 두 날개는 어떤 관계인지 본인의 생각을 정리해 보세요.

말씀은 하나님의 연애편지, 기도는 하나님과의 대화입니다.
말씀 없는 기도는 맹목이고, 기도 없는 말씀은 공허하다.
말씀과 기도는 모두 신앙생활을 성장시키는 데 꼭 필요하다.

말씀 읽기는 영성 훈련

06

내가 너희에게 명령하는 이 모든 말을
너희는 지켜 행하고 그것에 가감하지 말지니라
신명기 12:32

1. 말씀은 규칙적으로 먹어야 할 영의 양식입니다

사람은 동물과 같이 육신을 가지고 있습니다. 그렇지만 사람의 본질은 동물의 그것과 다릅니다. 하나님의 형상대로 지음을 받은 존재이기 때문입니다. 이러한 점에서 사람은 동물과 분명히 구별되는 영적인 존재입니다. 사람이 하나님의 형상을 따라 지음 받은 영적인 존재라는 점을 잊어버리거나 무시하면 인류 역사와 개인의 삶에 커다란 공허감과 비극이 생기게 됩니다. 인간은 하나님을 떠나서는 의미 있는 삶을 살 수 없는 존재이기 때문입니다.

그렇기 때문에 사람에게는 육신의 양식도 필요하지만 하나님이 주시는 영의 양식이 필요합니다. 예수님은 하나님의 말씀이 우리

04~06과

- 시작 찬송: 200장, 202장
- 복음성가: 주님 말씀하시면
- 마무리 찬송: 540장

핵심요약 1. 규칙적으로 말씀을 읽을 수 있도록 계획을 세우고, 읽은 말씀은 깊이 묵상한다.
2. 말씀 묵상과 함께 성경 교재나 교육 프로그램을 통한 말씀 연구에도 힘써야 한다.
3. 어려운 말씀을 대할 때는 억지로 풀려고 하지 말고 여러 번 반복해서 읽는 것이 도움이 된다.
4. 이해하기 쉬운 말씀을 충분히 읽고 암송하자.
5. 하나님의 말씀이 가장 정확하게 기록되어 있는 것은 성경이지만, 성경말씀에 기초한 설교 역시 그리스도인들이 하나님의 말씀을 듣는 매우 중요한 통로다.

〈마태복음〉4:4
예수께서 대답하여 이르시되 기록되었으되 사람이 떡으로만 살 것이 아니요 하나님의 입으로부터 나오는 모든 말씀으로 살 것이라 하였느니라 하시니

의 영이 공급받아야 할 양식임을 말씀하셨습니다(마 4:4). 하나님의 말씀은 우리의 영을 살립니다. 우리의 영을 강건하게, 능력 있게 해 줍니다. 하나님의 말씀은 우리의 삶을 진정한 평안과 기쁨으로 채워 줍니다. 세상이 주는 기쁨과 즐거움은 잠시 있다 사라지는 것입니다. 오직 하나님의 말씀 안에만 우리 영혼의 참된 행복이 있습니다. 우리는 우리의 영을 살리는 양식인 하나님의 말씀을 많이 먹어야 합니다. 끊임없이 공급받아야 합니다. 그럴 때 우리의 삶이 더욱 풍성한 하나님의 은혜와 사랑으로 가득하게 됩니다.

계획을 세워 통독하고, 묵상해야 합니다

하나님의 말씀인 성경이 우리를 가르치는 대로 살기 위해서 우리는 잡념을 버리고 하나님의 말씀에 온 마음을 집중하여 주의 깊게 읽어야 합니다. 성경 읽기를 위한 효과적인 방법들이 있는데, 이러한 것들을 잘 활용하는 것이 좋습니다. 올바른 방법으로 성경을 읽으면 우리를 향한 하나님의 기뻐하시고 온전하신 뜻이 무엇인지를 알게 됩니다(롬 12:2).

우리가 하나님을 믿는다는 것은 단순히 하나님이 계시다는 것을 인정하는 것만을 말하지 않습니다. 진정한 믿음은 하나님이 약속하신 말씀을 모두 믿고 받아들이는 것까지 포함합니다. 따라서 우리는 먼저 기도하는 가운데 성경을 읽어야 하며, 체계적으로 정독하여 하나님의 약속의 말씀을 올바로 깨달아야 합니다.

신구약성경은 1,189장으로 이루어져 있습니다. 그러므로 성경을 평일에는 3장씩, 주일에는 5장씩 꾸준히 읽으면 1년에 1독을 할

수 있습니다. 또한 매일의 날짜와 그날 읽을 분량을 편집해 놓은 일독 성경을 활용하는 것도 성경을 꾸준히 읽는 좋은 방법입니다.

하루에 성경을 17~18쪽씩 읽으면 약 100일에 1독을 할 수 있습니다. 조금 더 열심히 읽어서 하루에 성경을 20쪽씩 읽으면 1년에 4독을 할 수 있습니다. 그리고 하루에 25쪽씩 읽으면 1년에 5독도 할 수 있습니다.

복 있는 사람은 "오직 야훼의 율법을 즐거워하여 그의 율법을 주야로 묵상하는도다"(시 1:2)라고 말씀하고 있습니다. 이 말씀대로 실천하는 그리스도인들에게는 하나님이 큰 은혜와 복을 주십니다.

성경은 하나님이 우리에게 주신 책이고 그 안에 내적 통일성이 있기 때문에 통독을 하는 것이 중요합니다. 말씀 읽기 훈련이 되어 있지 않은 사람들은 생각이 날 때마다 손길이 가는 대로 성경을 읽는 경향이 있습니다. 물론 어떤 방법으로든 하나님의 말씀을 읽는 편이 읽지 않는 편보다 훨씬 유익합니다. 그러나 이런 습관이 고착되면 성경의 어느 한 부분만 계속해서 읽게 되고, 그 결과 하나님 말씀의 전체적인 흐름과 윤곽을 모르게 되는 문제가 생길 수 있습니다. 그렇기 때문에 성경의 여러 부분을 발췌해서 읽는 것도 은혜가 되지만, 그와는 별도로 통독을 하는 것이 반드시 필요합니다. 성경 통독을 계획적으로 하기로 결심한 사람들은 성경 읽기표, 성경 낭독 테이프, CD 등을 이용하는 것이 도움이 됩니다.

이 세상의 책들도 한 번 읽어서는 그 뜻을 다 이해하기 어려운 경우가 많습니다. 하물며 하나님의 깊은 영적 진리를 담은 성경을 한두 번 읽어서 그 뜻을 다 안다고 말할 수 없습니다. 그렇기 때문에 우리가 읽은 말씀의 참뜻을 새기는 과정이 반드시 필요합니다. 이것을 저는 '영적인 되새김질'이라고 부릅니다. 읽은 말씀을 마음속으로 끊임없이 묵상하면서 성령님에게 말씀을 해석해 달라고 기도하는 과정입니다.

〈사도행전〉 17장 11절 말씀을 적어 보세요.

베뢰아에 있는 사람들은 데살로니가에 있는 사람들보다 더 너그러워서 간절한 마음으로 말씀을 받고 이것이 그러한가 하여 날마다 성경을 상고하므로

무엇을 강조하는 말씀인가요?

성경을 단순히 읽는 것이 아니라 간절한 마음으로 묵상해야 한다

이와 같이 우리는 간절한 마음으로 하나님의 말씀을 받고 매일매일 묵상해야 합니다. 성경은 성령의 감동으로 쓰인 것이므로 성경의 원저자는 성령님이십니다. 따라서 말씀의 깊은 뜻을 알기 위해서는 성령님의 도우심에 의지해야 합니다. 성령님은 인간의 생각으로는 이해할 수 없는 것들을 깨닫게 해 주십니다. 그러므로 우리는 성경을 읽을 때 이해되지 않는 부분에는 밑줄을 긋고 메모도

〈디모데후서〉 3:16

모든 성경은 하나님의 감동으로 된 것으로 교훈과 책망과 바르게 함과 의로 교육하기에 유익하니

하고 생각도 하면서 성령님이 그 뜻을 깨닫게 해 주실 때까지 기도하고 기다려야 합니다.

다양한 교재와 프로그램을 활용합니다

성경을 읽는 것은 매우 중요합니다. 그렇지만 단순히 읽고 묵상하는 것으로 그치지 않고 성경을 공부하고 연구하는 것 또한 우리가 반드시 해야 할 일입니다. 물론 우리가 성경을 공부하는 것은 단순히 성경에 대한 지식을 쌓기 위한 것이 아닙니다. 우리는 주님이 이미 이루어 놓으신 일들을 통해서 약속의 말씀이 과거에 어떻게 성취되었으며 지금 어떻게 성취되어 가고 있는가를 알아야 합니다. 말씀에 대한 이러한 지식과 이해를 바탕으로 우리의 믿음은 더욱 성장해 갈 수 있습니다.

성경 연구에 도움을 주는 자료와 교재들은 다양합니다. 이런 자료와 교재들을 활용할 때 성경에 대한 우리의 이해가 더욱 깊어집니다.

자료들
각종 성경들, 주해서, 성경 지침서, 성경 지도, 성경 사전, 성구 대사전 등

교재들
주제별 교재, 인물별 교재 , 교리별 교재, 성경 각 권 관련교재 등

성경 공부의 토대가 되는 네 가지 기본적인 요소를 살펴보면, 관찰, 해석, 상관, 적용을 들 수 있습니다.

성경을 연구할 때 가장 처음에 하게 되는 것은 읽은 내용을 관찰하는 것입니다. 이때 육하원칙(누가, 무엇을, 언제, 어디서, 왜, 어떻게)에 따라 말씀을 관찰하는 것이 유익합니다. 본문이 주는 정보는 작은 것으로 보일지라도 그 안에 깊은 영적인 교훈이 숨어 있을 수 있습니다. 본문의 단어 하나, 지명 하나에 집중해서 읽는 자세가 필요합니다. 그래서 무엇을 말씀하시는지 찾아내야 합니다.

두 번째는 해석입니다. 읽은 말씀이 본래 무엇을 의미하는지 묵상하는 단계입니다. 전체적인 문맥을 파악하고 관련 구절을 찾아보는 등 말씀의 의미를 이해하기 위해 노력합니다. 한 번이나 두 번 읽어서는 말씀의 의미가 명확하게 다가오지 않는 경우도 있습니다. 성령님이 마음에 깨달음을 주실 때까지 계속적으로 해당 본문을 통독하는 것이 필요합니다. 또한 기도하면서 주의 깊게 숙독숙(熟讀)해 나가면 처음에는 불명확하던 부분들의 의미가 분명하게 이해됩니다.

세 번째 상관은 말씀이 "나와 무슨 관계인가?"를 찾아보는 과정입니다. 구체적으로 나에게 주시는 말씀이 있는지 찾아보는 것입니다. 나에게 주시는 말씀을 받기 위해서는 평소 생활 가운데서 늘 하나님의 뜻을 구하는 자세를 가져야 합니다. 하나님의 인도하심을 바라보는 그리스도인들은 하나님이 상황에 적합한 말씀을 주실 때 그 말씀에 담겨 있는 교훈을 놓치지 않고 받아들이게 됩니다. 하나님은 우리의 구체적인 삶의 상황에 대해서 관심을 가지고 계시며 삶의 현장에서 우리를 도우시기를 원하십니다. 말씀을 읽을 때 하나님이 오늘 나에게 가르쳐 주시는 영적 원리를 깨달아야 그것이 나에게 은혜로 다가옵니다.

마지막으로 적용입니다. 말씀을 통해 얻은 영적 깨달음을 부여잡고 집중적인 기도를 통해 생활 속에서 실천할 것을 결심하는 단계입니다. 이때 하나님 자신 그리고 이웃의 관점에서 깨달은 것을 적용하는 것이 좋습니다. 적용의 단계까지 나아가지 않는 성경 공부는 지식만 늘려 주게 됩니다. 하나님의 말씀을 아는 지식을 가졌으면 그 지식을 생활 속에서 실천하는 순종의 삶을 살아야 합니다.

많은 교회에서 평신도 교육을 위해 성경 공부 프로그램을 운영하고 있습니다. 이러한 교육 프로그램에 적극적으로 참여하는 것이 좋습니다. 그러나 교회 바깥에서 하는 교육 프로그램들은 이단이나 불건전한 가르침의 위험이 있으니 출석 교회 교역자의 공식적이고 적극적인 권유가 없는 한 참석하지 않는 것이 좋습니다.

예수님을 믿는데 삶에 변화가 나타나지 않는 것은 말씀 훈련을 제대로 받지 않았기 때문입니다. 이단들은 이러한 우리의 약점을 알고 말씀 공부라는 미명하에 우리를 유혹합니다. 무료로 성경 공부를 시켜 준다고 유혹해서 멸망의 길로 빠뜨리기도 합니다.

제가 미국 LA에서 교회를 섬길 때 다른 성도들과 어울리지 못하는 권사님이 있었습니다. 그 권사님은 다른 권사님들이 자신을 무시하고 따돌린다고 생각하여 마음에 상처를 받았습니다. 그런데 하루는 한 성도가 저에게 그 권사님이 이상하다며 귀띔을 해 주었습니다.

"목사님, 그 권사님 요즘 이상한 데에 나가는 것 같아요. 누구따라서 성경 공부를 하러 간다고 하는데 아무래도 이상해요."

이 말을 듣고 저는 '아! 권사님이 잘못된 곳에 가고 있구나'라고 생각했습니다. 이단들이 교회에서 시험 들고 상처 입은 사람을 알아보는 눈은 시력이 2.0입니다. 신앙생활 잘하고 주님 잘 섬기는 사람들은 아무리 건드리고 찔러도 오히려 믿음이 강해진다는 것을 알기 때문에 이단들이 아예 접근을 하지 않습니다. 그러나 얼굴에 '섭섭이'라고 쓰여 있는 사람들에게는 아주 친절하게 접근해서

이단

'이단'은 자신들이 어떤 형태로든지 기독교와 관계가 있는 것으로 내세우면서도 성경 말씀에 입각한 정통 기독교 신앙을 임의로 변경, 왜곡시키고 그 교훈을 배척하는 무리들을 말한다. 신약성경은 여러 곳에서 이단을 경계할 것을 교훈하고 있다(딛 3:10 등).

〈디모데후서〉 2:15

너는 진리의 말씀을 옳게 분별하며 부끄러울 것이 없는 일꾼으로 인정된 자로 자신을 하나님 앞에 드리기를 힘쓰라

성경 공부를 하러 가자고 유혹합니다. 그 권사님도 마음에 시험이 든 것을 이단이 알아채고 접근한 것입니다.

저는 그 권사님을 사무실로 불러서 물었습니다.

"권사님, 요즘 성경 공부를 하러 다니신다면서요?"

"누가 또 일렀군요."

"권사님, 거기 성경 공부 가르치는 것이 어떻습니까? 좀 이상하지 않나요?"

"제가 평소에 못 듣던 이야기를 거기서 많이 듣습니다."

평소에 못 듣던 이야기를 많이 듣는다는 것 자체가 이상한 것입니다. 성경은 늘 같은 진리를 말씀합니다. 그런데 이단은 기존의 가르침을 모두 부인하고 전혀 새로운 것을 주장합니다. 그래서 저는 확인할 겸 권사님에게 또 물었습니다.

"거기서 〈요한계시록〉을 강의하지 않습니까?"

"어, 목사님이 어떻게 아세요?"

"내가 다 알지요. 14만 4천에 대해서도 이야기하지 않습니까?"

"맞아요!"

대부분의 이단이 〈요한계시록〉을 가지고 공부합니다. 특히 요즘 기승을 부리는 모 이단은 14만 4천 명에 들어야만 구원을 얻는다고 주장합니다. 지금 여의도순복음교회 성도가 제자 교회들을 다 독립시키고도 48만 명이니, 여의도순복음교회 성도만으로도 그 숫자에 다 못 들어갑니다. 그 이단에 현재 약 5만 명의 추종자가 있다고 하는데, 그곳에 있다가 나온 사람의 말에 의하면 각 교회별로 다섯 명, 열 명씩 포섭한 명단이 있다고 합니다. 정통 교회에서 제대로 신앙생활하지 못하던 사람, 신앙이 약하거나 시험에 든 사람을 이단들이 미혹시킨 것입니다.

왜 이런 일이 생깁니까? 평소에 우리가 말씀 안에서 변화받지 못했기 때문입니다. 말씀으로 훈련하면 신앙이 견고해져서 흔들리지 않습니다. 우리는 말씀을 듣고, 말씀을 읽고, 말씀을 공부하고, 말씀을 암송하고, 말씀을 묵상하고, 말씀을 삶에 적용하고, 말씀의 열매를 맺어야 합니다. 이렇게 차근차근 훈련하고 말씀의 기초를 쌓아 가다 보면 변화된 새사람으로 견고하게 서고 영적으로 성숙한 하나님의 사람이 됩니다. 그리고 우리를 통하여 우리의 가정이 변화되고 교회가 부흥하고 하나님의 축복이 다가오게 됩니다.

〈베드로전서〉 1:23
너희가 거듭난 것은 썩어질 씨로 된 것이 아니요 썩지 아니할 씨로 된 것이니 살아 있고 항상 있는 하나님의 말씀으로 되었느니라

우리의 신앙생활과 성경 공부는 교회를 중심으로 이루어져야 합니다. 특히 말씀 공부는 교회의 공식 프로그램들을 잘 활용해야 잘못된 길로 가지 않습니다. 건전한 말씀 공부를 통해서만 우리는 건전한 신앙 인격을 가지게 되고 변화된 삶을 살게 됩니다.

우리에게 주신 위대한 선물인 하나님의 말씀은 하나님의 사랑과 온갖 축복이 담겨 있는 보물창고입니다. 그 안에 우리의 구원과 성결, 지혜, 치료와 영적 성장의 비결이 담겨져 있습니다. 하나님의 말씀을 올바르게 읽고 묵상하고 적용함으로써 하나님이 예비하신 축복을 온전히 누려야 하겠습니다.

〈이사야서〉 55:11
내 입에서 나가는 말도 이와 같이 헛되이 내게로 되돌아오지 아니하고 나의 기뻐하는 뜻을 이루며 내가 보낸 일에 형통함이니라

어려운 말씀도 계속해서 읽으십시오

성경 안에 구원의 길, 생명과 축복의 길이 있습니다. 하나님의 모든 은혜가 성경에 있습니다. 그런데 성경을 읽다 보면 어렵고 이

해하기 힘든 부분이 나오기도 합니다. 예를 들어 〈레위기〉나 〈출애굽기〉에는 제사법에 관련된 내용이 많기 때문에 이해하기가 쉽지 않습니다. 그럴 때에는 이해되지 않더라도 읽으면서 넘어가는 것이 좋습니다. 고기를 먹다 보면 연한 부분도 있고 질긴 부분도 있는 것처럼, 성경에도 쉽게 이해되는 부분이 있고 그렇지 않은 부분도 있습니다. 그러나 고기를 먹을 때 질긴 부분도 계속 씹으면 맛을 느낄 수 있는 것처럼, 성경을 계속 읽다 보면 처음에 어렵고 복잡하게 보이던 부분들도 나중에는 이해할 수 있게 됩니다. 그러므로 계속해서 성경을 읽는 것이 중요합니다.

어거스틴은 성경의 난해 구절들에 대해서 많이 연구했습니다. 그가 기도하고 연구해서 얻은 결론은 다음과 같습니다.

우선, 하나님은 성경의 어려운 부분을 이해하지 못해서 구원을 받지 못하거나 중요한 영적 교훈을 받지 못하는 사람이 생기는 것을 원하지 않으십니다. 그렇기 때문에 하나님은 성경의 난해 구절에 담겨 있는 진리를 이해하기 쉬운 구절에 동일하게 담아 놓으셨습니다. 다시 말해서, 성경의 어려운 부분들에 담겨 있는 진리는 쉬운 구절들에 있는 진리를 좀 더 어렵게 표현한 것입니다. 그러므로 성경의 어려운 부분을 이해하지 못했다고 하더라도 성경의 쉬운 부분을 부지런히 읽고 받아들였으면 구원과 신앙생활에 아무런 지장이 없습니다.

그렇다면 '하나님은 왜 쉽게 표현할 수 있는 진리를 어렵게 표현해 놓으셨을까?'라는 의문이 생길 수 있습니다. 이에 대한 대답 역시 어거스틴에게서 찾을 수 있습니다.

어거스틴 당시에는 추상적이고 어려운 철학책을 고상한 것으로 여기고, 반면에 쉽게 읽히는 책들은 수준이 떨어지는 것으로 생각하는 풍조가 있었습니다. 그래서 지식인들은 쉬운 책은 무시하고 모든 진리는 어려운 책에 담겨 있다고 생각했습니다. 어거스틴은 이것을 인간의 교만한 모습이라고 간파했습니다. 쉬운 것은 무시하고 어려운 것만 존경하는 것은 결국 인간의 이해력을 진리의 척도로 삼는 것과 다름이 없기 때문입니다.

어거스틴에 의하면, 인간의 지적 교만에 대한 하나님의 해결책이 바로 성경 안에 쉬운 부분과 어려운 부분을 다 포함시키는 것이었습니다. 전체적으로 보면 성경에는 우리가 쉽게 읽고 이해할 수 있는 부분이 더 많습니다. 이러한 부분은 쉬운 표현으로 진리를 말해도 그것을 믿음으로 받아들일 수 있는 사람들을 위해서 하나님이 성경에 포함시켜 놓으신 것입니다. 그리고 성경에 간혹 나오는 난해 구절들은 내용이 어려워야만 존경심을 가지고 읽는 지적으로 교만한 사람들을 위해 적어 놓으신 부분입니다.

그러나 앞서 말한 것처럼 우리의 구원과 신앙생활을 위한 진리들 중에서 어려운 부분에만 있고 쉬운 부분에는 없는 내용은 없습니다. 따라서 성경의 어려운 부분을 다 이해하지 못하는 것에 대해서 불안감을 갖지 않아도 됩니다. 오히려 성경의 쉬운 부분을 충분히 읽고 암송하는 것이 중요합니다. 어거스틴은 특히 성경 암송을 매우 중요한 영성 훈련으로 권면하였습니다. 일단 성경의 쉬운 부분에서 충분히 은혜를 받고 익숙해지면 그 말씀들을 암송하십시오. 그리고 그 말씀들을 기준으로 해서 어려운 부분들도 조심스럽게 기도하며 해석해 나가면 됩니다. 이때 개인적으로 기도하며 연구하기보다는 교회 전체의 기도와 설교 말씀을 통하여 연구하는 것이 더 바람직하고 안전한 방법이라고 할 수 있습니다.

설교를 통해서 하나님의 말씀을 들으십시오

우리가 하나님의 진리의 말씀을 곡해할 위험성을 무시해서는 안 됩니다. 그러므로 하나님의 말씀을 전하는 사명을 받은 설교자들의 설교를 들을 필요가 있습니다. 하나님의 말씀이 가장 정확하게 기록되어 있는 것은 성경이지만, 성경말씀에 기초한 설교 역시 그리스도인들이 하나님의 말씀을 듣는 매우 중요한 통로입니다. 그러므로 우리는 설교 말씀을 들을 때 하나님의 말씀을 듣는 자세로, 즉 믿음으로 받아들여야 합니다.

우리는 언제나 설교를 통해 나에게 말씀하시는 주님의 음성을 들어야 합니다. 설교를 아무리 들어도 설교 가운데서 예수 그리스도를 만나지 못하면 영적 양식을 먹을 수 없습니다. 예수님은 〈요한복음〉 6장 35절에서 "나는 생명의 떡이니 내게 오는 자는 결코 주리지 아니할 터이요 나를 믿는 자는 영원히 목마르지 아니하리라"고 말씀하셨습니다.

그리스도인이 하나님의 말씀을 얼마나 귀하게 여기는지를 어떻게 알 수 있을까요? 그가 설교 말씀을 받아들이는 태도를 보면 알 수 있습니다. 자신을 비우고 하나님에게 집중하면 설교를 듣는 중에 자신의 삶 속에 심겨진 잘못된 습관과 옳지 않은 생각과 마음이 깨어지게 됩니다. 반면에 하나님의 말씀을 귀하게 여기지 않고 자기중심적인 생각과 주장이 가득 찬 사람은 설교를 들으면서도 판단하고 비판하므로 설교에 담긴 영적 감화력과 성령의 역동성을 체험하지 못합니다. 설교를 듣는 것은 나의 생각과 태도가 옳다는 사실을 확인받기 위한 것이 아닙니다. 설교를 듣는 것은 나의 자아를 하나님에게 집중하여 자기중심적인 생각과 습관이 깨어지게 하는 훈련의 과정입니다.

설교를 잘 들으려면 어떻게 해야 할까요?

첫째, 적극적으로 집중해서 들어야 합니다. 이런 적극성이 이전에 알지 못했던 자신의 신앙 모습을 점검하게 해 줄 것입니다. 무엇보다도 간절한 마음으로 은혜를 사모하는 자세가 중요합니다. 은혜가 충만해야 들은 말씀을 내 삶에 적용할 수 있습니다.

둘째, 기록하며 겸손히 들어야 합니다. 설교를 기록하면 더 적극적으로 경청하게 되고, 나중에 다시 생각하고 묵상할 수 있는 자료로 사용할 수 있습니다. 특별히 은혜가 되는 말씀, 들었으나 이해되지 않은 말씀을 기록해 놓으면 후에 다시 살펴보고 그 말씀의 깊은 뜻을 음미해 볼 수 있습니다.

셋째, 바른 자세로 "아멘!"이라고 화답하면서 들어야 합니다. 예배를 드릴 때 몸의 자세가 바르지 않으면 마음의 집중력도 떨어져서 설교를 통해 들려오는 하나님의 말씀을 올바로 듣지 못하게 됩니다. 허리를 구부리거나, 팔짱을 끼고 눈을 감거나, 다른 사람에게 신경을 쓰거나, 설교자를 바라보지 않고 시선을 다른 곳에 두는 것은 바른 자세가 아닙니다. 특히 예배 시작 전에는 반드시 휴대폰을 꺼 두어야 합니다.

설교는 하나님의 말씀에 근거해서 선포되는 메시지이기 때문에 듣는 사람들에게 생명의 역사를 일으킵니다. 그러므로 우리는 성실하고 적극적인 자세로 설교를 들어야 합니다. 예수 그리스도를 만난다는 거룩한 기대감으로 설교를 듣는 사람에게 위대한 생명의 역사가 일어납니다.

설교를 잘 듣는 방법에 대해서 요약해 보세요.

1. 적극적으로 집중해서 들어야 한다.
2. 기록하며 겸손히 들어야 한다.
3. 바른 자세로 "아멘"이라고 화답하면서 들어야 한다.

핵심 요약 1. 말씀을 암송하는 것은 말씀이신 하나님을 내 안에 모셔 들이는 것이므로 하나님이 기뻐하시는 일인 동시에 하나님에게 드리는 우리의 영적 예배 행위이다.
2. 말씀 읽기는 순종으로 이어져야 한다. 우리가 하나님을 사랑한다는 것은 하나님의 말씀대로 행함으로써 증명되는 것이다.

2. 말씀을 암송하고 실천하십시오

말씀을 암송하십시오

매 순간 말씀의 능력을 체험할 수 있는 영적 비결은 말씀을 암송하는 것입니다. 말씀 암송은 우리의 영적 삶에 큰 도움을 줍니다. 우리는 매일 말씀을 읽고, 배우고, 묵상함으로써 영적 생활을 하지만, 말씀 암송을 통하여 더 큰 유익과 능력을 얻게 됩니다. 하나님의 말씀을 암송하면 생각이 바뀌고 삶의 태도가 변화되며, 삶의 문제를 해결하는 지혜와 능력을 갖게 됩니다.

말씀 암송은 단순히 말씀을 외우는 것이 아니라, 말씀을 외우고 입술로 고백함으로써 마음에 새기는 것입니다(신 6:6).

〈신명기〉6:6
오늘 내가 네게 명하는 이 말씀을 너는 마음에 새기고

> 태초에 말씀이 계시니라 이 말씀이 하나님과 함께 계셨으니 이 말씀은 곧 하나님이시니라(요 1:1)
>
> 그러므로 형제들아 내가 하나님의 모든 자비하심으로 너희를 권하노니 너희 몸을 하나님이 기뻐하시는 거룩한 산 제물로 드리라 이는 너희가 드릴 영적 예배니라(롬 12:1)

말씀을 암송하는 것은 말씀이신 하나님을 내 안에 모셔 들이는 것이므로 하나님이 기뻐하시는 일인 동시에 하나님에게 드리는 우리의 영적 예배 행위입니다.

왜 말씀을 암송해야 할까요? 하나님의 말씀을 암송하면 말씀을 더욱 사랑하게 됩니다. 나아가 말씀을 통한 하나님의 인도하심 대로 살려고 노력하게 됩니다. 따라서 죄와 사망의 법이라는 올무에서 해방되어 생명의 성령의 법을 따라 살게 됩니다. 암송을 지속하는 것은 말씀에 순종하는 훈련을 쌓아 가는 것입니다.

> 마귀의 간계를 능히 대적하기 위하여 하나님의 전신 갑주를 입으라 우리의 씨름은 혈과 육을 상대하는 것이 아니요 통치자들과 권세들과 이 어둠의 세상 주관자들과 하늘에 있는 악의 영들을 상대함이라 그러므로 하나님의 전신 갑주를 취하라 이는 악한 날에 너희가 능히 대적하고 모든 일을 행한 후에 서기 위함이라 그런즉 서서 진리로 너희 허리 띠를 띠고 의의 호심경을

붙이고 평안의 복음이 준비한 것으로 신을 신고 모든 것 위에 믿음의 방패를 가지고 이로써 능히 악한 자의 모든 불화살을 소멸하고 구원의 투구와 성령의 검 곧 하나님의 말씀을 가지라 (엡 6:11~17)

위의 말씀을 보면, 마귀를 대적하여 승리하기 위해 하나님의 전신 갑주를 취하라고 강조하면서 특별히 "구원의 투구와 성령의 검 곧 하나님의 말씀을 가지라"고 권고하고 있습니다.

우리가 말씀을 암송해야 하는 이유는 무엇인지 다음의 성경말씀을 읽고 답해 보세요.

1. 〈잠언〉 7장 2~3절
말씀 암송은 하나님의 명령입니다.

2. 〈시편〉 1편 2~3절
축복을 받는 비결입니다.

3. 〈시편〉 119편 49~50절
죄와 유혹에서 승리하게 됩니다.

4. 〈시편〉 119편 49~50절
고난을 당할 때 위로와 이길 힘을 줍니다.

5. 〈시편〉 119편 105절
하나님의 뜻에 맞는 올바른 판단을 내리도록 도와줍니다.

6. 〈요한복음〉 7장 17절
거룩한 삶을 살 수 있게 됩니다.

7. 〈예레미야서〉 15장 16절
기쁨과 감사하는 삶의 근원이 됩니다.

8. 〈요한복음〉 15장 7절
풍성한 기도의 응답을 누리게 됩니다.

9. 〈베드로전서〉 2장 2절
영적 성장의 기초입니다.

10. 〈베드로전서〉 3장 15절
효과적인 전도의 수단이 됩니다.

11. 〈이사야서〉 50장 4절
다른 사람을 영적으로 세우고 인도할 수 있게 됩니다.

말씀 암송은 하나님의 명령이며, 축복을 받는 비결이고, 우리로 하여금 죄와 유혹에서 승리하게 합니다. 고난을 당할 때 위로와 이길 힘을 주고, 하나님의 뜻에 맞는 올바른 판단을 내리도록 도와줍니다. 거룩한 삶을 살 수 있게 되며, 기쁘고 감사하며 살게 합니다. 또한 풍성한 기도 응답을 누리게 되고, 효과적인 전도의 수단이 되며, 다른 사람을 영적으로 세우고 인도할 수 있게 합니다. 우리의 영적 성장의 기초인 것입니다.

3,000구절 암송에 도전하십시오. 말씀을 외워서 내 것으로 만들고 그 말씀을 근거로 기도하면 응답이 속히 옵니다. 말씀을 외우기 위해서는 말씀이 기록된 조그만 수첩을 늘 가지고 다니면서 말씀을 읽고 묵상하는 것이 좋습니다. 우리가 하루에 한 구절만 외워도 일 년이면 365구절을 외울 수 있습니다. 이렇게 3년을 하면 최소한 1,000구절을 외웁니다. 1년에 300구절만 외운다고 해도 10년이면 3,000구절을 외우게 됩니다. 짧은 구절이나 평소에 좋아하던 구절부터 시작해 보십시오. 하루에 한 절씩 외우고 묵상하면 말씀의 놀라운 능력을 체험하게 될 것입니다.

말씀 읽기는 순종으로 이어져야 합니다

말씀을 듣고, 읽고, 공부하고, 외운다고 해도 정작 말씀대로 살지 않으면 그저 하나의 지식에 불과하게 됩니다. 말씀을 우리의 삶에 적용해야 합니다. 그래서 말씀이 삶으로 나타나야 우리의 신앙이 참된 신앙으로 증명됩니다. 말씀을 삶에 적용하는 가장 우선적인 방법은 말씀에 순종하는 것입니다.

순종이란 하나님을 인정하고 사랑하기 때문에 하나님의 말씀을 따라 사는 것을 의미합니다(시 119:127). 하나님의 말씀은 살아 있

〈시편〉119:127
그러므로 내가 주의 계명들을 금 곧 순금보다 더 사랑하나이다

고 삶을 변화시키는 능력이 있습니다(히 4:12). 그러므로 말씀에 순종할 때 활력이 넘치는 인생을 살며 하나님의 약속과 축복을 받아 누리게 됩니다. 단순히 말씀을 아는 것, 듣는 것에서 멈추는 것이 아니라, 순종의 삶을 사는 것이 성공적인 신앙생활의 비결인 것입니다.

성경이 말하는 순종의 구체적인 내용은 하나님을 사랑하고 이웃을 사랑하는 것입니다.

> 예수께서 이르시되 네 마음을 다하고 목숨을 다하고 뜻을 다하여 주 너의 하나님을 사랑하라 하셨으니 이것이 크고 첫째 되는 계명이요 둘째도 그와 같으니 네 이웃을 네 자신 같이 사랑하라 하셨으니 이 두 계명이 온 율법과 선지자의 강령이니라(마 22:37~40)

예수님은 이 말씀을 통해서 하나님이 우리에게 가장 원하시는 순종은 하나님을 사랑하고 이웃을 사랑하는 것임을 분명하게 가르쳐 주셨습니다.

우리가 하나님을 사랑한다는 것은 하나님의 말씀대로 행함으로써 증명됩니다. 순종이야말로 하나님에 대한 우리의 사랑이 드러나는 가장 중요한 증거입니다. 예수님은 〈요한복음〉 14장 15절에서 "너희가 나를 사랑하면 나의 계명을 지키리라"고 말씀하셨습니다.

성경말씀은 단순히 활자로 찍은 글자가 아니라 살아 있는 말씀입니다. 문자가 아니라 생명입니다. 성경은 단순한 책이 아니라 하나님의 능력입니다. 그러므로 우리의 믿음도 죽은 믿음, 문자적인 믿음, 책과 같이 정형화된 믿음에 머물러서는 안 됩니다. 살아 있는 믿음, 생명이 넘치는 믿음, 능력 있는 믿음이 되어야 합니다. 이렇게 되는 비결이 바로 하나님의 말씀에 대한 순종입니다. 순종은 우리의 믿음을 자라게 하며, 우리 삶에 하나님의 능력이 나타나게 합니다.

〈사무엘상〉 15:22
사무엘이 이르되 여호와께서 번제와 다른 제사를 그의 목소리를 청종하는 것을 좋아하심 같이 좋아하시겠나이까 순종이 제사보다 낫고 듣는 것이 숫양의 기름보다 나으니

하나님의 뜻과 인도하심이 우리에게 복이 되려면, 우리가 말씀에 순종해야 합니다. 왜 순종해야 하는지 당장 이해할 수 없고 심지어 순종했기 때문에 시련을 겪게 되더라도 하나님을 진심으로 경외하고 순종하면, 하나님이 반드시 축복의 길로 인도해 주십니다. 그러므로 말씀에 순종할 때 인생의 참된 성공이 다가오는 것입니다. 그렇다면 순종함으로써 얻는 유익은 어떤 것이 있을까요?

다음의 성경말씀을 읽고 답해 보세요.

1. 〈요한복음〉 15장 10절
주님의 사랑을 받습니다.

2. 〈창세기〉 26장 4~5절
주님에게 상급을 받습니다.

3. 〈요한복음〉 15장 14절
주님의 친구가 되는 축복을 받습니다.

4. 〈요한복음〉 8장 31~32절
주님의 참 제자로서 자유를 누립니다.

5. 〈베드로전서〉 1장 22절
영혼이 정결해지고 다른 성도를 사랑하는 마음을 얻습니다

6. 〈시편〉 119편 9절
거룩한 삶을 살게 됩니다.

7. 〈요한일서〉 3장 22절
기도 응답을 받습니다.

8. 〈누가복음〉 5장 4~7절
기적을 체험합니다.

9. 〈마태복음〉 7장 24~25절
삶의 고난을 이겨 내는 능력을 얻습니다.

10. 〈요한일서〉 2장 5절
하나님의 사랑이 온전하게 됩니다.

이처럼 하나님의 말씀에 순종함으로써 얻는 유익이 많습니다. 주님의 사랑을 받고, 상급을 받으며, 주님의 친구가 되고, 참 제자로서 자유를 누립니다. 거룩한 삶을 살게 되고, 기적을 체험하며, 삶의 고난을 이겨 내는 능력을 얻게 되는 것입니다. 그러니 순종하는 것이 우리에게는 축복의 길이 된다는 것을 알아야 합니다. 그렇

다면 우리는 어떤 태도로 순종해야 할까요?

다음의 성경말씀을 읽고 답해 보세요.

1. 〈시편〉 40편 8절

즐거운 마음으로 순종해야 합니다.

2. 〈신명기〉 26장 16절

온 마음을 다해 순종해야 합니다.

3. 〈여호수아서〉 1장 7절

담대한 마음으로 순종해야 합니다.

4. 〈시편〉 119편 60절

신속히 순종해야 합니다.

5. 〈창세기〉 22장 12절

자신의 감정과 경험보다 하나님의 말씀의 권위를 인정해야 합니다.

6. 〈요한계시록〉 22장 18~19절

하나도 빠뜨리지 말고 순종해야 합니다.

맞습니다. 우리는 즐거운 마음으로, 온 마음을 다해, 담대한 마음으로 순종해야 합니다. 하나도 빠뜨리지 말고 신속히 순종해야 합니다. 자신의 감정과 경험보다 하나님 말씀의 권위를 인정해야 합니다. 그리스도인에게 있어서 불순종이란 하나님에 대한 믿음은 있지만 하나님의 뜻에 거역하며 행동하는 것을 말합니다. 우리 그리스도인들도 믿지 않는 사람들과 마찬가지로 매일 유혹과 싸우며 살아갑니다. 이때 우리는 하나님에 대한 순종을 선택해야 합니다. 우리가 반드시 알아야 하는 사실은, 불순종에는 반드시 하나님의 징계와 심판이 따른다는 것입니다. 그러므로 유혹이나 죄와 같은 위험 요소들을 직시함으로써 불순종을 경계하고 순종하는 신앙을 가져야 합니다.

먼저, 유혹은 마귀가 주는 것입니다(창 3:1; 마 4:1~3; 계 12:9). 하나님은 결코 사람을 유혹에 빠뜨리지 않으십니다(약 1:13). 우리가 마귀의 유혹에 빠지게 되는 것은 욕심 때문입니다(약 1:14). 그러므로 마귀의 유혹을 이기는 길은 욕심을 버리고 하나님에게 철저히 순종하며 마귀를 대적하는 길밖에 없습니다(약 4:7).

인류의 비극은 아담이 불순종한 죄에서 시작되었습니다(창 3:6). 불순종은 하나님을 믿지 않고 우상을 숭배하는 것과 같은 죄입니다(삼상 15:23). 예수님은 십자가를 지기까지 순종하심으로 죄의 문제를 해결하셨습니다(롬 5:19). 하나님에 대한 불순종은 인생을 파멸로 몰아넣지만, 순종은 인생을 축복으로 인도합니다. 하나님은 우리가 말씀을 지키고 순종할 때 복을 주십니다. 기독교 신앙은 하나님을 믿는 신앙이며 순종의 신앙입니다. 그리스도인은 매

〈야고보서〉1:13
사람이 시험을 받을 때에 내가 하나님께 시험을 받는다 하지 말지니 하나님은 악에게 시험을 받지도 아니하시고 친히 아무도 시험하지 아니하시느니라

〈야고보서〉4:7
그런즉 너희는 하나님께 복종할지어다 마귀를 대적하라 그리하면 너희를 피하리라

〈사무엘상〉15:23
이는 거역하는 것은 점치는 죄와 같고 완고한 것은 사신 우상에게 절하는 죄와 같음이라 왕이 야훼의 말씀을 버렸으므로 야훼께서도 왕을 버려 왕이 되지 못하게 하셨나이다 하니

일의 삶 속에서 하나님의 말씀에 순종해야 합니다.

기독교 영성은 말씀의 영성입니다. 말씀을 떠난 기독교 영성은 있을 수 없습니다. 성경은 하나님의 말씀입니다. 우리는 하나님의 말씀을 통해서 하나님을 만나며 하나님의 뜻을 알게 됩니다. 그러므로 우리 그리스도인들에게 말씀은 그 무엇보다도 중요한 계시의 원천이며 신앙의 길잡이가 됩니다. 말씀에 기초하지 않은 신앙은 잘못된 방향으로 가기 쉽습니다. 그러므로 우리는 철저히 성경 중심의 영성을 가져야 합니다.

성령 충만도 성경적인 체험이며 성경을 벗어나지 않는 체험입니다. 그러므로 성령 충만은 곧 말씀 충만이라고 할 수 있습니다. 성령 충만은 하나님의 말씀이 내 안에서 살아 움직이고, 말씀을 더 깊이 알게 되고, 말씀대로 변화된 삶을 살게 하시는 하나님의 은혜입니다. 또한 기도도 말씀의 기반 위에서 드려져야 합니다. 말씀 없는 기도 생활은 진정한 기독교적 영성 생활이 아닙니다.

그리스도인은 말씀을 열심히 읽고, 묵상하고, 공부하고, 실천해야 합니다. 주야로 말씀과 동행하고 많은 성경 구절을 암송해야 합니다. 그리고 말씀대로 실천하고 순종해야 합니다. 순종하지 않으면 말씀의 능력도 나타나지 않습니다. 우리가 철저한 말씀 중심의 영성을 갖출 때 우리의 신앙생활 가운데 하나님의 은혜가 더욱 넘쳐 나게 됩니다.

하나님의 말씀이 중요한 이유를 10가지 적어 보세요.

과제

- 다음주 예습
- 중보 기도
- 성령님은 어떤 분인지 5가지 이상 적어 오기.
- 행 1:8 암송

3장

성령 충만의 영성

우리는 성령님의 역사하심을 통해 하나님의 사랑과 은혜를 깨달을 수 있으며 예수 그리스도를 구주로 영접할 수 있습니다. 뿐만 아니라 우리가 성숙한 그리스도인이 되기 위해서 성령님의 도우심이 필요하고, 주님이 우리에게 맡겨 주신 사명을 능력 있게 감당하기 위해서도 성령님의 인도하심과 도우심이 필요합니다. 그러므로 우리는 성령 충만의 영성을 가져야 합니다. 이를 위해 본 장에서는 먼저 성령님은 누구신지 알아보고, 나아가 성령 충만한 그리스도인과 성령 충만한 삶에 대해서 자세히 알아보겠습니다.

07 성령님은 누구신가

오직 성령이 너희에게 임하시면 너희가 권능을 받고
예루살렘과 온 유대와 사마리아와 땅 끝까지 이르러 내 증인이 되리라 하시니라
〈사도행전〉 1:8

핵심 요약 1. 성령님은 삼위일체 하나님 가운데 한 분이시다. 신구약성경이 이를 증거하고 있다.
2. 성령님은 하나님과 동일한 속성을 가지고 계신다. 영원하고, 전지하며, 전능하고, 무소부재하시다.
3. 성령님은 하나님의 사역을 하신다. 성령님은 하나님과 함께 천지만물과 인간을 창조하셨다.

1. 성령님은 하나님입니다

성령님은 하나님과 본질적으로 동일한 분이십니다. 교회사를 통해서 볼 때, 아리안(Arians)이나 사벨리안(Sabellian), 소시니안(Socinians)들은 성령님을 단지 하나님으로부터 나오는 힘으로만 간주하였습니다. 그러나 이들은 모두 정통 교회로부터 이단으로 정죄되었습니다. 성령님은 성부 하나님, 성자 예수님과 함께 완전한 하나님이십니다.

성경은 성령님을 하나님이라고 말씀하고 있습니다

구약성경에서 '야훼의 말씀'으로 표현된 것이 신약성경에는 '성

령의 말씀'이라고 인용되어 있습니다. 성령님을 하나님이라고 말씀하고 있는 것입니다.

07~09과
- 시작 찬송: 190장, 191장
- 복음성가: 마지막 날에, 성령이 오셨네
- 마무리 찬송: 183장

내가 또 주의 목소리를 들으니 주께서 이르시되 내가 누구를 보내며 누가 우리를 위하여 갈꼬 하시니 그때에 내가 이르되 내가 여기 있나이다 나를 보내소서 하였더니 **야훼**께서 이르시되 가서 이 백성에게 이르기를 너희가 듣기는 들어도 깨닫지 못할 것이요 보기는 보아도 알지 못하리라 하여(사 6:8~9)

서로 맞지 아니하여 흩어질 때에 바울이 한 말로 이르되 **성령**이 선지자 이사야를 통하여 너희 조상들에게 말씀하신 것이 옳도다 일렀으되 이 백성에게 가서 말하기를 너희가 듣기는 들어도 도무지 깨닫지 못하며 보기는 보아도 도무지 알지 못하는도다(행 28:25~26)

그러나 그날 후에 내가 이스라엘 집과 맺을 언약은 이러하니 곧 내가 나의 법을 그들의 속에 두며 그들의 마음에 기록하여 나는 그들의 하나님이 되고 그들은 내 백성이 될 것이라 **야훼**의 말씀이니라 그들이 다시는 각기 이웃과 형제를 가리켜 이르기를 너는 **야훼**를 알라 하지 아니하리니 이는 작은 자로부터 큰 자까지 다 나를 알기 때문이라 내가 그들의 악행을 사하고 다시는 그 죄를 기억하지 아니하리라 **야훼**의 말씀이니라 **야훼**께서 이와 같이 말씀하셨느니라 그는 해를 낮의 빛으로 주셨고 달과 별들을 밤의 빛으로 정하였고 바다를 뒤흔들어 그 파도로 소리치게 하나니 그의 이름은 만군의 **야훼**니라(렘 31:33~35)

또한 **성령**이 우리에게 증언하시되 주께서 이르시되 그날 후로는 그들과 맺을 언약이 이것이라 하시고 내 법을 그들의 마음에 두고 그들의 생각에 기록하리라 하신 후에(히 10:15~16)

성령님이 하나님이신 것은 베드로의 증거를 통해서도 알 수 있습니다. 아나니아와 삽비라가 소유를 팔아 그 값의 얼마를 감추고 마치 전부인 것처럼 사도들을 속일 때, 베드로가 성령이 충만하여 아나니아를 꾸짖었습니다. 이때 베드로는 성령님을 속인 것이 곧 하나님을 속인 것이라고 말함으로써 성령님이 하나님이심을 증거한 것입니다.

> 베드로가 이르되 아나니아야 어찌하여 사탄이 네 마음에 가득하여 네가 성령을 속이고 땅값 얼마를 감추었느냐 땅이 그대로 있을 때에는 네 땅이 아니며 판 후에도 네 마음대로 할 수가 없더냐 어찌하여 이 일을 네 마음에 두었느냐 사람에게 거짓말한 것이 아니요 하나님께로다(행 5:3~4)

성령님은 하나님과 동일한 속성을 가지고 계십니다

다음 성경말씀을 읽고 성령님은 어떤 속성을 지니셨는지 답해 보세요

1. 〈히브리서〉 9장 14절
성령님은 영원하십니다

2. 〈고린도전서〉 2장 10절
성령님은 모든 것, 곧 하나님의 깊은 것까지 통달하여 아시는 전지하신 하나님이십니다

3. 〈누가복음〉 1장 35절
성령님은 초자연적인 능력(동정녀 잉태)을 행하신 전능하신 하나님이십니다.

4. 〈시편〉 139편 7~8절
성령님은 어느 곳에나 계시는 무소부재하신 하나님이십니다.

성령님은 영원하시고, 전지하시며, 전능하시고, 무소부재하신 하나님의 속성을 가지고 계십니다. 이처럼 성령님이 하나님의 속성을 모두 가지고 계신 것으로 미루어 성령님이 하나님이심을 알 수 있습니다.

아프리카에서 큰 부흥을 이끌고 있는 라인하르트 본케(Reinhard Bonnke) 목사님이 미국의 《크리스천 투데이》라는 잡지에 다음과 같이 기고하였습니다.

> 성령은 오늘날에도 강력히 역사하신다. 한 임신한 부인이 집회에 참석했는데, 그녀는 태중에서 죽은 아기를 이튿날 병원에서 제거하기로 예약한 상태였다. 그런데 집회에 참석한 날, 배 속의 아기가 움직인다며 놀라서 소리를 질렀다. 그리고 몇 시간 후 건강하게 '부활한' 사내아이가 태어났다.
>
> 또 수년 전 나이지리아 집회 때는 다니엘이라는 남자가 들것에 실려 왔다가 숨을 거두었다. 죽은 것을 의사가 확인했고 장의사가 방부 처리까지 했다. 그런데 그가 갑자기 숨을 쉬기 시작했다. 그가 살아난 것을 1만 명이 목도했

✣ 무소부재
하나님의 속성을 나타내는 말로, '하나님은 계시지 않는 곳이 없다'는 뜻이다. 하나님이 무소부재(無所不在)하실 수 있는 이유는 하나님은 온 우주 만물보다 더 크신 분이시기 때문이다.

라인하르트 본케 (1940~)
아프리카의 부흥 운동을 이끄는 복음 전도자. 강력한 성령 운동과 신유 사역으로 전 세계 그리스도인들에게 큰 영적 감화를 주고 있다. 선교단체 '열방을 위한 그리스도'(Christ for all Nations, CfaN)를 설립하고 전 세계 곳곳을 다니며 전도사역을 하고 있다.

다. 그는 지금까지도 건강하며, 지난해 미국을 방문했다. 성령님은 지금도 역사하고 계신다.

이처럼 어제나 오늘이나 영원토록 변함없이 전능하신 성령님은 지금도 살아 역사하고 계십니다. 우리가 성령 충만 받을 때 이와 같은 기적을 체험할 수 있습니다.

삼위일체 하나님 가운데 한 분이십니다

성령님은 성부 하나님, 성자 예수님과 더불어 삼위일체가 되시는 하나님이십니다. 성경은 성령님이 삼위 가운데 한 분이심을 증거하고 있습니다.

✣ 삼위일체
우리가 믿는 하나님은 오직 한 분 하나님이다. 그러나 한 분 하나님 안에는 분명히 서로 구분되는 성부, 성자, 성령이라는 '삼위'(세 인격)가 존재한다. 삼위는 하시는 일이 구분되어 있으나 서로의 일에 동참하며, 본질적으로 하나이다.

먼저 구약성경에 나타난 증거를 살펴보도록 하겠습니다. 삼위일체 하나님은 천지를 창조하셨습니다(창 1:1). 뿐만 아니라 삼위일체 하나님은 그의 형상을 따라 인간을 지으셨습니다.

우리의 형상을 따라 우리의 모양대로 우리가 사람을 만들고(창 1:26)

신약성경에서도 예수님이 침례를 받으실 때에 삼위일체 하나님이 함께 나타나셨습니다.

예수님이 침례를 받으시고 곧 물에서 올라오실새 하늘이 열리고 하나님의 성령이 비둘기같이 내려 자기 위에 임하심을 보시더니 하늘로서 소리가 있어 말씀하시되 이는 내 사랑하는 아들이요 내 기뻐하는 자라 하시니라(마 3:16~17).

또한 예수님은 성삼위 하나님의 이름, 아버지와 아들과 성령의 이름으로 침례 베풀 것을 명하셨습니다(마 28:19). 이 말씀에서 '이름'은 복수가 아니라 단수입니다. 예수님은 아버지, 아들, 성령 각각의 이름으로 침례를 줄 것이 아니라 한 분 하나님, 곧 삼위일체 하나님의 이름으로 침례를 주라고 명하셨습니다. 뿐만 아니라 예수님이 친히 삼위일체 하나님을 소개하셨습니다.

〈마태복음〉 28:19
그러므로 너희는 가서 모든 족속으로 제자를 삼아 아버지와 아들과 성령의 이름으로 침례를 주고

> 내가 아버지께 구하겠으니 그가 또 다른 보혜사를 너희에게 주사 영원토록 너희와 함께 있게 하리니(요 14:16)

이처럼 신구약성경은 성부 하나님과 성자 예수님, 성령님을 세 인격을 지니신 한 분으로 기록하고 있습니다. 그러므로 성령님은 삼위일체 하나님의 세 인격 가운데 한 인격이신 하나님이십니다.

하나님과 함께 창조 사역에 동참하셨습니다

성령님은 성부, 성자와 함께 창조 사역에 동참하셨습니다. 하나님이 천지를 창조하실 때, 땅은 혼돈하고 공허했습니다. 그 황량하고 무질서한 땅의 수면에 '하나님의 신'이신 성령님이 운행하심으로 땅에 생명력을 불어넣어 주셨습니다. 성령님의 역사로 말미암아 혼돈하고 공허하며 흑암 가운데 있던 땅이 질서와 조화를 이루게 된 것입니다. 〈창세기〉 1장 1~2절에 나오는 하나님은 히브리어로 '엘로힘'인데, 이는 '엘로아'의 복수형으로서 삼위일체 하나님을 나타냅니다. 따라서 천지 창조는 영원 전부터 함께 계셨던 성부 하나님과 성자 예수님, 그리고 성령 하나님이 함께 동역하신 것

〈창세기〉 1:1~2
태초에 하나님이 천지를 창조하시니라 땅이 혼돈하고 공허하며 흑암이 깊음 위에 있고 하나님의 영은 수면 위에 운행하시니라

임을 알 수 있습니다.

성령님의 창조 사역은 인간 창조에서도 확인할 수 있습니다. 〈창세기〉 2장 7절은 "야훼 하나님이 땅의 흙으로 사람을 지으시고 생기를 그 코에 불어 넣으시니 사람이 생령이 되니라"고 말씀합니다. 여기서 '생기'라는 말은 '하나님의 신', '전능자의 기운'이라는 말과 동일하게 히브리어 '루아흐'로 표기되었는데, 이는 모두 성령님을 가리킵니다. 따라서 성령님은 아담과 하와의 창조뿐 아니라, 모든 인간의 출생에도 관여하시는 분임을 알 수 있습니다. 〈욥기〉 33장 4절은 "하나님의 영이 나를 지으셨고 전능자의 기운이 나를 살리시느니라"고 말씀합니다.

핵심요약 1. 성령님은 하나님과 동일한 인격을 지니고 계시다. 또한 성령님은 지성, 감정, 의지를 가지고 계시다.
2. 성령님은 우리를 가르치고, 진리 가운데로 인도하며 위로하고 도와준다.
3. 우리는 성령님이 인격적인 분임을 알아야 비로소 성령님을 온전히 예배하고, 성령님에게 쓰임 받으며, 성령님의 도우심을 받을 수 있다.

2. 성령님은 인격적인 분입니다

우리가 성령님이 인격을 지니고 계시다는 것을 깨달을 때 우리의 신앙생활은 큰 변화를 맞이하게 됩니다. 즉, 성령님이 인격자이심을 깨닫고 우리가 성령님과 인격적으로 교제할 때 우리의 삶이 크게 변화되는 것입니다.

하나님과 동일한 인격을 지니고 계십니다

인격은 사물을 깨달아 아는 '지성'과 희로애락의 '감정'과 사물을 판단하고 그것에 대한 자기의 태도를 결정하는 '의지'로 구성됩니다. 성령님은 이 모든 인격적인 속성을 지니고 계신 인격자이십니다.

첫째, 성령님은 모든 것을 아는 지성을 가지고 계십니다. 성령님은 하나님의 깊은 지식까지라도 통달하여 아시며, 인간의 마음을 감찰하시고, 생각하십니다.

다음의 성경말씀을 적어 보세요.

〈고린도전서〉 2장 10절
오직 하나님이 성령으로 이것을 우리에게 보이셨으니 성령은 모든 것 곧 하나님의 깊은 것까지도 통달하시느니라

〈로마서〉 8장 27절
마음을 살피시는 이가 성령의 생각을 아시나니 이는 성령이 하나님의 뜻대로 성도를 위하여 간구하심이니라

둘째, 성경은 성령님이 감정을 지니고 계심을 증거하고 있습니다. 성령님은 우리 마음속에 하나님의 사랑을 부어 주실 뿐만 아니라 우리 때문에 탄식하고 근심하시기도 합니다.

다음의 성경말씀을 적어 보세요.

〈로마서〉 5장 5절
소망이 우리를 부끄럽게 하지 아니함은 우리에게 주신 성령으로 말미암아 하나님의 사랑이 우리 마음에 부은바 됨이니

〈로마서〉 8장 26절

이와 같이 성령도 우리의 연약함을 도우시나니 우리는 마땅히 기도할 바를 알지 못하나 오직 성령이 말할 수 없는 탄식으로 우리를 위하여 친히 간구하시느니라

〈에베소서〉 4장 30절

하나님의 성령을 근심하게 하지 말라 그 안에서 너희가 구원의 날까지 인치심을 받았느니라

셋째, 성령님은 자신의 계획과 의지를 가지고 계시며, 사람들을 통하여 자신의 일을 행하십니다. 그러므로 우리의 뜻을 이루기 위해 성령님을 이용하려고 하면 안 됩니다.

다음의 성경말씀을 적어 보세요.

〈고린도전서〉 12장 11절

이 모든 일은 같은 한 성령이 행하사 그의 뜻대로 각 사람에게 나누어 주시는 것이니라

〈사도행전〉 16장 6~7절
성령이 아시아에서 말씀을 전하지 못하게 하시거늘 그들이 브루기아와 갈라디아 땅으로 다녀가 무시아 앞에 이르러 비두니아로 가고자 애쓰되 예수의 영이 허락하지 아니하시는지라

성도를 가르치고, 진리 가운데로 인도하며, 위로하고, 도와주십니다

성령님은 영적으로 거듭난 사람에게 모든 것을 가르치시며(요 14:26), 진리 가운데로 인도하여 주십니다(요 16:13). 또한 성령님은 환난 중에 있는 사람을 위로하시고, 그 사람으로 하여금 자신이 받은 그 위로로써 환난 중에 있는 다른 사람을 위로하게 하십니다(고후 1:4). 그리고 성도가 마땅히 기도할 바를 알지 못할 때 말할 수 없는 탄식으로 친히 간구해 주시며 연약함을 도와주십니다(롬 8:26~27).

〈고린도후서〉 1:4
우리의 모든 환난 중에서 우리를 위로하사 우리로 하여금 하나님께 받는 위로로써 모든 환난 중에 있는 자들을 능히 위로하게 하시는 이시로다

부모가 어린아이를 키우는 데에는 육체적 성장에 필요한 돌봄뿐만 아니라 정신적, 도덕적, 지적 가르침이 있어야 합니다. 마찬가지로 영적으로도 어린아이와 같은 성도를 양육하는 분이 있습니다. 성령으로 거듭난 새사람을 예수 그리스도의 모습으로 성장하도록 교육시키는 분은 바로 성령님입니다(요 14:26).

〈요한복음〉 14:26
보혜사 곧 아버지께서 내 이름으로 보내실 성령 그가 너희에게 모든 것을 가르치고 내가 너희에게 말한 모든 것을 생각나게 하리라

성령님은 우리를 진리 가운데로 인도하십니다. 따라서 성령 충만한 사람은 진리 가운데 있습니다. 진리 가운데 있는 사람은 하나

〈요한복음〉16:13

그러나 진리의 성령이 오시면 그가 너희를 모든 진리 가운데로 인도하시리니 그가 스스로 말하지 않고 오직 들은 것을 말하며 장래 일을 너희에게 알리시리라

님의 말씀 안에 거하는 사람입니다(요 16:13).

예수 그리스도를 믿는 사람은 성령의 인도하심을 받아야 합니다. 빌립은 성령의 인도하심을 받은 사람입니다(행 8:26~29). 스데반 집사의 순교 이후 박해를 피해 사마리아로 온 빌립은 그곳에서 복음을 전하여 큰 부흥을 일으켰습니다. 그 후 그는 "예루살렘에서 가사로 내려가는 길까지 가라"(행 8:26)는 주의 사자의 음성을 들었습니다. 그 길은 광야 길로, 인적이 드문 황량한 곳이었습니다. 그럼에도 불구하고 빌립은 그 음성에 순종하여 광야 길로 갔습니다.

그곳에 가 보니 에디오피아 여왕의 모든 재산을 관리하는 내시가 수레를 타고 지나가고 있었습니다. 그때 성령님이 그에게 수레로 가까이 가서 내시에게 복음을 전하라고 명령하셨습니다. 그 명령에 순종하여 그는 수레로 다가가서 에디오피아 내시가 읽고 있는 〈이사야서〉를 해석해 주며 예수님을 전한 뒤 침례를 베풀었습니다. 그리하여 이 내시를 통해 에디오피아에 복음이 들어가 부흥을 일으키게 되었습니다. 하나님은 이와 같이 성령의 인도함을 받는 자들을 통하여 역사하십니다.

〈사도행전〉8:40

빌립은 아소도에 나타나 여러 성을 지나 다니며 복음을 전하고 가이사랴에 이르니라

빌립은 내시에게 침례를 베푼 후 다시 성령님의 이끄심을 받아 아소도를 거쳐 가이사랴에 이르러 복음을 전했습니다(행 8:39~40). 이처럼 빌립은 가는 곳마다 복음을 전하고 큰 부흥을 일으켰습니다. 사마리아에서 부흥을 일으켰으며, 에디오피아 관리를 통해 에디오피아에서 부흥이 일어나게 하였습니다. 그리고 아소도로부터 가이사에 이르기까지 지중해 연안에서 복음을 전했습니다. 중요한 것은 이 모든 것을 자신의 생각대로 한 것이 아니라

성령의 인도하심을 받아서 했다는 것입니다.

우리 역시 성령의 인도하심을 받아야 합니다. 성령의 음성에 늘 귀 기울여 성령님이 '하라'고 하시는 것을 하고, '하지 말라'고 하시는 것을 하지 말아야 합니다. '싸우지 말라'고 하시면 싸우지 말아야 합니다. '탐욕을 가지지 말라'고 하시면 탐욕을 갖지 말아야 합니다. 사람의 탐욕은 끝이 없습니다. 하나를 갖고 있으면서도 하나 더 갖고 싶어 합니다. 어린아이도 예외가 아닙니다. 유치원에서 아이들이 노는 것을 보면, 어떤 아이는 장난감이 있으면서도 옆에 있는 것까지 다 가져다가 자기 앞에 쌓아 놓고 다른 아이들이 건드리지 못하게 합니다. 선생님이 "친구랑 같이 나눠 가지고 놀아야지"라고 말해도, "아니에요, 내가 다 가지고 놀 거예요!"라고 고집을 피웁니다. 이것이 인간의 본성입니다.

우리는 이러한 인간의 본성을 따르지 말고 언제나 성령의 음성에 순종해야 합니다. 성령님이 '다른 이들에게 베풀고 나누라'고 하실 때 '아멘' 하며 순종해야 합니다.

〈사무엘상〉 15:22
사무엘이 이르되 여호와께서 번제와 다른 제사를 그의 목소리를 청종하는 것을 좋아하심 같이 좋아하시겠나이까 순종이 제사보다 낫고 듣는 것이 숫양의 기름보다 나으니

성령님은 위로의 영이십니다. 성령님은 우리에게 오셔서 찢기고 상처 입은 마음에 위로를 주십니다. 그리고 우리가 그 위로로 다른 사람을 위로하게 하십니다. 초대교회의 성도들은 성령으로 말미암아 마음 가운데 위로가 넘쳐났습니다. 그들은 사람들에게 욕을 먹고, 잡혀서 매를 맞고 감옥에 들어가기도 하고, 죽음을 당하기까지 했습니다. 그러나 성령님이 그들 속에 하나님의 위로를 주어 그들의 심령을 위로해 주셨기 때문에 환난과 고난 가운데서도 하나님에게 감사할 수 있었습니다.

우리는 각박한 이 세상에서 성령님의 위로를 받지 않는다면 쉽게 낙심할 일이 많을 것입니다. 그러나 성령 충만을 받고 성령님과 교통할 때, 세상이 주지 못하고 줄 수도 없는 하늘의 위로가 우리 영혼 속에서 넘쳐 어떠한 문제나 환경도 극복하고 승리할 수 있는 새 힘을 얻게 되며, 나아가 고난당하는 다른 사람들을 위로할 수 있게 됩니다.

어렵고 각박한 이 세상에서 상처받은 마음을 위로해 주시고 이웃을 위로하도록 새 힘과 소망과 기쁨을 주시는 분은 바로 보혜사 성령님입니다.

우리의 모든 환난 중에서 우리를 위로하사 우리로 하여금 하나님께 받는 위로로써 모든 환난 중에 있는 자들을 능히 위로하게 하시는 이시로다(고후 1:4)

그리하여 온 유대와 갈릴리와 사마리아 교회가 평안하여 든든히 서 가고 주를 경외함과 성령의 위로로 진행하여 수가 더 많아지니라(행 9:31)

✣방언

성령의 은사 가운데 하나로 성령 침례를 받은 증거다. 바울 사도는 방언 말하기를 금하지 말라고 했다(고전 14:39). 방언은 방언을 말하는 사람 개인의 신앙생활에 유익이 되기 때문에 여러 사람이 모였을 때는 지혜롭게 활용해야 한다(고전 14:4).

성령님은 구원받고 난 이후에도 여전히 연약함 가운데서 몸부림치고 있는 우리를 도우셔서 하나님의 법을 지키며 승리하는 신앙생활을 하게 역사하십니다. 성령님은 우리의 연약함을 도와주셔서 기도할 바를 알지 못하는 우리를 위해 말할 수 없는 탄식으로 간구하여 주십니다(롬 8:26~27).

성령님의 말할 수 없는 탄식에는 방언 기도도 포함됩니다. 성령님은 방언을 통하여 친히 간구하여 우리의 어려움을 해결해 주심으로 우리가 그리스도의 참된 제자의 삶을 살도록 역사하십니다.

우리는 성령님이 인격적인 분임을 알아야 비로소 성령님을 온전히 예배하고, 성령님에게 쓰임 받으며, 성령님의 도우심을 받을 수 있습니다. 미국의 부흥사요, 신학자였던 토레이(R. A. Torrey) 박사는 그의 저서인《성령론》에서 성령님의 인격성에 관해 알아야 할 중요한 이유를 다음과 같이 설명하고 있습니다.

첫째, 우리가 성령님의 인격성에 관해 알아야 할 이유는 성령님을 예배하기 위해서입니다. 성령님이 인격을 가지고 계시다는 것을 알게 될 때, 우리는 성령님을 예배해야 된다는 사실을 깨닫게 됩니다. 만일 성령님이 인격체가 아닌 단순한 힘에 불과하다면 예배할 필요가 없을 것입니다. 그러나 성령님은 엄연히 인격을 지니고 계신 하나님이므로 우리는 성령님을 예배해야 합니다.

둘째, 우리가 성령님의 인격성에 관해 알아야 할 이유는 성령님에 의해 쓰임 받기 위해서입니다. 만일 성령님이 단순한 힘에 불과하다면 사람들은 어떻게 하든지 이 힘을 많이 받아 자신의 사역에 사용하려고 힘쓸 것입니다. 사실 오늘날 많은 사람이 이 점에 있어서 크게 오해하고 성령님을 자기들의 목적 달성에 이용하려고 하는 불경건한 행동을 하고, 이로 말미암아 신앙에 혼란과 파탄을 초래하는 경우가 많습니다. 성령님은 하나님이므로 오히려 우리가 성령님에게 쓰임 받기 위하여 그분 앞에 마음을 깨뜨리고 겸손히 앙망하는 자세를 가져야 합니다.

셋째, 우리가 성령님의 인격성에 관해 알아야 할 이유는 인격자만이 우리의 사정을 이해하고 도와줄 수 있기 때문입니다. 우리는 돌이나 나무, 막연한 힘 같은 것들과는 대화를 나누지 못합니다.

토레이 (1856~1928)
세계 각지를 순회하며 부흥의 불을 지핀 탁월한 신학자이자 부흥사. 예일대학과 예일대학원 신학부를 졸업했고, 무디성경학교의 초대 교장을 역임했다. 특히 그의 후손들은 신앙의 명문가를 이루었다. 장로교 목사였던 그의 아들 토레이 2세(1887~1980)는 중국 선교사로 사역하다가 한국전쟁 후에는 대전 지역에서 장애인과 고아를 위해 사역했다.
토레이 3세는 한국에서 예수원 원장으로 오랫동안 사역한 대천덕(1918~2002) 성공회 신부이다. 토레이의 증손자이자 대천덕 신부의 아들인 벤 토레이 신부가 현재 예수원에서 사역 중이다.

왜냐하면 그것들은 인격이 없기 때문입니다. 만일 성령님도 인격이 없으시다면 어떻게 우리의 사정을 아시겠으며, 또 어떻게 우리를 도와주실 수 있겠습니까? 그러나 성령님은 인격적인 하나님이기 때문에 우리의 사정을 낱낱이 아실 뿐 아니라 이해하고 도와주실 수 있습니다.

과제

- 다음 주 예습
- 중보기도
- 성령 충만한 사람은 어떤 사람인지 3가지 적어오기.
- 갈 5:22~23 암송

성령님이 하시는 일 5가지를 적어 보세요.

성령 충만한 그리스도인

08

오직 성령이 너희에게 임하시면 너희가 권능을 받고
예루살렘과 온 유대와 사마리아와 땅 끝까지 이르러 내 증인이 되리라 하시니라
〈사도행전〉 1:8

성령님은 우리를 새롭게 하며 거룩하게 하는 분입니다. 우리는 성령 침례와 성령 충만을 받아 새로워지고, 성숙한 그리스도인으로 살아갈 수 있습니다. 예수님을 믿고 나서 성령 침례를 받고 성령으로 충만해야 비로소 하나님의 말씀에 선 올바른 신앙, 체험 있는 굳건한 신앙을 가지고 생명력 넘치는 신앙생활을 할 수 있는 것입니다.

여의도순복음교회가 세계 최대 교회가 된 것은 성령 충만을 받아 성령님의 역사로 폭발적인 부흥이 일어났기 때문입니다. 조용기 목사님은 1958년에 불광동에서 천막을 치고 다섯 명으로 교회를 시작할 때부터 성령 충만을 강조하였습니다. 이러한 목사님의 설교를 듣고 모든 성도가 성령받기를 사모하며 기도하여 성령 충

✣ 07~09과
- 시작 찬송: 190장, 191장
- 복음성가: 마지막 날에, 성령이 오셨네
- 마무리 찬송: 183장

만을 받고 체험 있는 신앙을 갖게 되었습니다. 그 결과 성도들의 삶과 교회에 성령님의 역사가 강력하게 나타났습니다. 성도들이 성령의 권능을 받아 기도의 사람, 능력 있는 복음 전도자가 되었고, 그에 따라 교회에 놀라운 부흥의 물결이 일기 시작하였습니다. 처음에 불광동에서 다섯 명으로 출발한 교회가 서대문으로 옮긴 후에는 만 명이 되었고, 서대문에서 교회당이 좁아 성도들을 더 이상 수용할 수 없게 되자 교회를 여의도로 옮겼습니다. 여의도로 옮긴 후에도 10만 명, 20만 명 계속 부흥하였습니다.

저는 우리 교회가 서대문에 있던 1964년부터 출석하였습니다. 저는 4대째 신앙생활을 하는 기독교 집안에서 성장하였지만, 우리 교회에 출석하고 나서야 성령 충만을 받고 예수님이 내 마음속에 살아 역사하시는 것을 느꼈습니다. 그전에는 예수님이 내 머릿속에만 계셨는데, 성령을 받은 후에는 예수님이 내 마음속에 계시다는 것을 깨달았습니다.

성령 충만을 받기 전에는 기도하려고 해도 기도가 잘되지 않았습니다. 시계를 보면서 아무리 기도해도 5분을 넘기지 못했습니다. 5분 정도 기도하면 더 이상 기도할 것이 없었습니다. 그런데 성령 충만을 받으니까 기도의 능력이 임했습니다. 잠깐 기도하고 눈을 떠 보면 한 시간이 지났습니다. 기도 시간이 금방 지나간 것입니다.

저는 성령 받기 전에는 눈물이 없었습니다. 그런데 성령 충만 받은 후 눈물이 많아졌습니다. 예수님을 생각하면 너무나 감사해서 그냥 눈물이 났습니다. 예수님이 날 위해 십자가에서 피 흘려 돌아가신 모습을 생각할 때마다 눈물이 났습니다. "예수님, 제가 무엇이관대 저를 위해 십자가에 달려 돌아가셨습니까? 저는 보잘것없는 사람인데 왜 저를 위해 그런 고난을 당하셨습니까?"라고 고백하며 주님의 은혜에 감격하여 울고 또 울고 또 울었습니다. 그리고 "예수님, 감사합니다. 예수님, 사랑합니다. 나의 일생을 주님에게 드립니다"라고 고백하였습니다.

'성령 충만'이란 중생한 성도가 주님의 사역을 능력 있게 감당하고 승리하는 삶을 살기 위해 성령님에게 온전히 사로잡히는 것을 말합니다. 성령 침례는 단회적인 사건이지만, 성령 충만은 그리스도인의 삶 속에서 계속 유지되어야 하는 영적 상태입니다. 성령 충만은 한 번 받고 끝나는 것이 아닙니다. 자동차를 운전할 때 기름을 한 번만 넣는 것이 아니라 기름이 떨어질 때마다 채워 넣어야 하듯이, 우리는 끊임없이 성령으로 충만, 재충만해야 합니다. 평생 성령 안에서 새로워지는 역사를 경험해야 합니다.

핵심요약 1. '중생'은 성령으로 거듭나서 하나님의 자녀가 되는 것을 말한다.
2. '성령 침례'는 중생한 성도가 하나님의 사역, 특별히 예수 그리스도의 복음을 전파하는 데 필요한 능력을 받는 체험이며, 성령 충만을 처음으로 경험하는 사건이다.
3. 중생과 성령 침례는 서로 다른 체험이다. 이 둘이 동시에 일어날 수는 있으나 별개의 체험인 것은 확실하다.
4. 인간은 전적으로 타락하였기 때문에 성령으로 거듭나지 않으면 하나님에게 나올 수 없다. 성령님은 사람들의 마음에 역사하셔서 그들이 죄를 회개하고 예수님을 믿어 중생하게 하며, 그가 하나님의 자녀가 된 것을 확증한다.
5. 성령 침례의 대표적인 외적 표적은 방언이며, 성령 침례를 받은 사람에게는 강력한 복음 전파의 능력이 나타나게 되고 마음에 확신을 갖게 된다.

1. 중생과 구분되는 성령 침례

중생과 성령 침례는 다릅니다. 성경은 성령으로 거듭나는 것과 성령으로 침례받는 것이 다르다는 것을 가르쳐 주고 있습니다.

성령으로 거듭나는 것이 중생입니다

성령으로 거듭나는 것을 '중생'이라고 말합니다. 법적인 의미에서 '거듭남'은 하나님의 자녀가 되는 자격을 획득하는 것을 말합니다. 따라서 거듭난 사람은 하나님과 부자 관계가 되어 교제할 수 있습니다.

〈고린도전서〉 12:3
그러므로 내가 너희에게 알리노니 하나님의 영으로 말하는 자는 누구든지 예수를 저주할 자라 하지 아니하고 또 성령으로 아니하고는 누구든지 예수를 주시라 할 수 없느니라

중생하기 위해서는 예수님을 구주로 믿고 영접해야 하는데, 이는 인간의 의지로 되는 것이 아니라 성령님의 역사에 의해서 이루어집니다(고전 12:3). 성령님은 죄인을 거듭나게 하시고 영생을 얻게 하심으로 육의 인간을 하나님에게서 난 영의 인간으로 변화시키는 새로운 창조의 역사를 이루십니다.

성령에 완전히 사로잡히는 것이 성령 침례입니다

〈마태복음〉 3:11
나는 너희로 회개하게 하기 위하여 물로 침례를 베풀거니와 내 뒤에 오시는 이는 나보다 능력이 많으시니 나는 그의 신을 들기도 감당하지 못하겠노라 그는 성령과 불로 너희에게 침례를 베푸실 것이요

〈사도행전〉 1:5
요한은 물로 침례를 베풀었으나 너희는 몇 날이 못 되어 성령으로 침례를 받으리라 하셨느니라

'침례'는 헬라어로 '밥티조'(baptizw)이며 '잠그다'라는 뜻입니다. 이는 옷감을 물들일 때 염료를 푼 물 속에 푹 가라앉게 넣듯이, 완전히 잠기는 것을 말합니다. 따라서 '성령 침례'는 '성령 안에 완전히 잠기는 것', 즉 '성령의 은혜에 완전히 사로잡히는 것'을 의미합니다(마 3:11; 행 1:5). '성령 침례'라는 표현은 신약성경에서 모두 6번 나오며, 이는 예수님이 처음으로 제자들에게 사용하신 말입니다. '성령 침례'라는 말은 '나'라는 존재 전체가 성령의 존재 안에 완전히 들어가는 것을 말합니다. 성경에 사용된 성령 침례에 관한 여러 가지 표현 중 두 가지 표현을 통하여 구체적인 의미를 살펴보면 다음과 같습니다.

첫째로, 성령 침례를 '받는다'고 표현합니다.

그들이 내려가서 그들을 위하여 성령받기를 기도하니 이는 아직 한 사람에

게도 성령 내리신 일이 없고 오직 주 예수의 이름으로 침례만 받을 뿐이더라 이에 두 사도가 그들에게 안수하매 성령을 받는지라(행 8:15~17)

이르되 너희가 믿을 때에 성령을 받았느냐 이르되 아니라 우리는 성령이 계심도 듣지 못하였노라(행 19:2)

신약성경에는 성령을 '받는다'라는 말이 11번 나옵니다. 성령을 받는다는 말은 성령 침례의 다른 표현입니다. 성경이 성령 침례를 '받는다'라고 표현한 이유는 성령 침례가 '하나님의 선물'이기 때문입니다. 우리는 성령 침례가 하나님이 구원받은 자녀에게 주시는 선물인 것을 알고 '믿음'으로 받아야 합니다.

이는 그리스도 예수 안에서 아브라함의 복이 이방인에게 미치게 하고 또 우리로 하여금 믿음으로 말미암아 성령의 약속을 받게 하려 함이라(갈 3:14)

둘째로, 성령 침례를 '내린다'(또는 '임한다', '부어 주신다')라고 표현합니다.

하나님이 오른손으로 예수를 높이시매 그가 약속하신 성령을 아버지께 받아서 너희가 보고 듣는 이것을 부어 주셨느니라(행 2:33)

이는 아직 한 사람에게도 성령 내리신 일이 없고 오직 주 예수의 이름으로 침례만 받을 뿐이더라(행 8:16)

베드로가 이 말을 할 때에 성령이 말씀 듣는 모든 사람에게 내려오시니(행 10:44)

바울이 그들에게 안수하매 성령이 그들에게 임하시므로 방언도 하고 예언도 하니(행 19:6)

성령이 내린다든가, 성령이 임한다든가, 성령을 부어 주신다는 표현은 성령 침례가 절대 주권자이신 하나님의 역사라는 의미를 내포하고 있습니다. 성령 침례는 하나님의 주권적인 역사입니다.

중생과 성령 침례는 서로 다른 체험입니다

중생과 성령 침례는 서로 다른 체험입니다. 물론 중생과 성령 침례의 체험은 동시에 일어날 수도 있고 어느 정도 기간을 두고 일어날 수도 있으나, 별개의 체험인 것만은 확실합니다. 성경에는 중생의 체험을 한 성도들이 성령 침례를 받지 못한 예가 분명하게 기록되어 있습니다.

예수님의 제자들은 예수님이 하나님의 아들이신 것을 믿고 순종하였으므로 이미 중생을 체험하고 영생을 얻은 사람들이었습니다. 예수님은 가룟 유다 외에는 모두 깨끗하다고 말씀하심으로써 그들의 중생을 보증하셨습니다. 이에 대하여 성경은 "예수님이 이르시되 이미 목욕한 자는 발밖에 씻을 필요가 없느니라 온몸이 깨끗하니라 너희가 깨끗하나 다는 아니니라 하시니"(요 13:10)라고 말씀합니다. 그런데 예수님은 승천하시기 전에 예루살렘을 떠나지 말고 성령을 기다리라고, 몇 날이 못 되어 성령 침례를 받을 것이라고 말씀하셨습니다(행 1:4~5). 이는 제자들이 예수님을 믿어 영생을 얻고 그들의 이름이 생명책에 기록된 후에도 성령 침례는 받지 못하고 있었음을 분명히 보여 줍니다.

〈사도행전〉 1:4~5
사도와 함께 모이사 그들에게 분부하여 이르시되 예루살렘을 떠나지 말고 내게서 들은바 아버지께서 약속하신 것을 기다리라 요한은 물로 침례를 베풀었으나 너희는 몇 날이 못 되어 성령으로 침례를 받으리라 하셨느니라

〈사도행전〉 8장에는 빌립이 사마리아에 내려가서 복음을 증거하고 많은 표적을 행하여 수많은 사람이 복음을 믿고 침례를 받았

다는 기록이 있습니다. 그런데 그들이 믿고 침례를 받았으나 성령 침례를 받은 것은 아니라는 사실이 성경에 기록되어 있습니다.

> 예루살렘에 있는 사도들이 사마리아도 하나님의 말씀을 받았다 함을 듣고 베드로와 요한을 보내매 그들이 내려가서 그들을 위하여 성령받기를 기도하니 이는 아직 한 사람에게도 성령 내리신 일이 없고 오직 주 예수의 이름으로 침례만 받을 뿐이더라 이에 두 사도가 그들에게 안수하매 성령을 받는지라(행 8:14~17)

이 말씀을 통해 우리는 사마리아 사람들이 예수님을 믿고 구원받아 물 침례를 받았으나 성령 침례를 체험하지 못한 상태로 있다가 나중에 예루살렘에서 사도들이 와서 안수해 줄 때 비로소 성령 침례를 받았음을 확실히 알 수 있습니다. 그들은 중생 이후에 성령 침례를 받았던 것입니다.

또한 바울은 에베소에 가서 어떤 제자들을 만났을 때 성령을 받았느냐(행 19:2)고 물었습니다. 그들이 무기력해 보였기 때문입니다. 그들은 성령이 계심도 듣지 못하였다(행 19:2)고 대답하였습니다. 에베소 교인들은 복음의 진수인 예수 그리스도의 죽음과 부활, 성령 침례에 대해서는 무지하였습니다. 오직 요한이 전한 회개의 침례, 즉 물 침례에 대해서만 알고 있었습니다. 이에 바울이 예수님에 대하여 증언하고 주 예수의 이름으로 침례를 주고 안수하자, 비로소 성령 침례를 받고 방언을 말했습니다(행 19:6). 이처럼 중생과 성령 침례는 분명히 다른 것이며, 성도들이 반드시 체험해야 하는 것입니다.

〈사도행전〉 19:6

바울이 그들에게 안수하매 성령이 그들에게 임하시므로 방언도 하고 예언도 하니 중생은 성령과 말씀으로 그리스도의 몸에 접붙임을 받고 주님의 생명을 받아들이는 것이고, 성령 침례는 성령님이 성도 개인에게 최초로 충만하게 임하시는 것입니다. 중생하면 영생을 얻게 되고, 중생한 성도가 성령 침례를 받으면 하나님의 권능을 받아 능력 있는 그리스도의 증인이 될 수 있습니다. 중생은 새 생명을 얻기 위하여 필히 체험해야 하고, 성령 침례는 하나님의 사역을 행하는 데 필요한 봉사적 권능을 얻기 위하여 성도들이 반드시 체험해야 하는 것입니다. 그러므로 능력 있는 신앙생활을 하기 위해서는 중생의 체험뿐만 아니라 반드시 성령 침례도 체험해야 합니다.

중생은 성령님의 사역입니다

〈디도서〉3:5
우리를 구원하시되 우리가 행한바 의로운 행위로 말미암지 아니하고 오직 그의 긍휼하심을 따라 중생의 씻음과 성령의 새롭게 하심으로 하셨나니

인간은 전적으로 타락하였기 때문에 성령으로 거듭나지 않으면 하나님에게로 나올 수 없습니다. 중생은 전적으로 성령님의 새롭게 하심을 통하여 이루어집니다(딛 3:5). 이처럼 사람들의 마음에 역사하셔서 죄를 깨닫게 하시는 분은 바로 성령님입니다.

성령님은 죄인을 거듭나게 하여 새로운 피조물을 만드시는데, 이것이 중생하게 하시는 성령님의 역사입니다. 성령님은 구원의 전 과정을 주관하십니다. 성령님은 죄인으로 하여금 자신의 죄를 깨닫게 하시고, 예수 그리스도를 주로 믿고 고백하게 하십니다. 그리하여 죄인의 영혼을 거듭나게 하여 새사람으로서 살게 하십니다.

이처럼 죄로 죽었던 영혼이 의의 생명으로 거듭나는 놀라운 변화를 중생이라고 합니다. 이러한 중생의 수단으로는 '하나님의 작용'과 '인간의 준비'를 들 수 있는데, 엄격히 말해서 인간은 중생의

행위에 협력할 수 없습니다. 중생은 하나님의 주권적인 행위이기 때문입니다. 인간은 단지 '회개'와 '믿음'으로 중생에 참여합니다. 그 과정에서 성령님은 단독으로 사역하시는 것이 아니라 삼위일체 하나님으로서 역사하십니다.

그러면 어떻게 해야 불신자가 구원을 얻을 수 있을까요?

> 예수께서 그들을 보시며 이르시되 사람으로는 할 수 없으되 하나님으로는 그렇지 아니하니 하나님으로서는 다 하실 수 있느니라(막 10:27)
>
> 그러므로 내가 너희에게 알리노니 하나님의 영으로 말하는 자는 누구든지 예수를 저주할 자라 하지 아니하고 또 성령으로 아니하고는 누구든지 예수를 주시라 할 수 없느니라(고전 12:3)

신앙은 인간의 지식이나 이성으로 이해할 수 있는 성질의 것이 아닙니다. 그러므로 불신자가 신앙을 갖기 위해서는 하나님의 영이신 성령님이 불신자의 심령 속에 예수님을 구주로 모셔 들이도록 역사하셔야 합니다. 인간의 이성이나 지혜로는 전혀 알 수도, 받을 수도 없는 예수님의 구원 사역과 은혜를 믿을 수 있게 되는 것은 오직 성령님의 초자연적 역사로 말미암습니다.

예수님을 구주로 고백할 때 그 사람에게 일어나는 외적 변화는 당장 눈에 보이지 않을지라도 영적으로는 큰 변화가 일어납니다. 성령님이 이성의 한계를 넘어 그 사람의 심령에 임하셔서 친히 구원받을 믿음을 그 심령 속에 부어 주십니다.

하나님의 자녀로 태어나는 것은 오직 성령의 능력을 힘입어 중생할 때 이루어집니다. 이와 같은 내적 변화의 체험 없이 하나님의

〈요한복음〉1:12~13

영접하는 자 곧 그 이름을 믿는 자들에게는 하나님의 자녀가 되는 권세를 주셨으니 이는 혈통으로나 육정으로나 사람의 뜻으로 나지 아니하고 오직 하나님께로부터 난 자들이니라

자녀가 되는 권세를 얻을 수 없습니다(요 1:12~13).

우리가 하나님의 자녀가 된다는 것은, 성령의 능력으로 말미암아 하나님에게서 새 생명을 얻어 신령한 자녀로 태어나는 것을 의미합니다. 성령의 능력으로 새롭게 태어난 우리는 하나님을 향하여 '아빠 아버지'라고 부르게 됩니다. 성경은 이와 같은 역할을 성령님이 하신다는 것을 분명히 보여 주고 있습니다.

〈로마서〉8장 15~16절 말씀을 적어 보세요.

너희는 다시 무서워하는 종의 영을 받지 아니하고 양자의 영을 받았으므로 우리가 아빠 아버지라고 부르짖느니라 성령이 친히 우리의 영과 더불어 우리가 하나님의 자녀인 것을 증언하시나니

하나님이 나의 아버지가 되시고, 내가 하나님의 자녀가 되었다는 것은 오직 성령님의 계시로 말미암아 우리 마음속에 알려지는 것입니다. 이것은 교회 의식을 통해서 만들어지는 것이 아니라, 성령님이 직접 우리 마음속에 계시를 주어 깨닫게 해 주십니다. 그렇기 때문에 성령님의 역사가 없다면 종교인은 될지언정 하나님의 자녀는 될 수 없습니다.

성령 침례의 증거가 나타나야 합니다

'성령 침례'란 위로부터 능력을 부어 주시겠다고 하신 하나님의 약속의 성취이며(눅 24:49), 중생한 성도가 하나님의 사역, 특별히 예수 그리스도의 복음을 전파하는 데 필요한 능력을 받는 체험으로서 성령 충만을 처음으로 경험하는 사건입니다. 메이어 펄만(Myer Pearlman)은 성령 침례에 대하여 다음과 같이 말하고 있습니다.

> 첫째, 성령 침례에 대한 약속의 특징은 '능력'에 있는 것이지 영생을 위한 '중생'에 있는 것이 아니다. 성경에서 '성령이 임하다', 또는 '성령이 충만하다'라고 표현한 것은 봉사를 위한 능력을 전제하고 있다.
>
> 둘째, 이 약속의 말씀은 예수 그리스도와 가까운 관계에 있던 사람들, 즉 제자들에게 주어졌는데, 그들은 이미 거듭났음에도 불구하고(눅 10:20), 복음 전파를 위한 능력을 얻기 위해 성령 침례를 받아야 했다(행 1:8).
>
> 셋째, 이와 같은 성령의 부으심을 '성령 침례'라고 말하며(행 1:5), 성령의 권능으로 채워지는 것을 '성령 충만'이라고 말한다.

성령 침례의 대표적인 외적 표적은 방언입니다. 〈사도행전〉에는 성령 침례를 받는 장면이 4회 기록되어 있으며(행 2:1~4, 8:4~24, 10:1~48, 19:1~7), 그 중 8장의 내용을 제외하고는 모두 성령을 받을 때 방언을 했다고 기록되어 있습니다. 그러나 8장의 내용을 자세히 살펴보면 이때에도 방언이 나타났다고 추측할 수 있습니다(행 8:17~19). 그러므로 성령 침례의 대표적인 표적은 방언이라고 할 수 있습니다.

오순절 날 예수님의 제자들에게 임한 성령은 급하고 강한 바람

〈누가복음〉24:49

볼지어다 내가 내 아버지께서 약속하신 것을 너희에게 보내리니 너희는 위로부터 능력으로 입혀질 때까지 이 성에 머물라 하시니라

메이어 펄만 (1893~1943)

스코틀랜드의 에딘버러에서 태어났다. 14세 때 프랑스어 통역관 자격증을 땄으며, 2차 세계대전 때는 미군을 위해 프랑스어 통역자로 봉사했다.
뉴욕으로 이민한 1915년에 회심을 경험하고 성령 침례를 받았다. 1925년 센트럴성경학교를 졸업하고 같은 해에 그 학교의 교수가 되었다. 자신의 삶을 가르치는 데 헌신한 위대한 신학자이며, 훌륭한 신앙의 유산이 될 저서를 남겼다. 《기독교 교리의 이해》, 《성경을 통하여》, 《성령을 만납시다》 등이 있다.

같이, 불의 혀처럼 갈라지는 것같이 임했습니다. 제자들은 성령의 충만함을 받자 각기 다른 언어, 즉 '방언'을 말하기 시작했습니다(행 2:1~4).

〈사도행전〉2:1~4
오순절 날이 이미 이르매 그들이 다같이 한 곳에 모였더니 홀연히 하늘로부터 급하고 강한 바람 같은 소리가 있어 그들이 앉은 온 집에 가득하며 마치 불의 혀처럼 갈라지는 것들이 그들에게 보여 각 사람 위에 하나씩 임하여 있더니 그들이 다 성령의 충만함을 받고 성령이 말하게 하심을 따라 다른 언어들로 말하기를 시작하니라

오순절주의자들은 오순절에 제자들이 경험했던 성령 침례를 오늘도 동일하게 경험할 수 있다고 주장합니다. 이러한 경험은 전적으로 성경에 근거한 것이며, 그들은 특히 성령 침례를 받은 사람들은 성령의 말하게 하심을 따라 '방언'을 하게 된다고 주장합니다.

성경에 나타난 방언이 오늘날까지 현존하느냐 하는 것은 오랫동안 신학계에서 논의되어 왔으며 최근에는 방언이 하나의 역사적 현실로 받아들여지고 있습니다. 그 대표적인 예로, 미국연합장로교단에서는 1968년 제180차 정기 총회에서 성령 운동에 대한 교단의 방침을 정하기 위해 교단 중진 신학자들을 중심으로 특별 연구조사 위원회를 조직하여 그 결과를 보고하도록 하였습니다. 그리고 제182차 정기 총회에서 발표된 보고서에 "성령의 감동으로 인한 방언은 금지되거나 멸시되어서는 안 된다"라고 규정함으로써 방언 현상을 사실로 인정하였습니다.

✣ 은사중지론
'은사중지론'은 신약성경에 나타난 특별한 은사들은 사도 시대에 국한된 것이며, 신약성경이 완성된 후에는 중지되었고 더 이상 필요하지 않다는 주장이다. 이러한 주장은 잘못된 성경 해석에 근거하고 있기 때문에 최근에는 거의 인정받지 못하고 있다.

오순절 교단의 성령 침례와 방언 운동은 초기에 은사 중지론을 고수하는 근본주의자들과 여러 교단으로부터 많은 비판을 받았습니다. 그러나 방언 현상이 영적 부흥의 현장에서 보편화되고 이를 적극적으로 수용한 은사주의 운동이 지속적으로 일어나면서 대부분의 교단은 방언을 성령 체험의 현상으로, 또는 성령의 은사 중 하나로 받아들이고 있습니다.

성령 침례를 받았다는 확실한 증거는 강력한 복음 전파에 있습

니다. 성령 침례를 받으면 성령의 능력을 받아 담대하게 복음을 전하게 됩니다. 그러므로 성령 침례를 체험한 성도들이 많은 교회는 성장하게 되어 있습니다(행 2:47). 성경은 "오직 성령이 너희에게 임하시면 너희가 권능을 받고 예루살렘과 온 유대와 사마리아와 땅 끝까지 이르러 내 증인이 되리라 하시니라"(행 1:8)고 말합니다. 그러므로 방언과 더불어 복음 증거의 능력이 나타나는 것이 성령 침례의 확실한 증거입니다.

〈사도행전〉 2:47
하나님을 찬미하며 또 온 백성에게 칭송을 받으니 주께서 구원받는 사람을 날마다 더하게 하시니라

성령 침례의 체험은 받았는지 안 받았는지 모르는 희미한 체험이 아니라, 언제 어디서 어떻게 받았는가를 확실히 알 수 있는 체험입니다. 성령 침례를 받은 사람은 그 마음에 성령님이 충만하게 임하셨다는 강한 믿음과 확신을 가질 수 있습니다. 그러므로 예수님을 믿되 성령 침례를 받았는지 안 받았는지 모르는 사람은 성령 침례를 받았다고 할 수 없습니다.

성령 침례를 받았다는 증거들은 무엇이 있는지 적어 보세요.

방언을 말하게 된다. 강력하게 복음을 전파한다.
마음에 확신이 있다.

중생과 성령 침례는 어떻게 다른지 요약해 보세요.

1. '중생'은 성령으로 거듭나서 하나님의 자녀가 되는 것을 말한다.
2. '성령 침례'는 중생한 성도가 하나님의 사역, 특별히 예수 그리스도의 복음을 전파하는 데 필요한 능력을 받는 체험이며, 성령 충만을 처음으로 경험하는 사건이다.

핵심요약 1. 기쁨이 넘치는 삶을 살게 된다.
2. 강하고 담대한 믿음을 갖게 된다.
3. 하나님의 사랑이 넘쳐 나는 삶을 살게 된다.
4. 생명이 넘치는 삶을 살게 된다.
5. 성령의 열매를 맺는 삶을 살게 된다.

〈사도행전〉 16:25

한밤중에 바울과 실라가 기도하고 하나님을 찬송하매 죄수들이 듣더라

2. 성령님과 동행하는 그리스도인

성령님과 동행하는 그리스도인은 첫째, 기쁨이 넘치는 삶을 살게 됩니다. 성령 충만한 사람은 감정과 환경에 구애받지 않는 기쁨이 있습니다. 그것은 매를 맞고 옥에 갇힌 바울과 실라가 하나님을 찬양한 그 기쁨입니다(행 16:25). 예수님도 성령으로 기뻐하셨습니다(눅 10:21상반절). 성령 충만하면 마음이 기뻐야 합니다. 마음이 답답하고 우울하고 괴롭다면 성령 충만한 상태가 아닙니다. 그러나 예수님을 생각만 해도 마음이 좋고 행복하다면 성령으로 충만한 것입니다.

예수님을 생각해도 아무런 감동이 없다면 기도하고, 찬양하고, 하나님의 말씀을 묵상하여 성령 충만을 회복해야 합니다. 특별히 우리가 찬양을 하면 성령님이 놀랍게 역사하십니다. 엘리사 선지자는 거문고를 타는 소리를 들을 때 성령이 임해서 예언하였으며(왕하 3:15~16), 사울 왕은 다윗이 수금을 들고 찬양하는 것을 들을 때 그에게 붙었던 악령이 떠나갔습니다(삼상 16:23).

그러므로 기도가 잘 안 될 때에는 곡조 붙은 기도인 찬양을 많이 해야 합니다. 한참 찬양을 하고 나면 주님의 은혜가 충만하게 되어 기쁨이 샘솟게 됩니다.

저는 성령 침례를 받은 후 기도만 하면 기쁨이 충만해졌습니다. 또 기도만 하면 눈물이 나왔습니다. 그 눈물은 예수님이 나를 대신하여 돌아가신 십자가의 사랑에 대한 감사의 눈물이었습니다. 그렇게 감사의 눈물을 흘리고 나면 마음속에서 기쁨이 샘솟았습니

다. 그래서 교회에 들어갈 때는 어깨를 축 늘어뜨리고 들어갔다가 도 나올 때는 가슴을 활짝 펴고 나왔습니다. 기도를 끝내고 나올 때는 '예수님이 나를 사랑하신다. 나를 너무너무 사랑하신다. 이 세상에서 나를 제일 사랑하신다'라고 생각하였습니다. 성령으로 충만하면 마음에 기쁨이 넘쳐서 겉으로 표현될 뿐만 아니라 마음 속 깊은 곳에서 "나의 맘속이 늘 평안해 나의 맘속이 늘 평안해"라는 찬양이 흘러나오게 됩니다.

둘째, 담대한 믿음을 갖게 됩니다. 우리가 성령 충만을 받으면 두려움에서 해방되며, 복음을 부끄러워하지 않고 담대히 주님을 증거할 수 있습니다(롬 1:16~17).

셋째, 하나님의 사랑이 넘쳐나는 삶을 살게 됩니다. 하나님의 사랑은 무조건적인 사랑입니다. 이 사랑은 성령님이 부어 주시는 사랑입니다. "성령으로 말미암아 하나님의 사랑이 우리 마음에 부은 바"(롬 5:5)된 것입니다.

넷째, 생명이 넘치는 삶을 살게 됩니다. 성령의 생명력은 우리의 죽을 몸을 살리시고 우리를 무기력한 상태에서 벗어나 활력이 넘치도록 소생시킵니다. 성령 충만한 사람은 매사에 성령님이 주시는 생명력으로 적극적이고 긍정적이며 능동적으로 임하게 됩니다(요 6:63).

다섯째, 성령의 열매를 맺는 삶을 살게 됩니다. 성령 충만한 사람은 풍성한 열매를 맺습니다. 성령의 열매는 그리스도와 하나가 된 사람을 통해 역사하는 성령의 능력의 산물이기 때문입니다. 그러므로 우리가 성령으로 충만한지 그렇지 않은지는 성령의 열매

〈로마서〉1:16~17

내가 복음을 부끄러워하지 아니하노니 이 복음은 모든 믿는 자에게 구원을 주시는 하나님의 능력이 됨이라 먼저는 유대인에게요 그리고 헬라인에게로다 복음에는 하나님의 의가 나타나서 믿음으로 믿음에 이르게 하나니 기록된 바 오직 의인은 믿음으로 말미암아 살리라 함과 같으니라

〈요한복음〉6:63

살리는 것은 영이니 육은 무익하니라 내가 너희에게 이른 말은 영이요 생명이라

〈갈라디아서〉5:16
내가 이르노니 성령을 따라 행하라 그리하면 육체의 욕심을 이루지 아니하리라

를 통해 알 수 있습니다(갈 5:22~23). 우리가 성령을 따라 행하면 육체의 욕심이 아닌 하나님의 거룩한 뜻을 이루어 드리게 됩니다(갈 5:16).

〈성령을 좇아 사는 사람들의 17가지 변화〉라는 글을 보면 성령을 좇아 사는 사람에게 일어나는 변화가 잘 정리되어 있습니다.

1. 성령을 좇아 살면 나쁜 버릇이 고쳐진다.
2. 자기를 조정할 줄 안다.
3. 창조적인 생각을 갖는다.
4. 영적 가치를 소중히 여긴다.
5. 화평을 나눌 수 있는 사람이 된다.
6. 문제를 해답으로 바꾸는 사람이 된다.
7. 영적 설득력이 생긴다.
8. 반대 의견도 수용할 수 있게 된다.
9. 믿음의 삶에 동반자들이 생긴다.
10. 하나님의 섭리, 즉 주님의 뜻대로 살고자 노력한다.
11. 주위 사람들에게 평안을 준다.
12. 이웃에게 진정으로 관심을 갖게 된다.
13. 자기의 모든 재능을 하나님의 영광을 나타내는 데 사용한다.
14. 강력한 끈기가 생긴다.
15. 마음에 원한을 품지 않는다.
16. 모든 면에서 믿음을 근거로 한 낙관주의자가 된다.
17. 남을 위하여 희생할 줄 아는 사람이 된다.

이 글은 바로 성령의 열매를 맺는 모습을 보다 구체적으로 표현한 것입니다. 우리는 아름다운 성령의 열매를 맺는 성령의 사람이 되어서 우리가 속한 가정과 교회와 직장을 변화시키고 이 땅 가운데 성령의 새 바람을 일으켜야 합니다.

내게 지금 필요한 성령의 열매 2가지를 고르고 그 이유를 적어 보세요.

과제

- 다음 주 예습
- 중보 기도
- '은사'란 무엇인가 적어 오기.
- 요 15:4~5 암송

09 성령 충만한 삶

오직 성령이 너희에게 임하시면 너희가 권능을 받고
예루살렘과 온 유대와 사마리아와 땅 끝까지 이르러 내 증인이 되리라 하시니라
〈사도행전〉 1:8

핵심 요약 1. 사랑의 원리를 따라야 한다.
2. 절제하며 덕을 세워야 한다.
3. 조화와 균형을 이루어 그리스도의 몸을 이루는 데 유익을 끼쳐야 한다.

✣ 은사

'은사'는 성령님이 우리에게 나누어 주시는 다양한 '선물들'을 말한다. 이는 인간의 공로로 받는 보상이 아니라, 하나님이 값없이 주시는 선물이다. 신약성경에는 여러 가지 성령의 은사가 롬 12:6~8, 고전 12:8~10 등에 기록되어 있다.

1. 은사 활용 방법

'은사'는 '은혜'를 뜻하는 '카리스'(charis)라는 헬라어 단어에서 유래하였습니다. 성령의 은사는 성도가 그리스도의 지체로서 교회를 위해 봉사할 수 있도록 성령님이 주시는 능력이며 특별한 선물입니다. 성령님은 그의 뜻대로 각 사람에게 은사를 나누어 주십니다(고전 12:11).

은사 활용 방법은 다음과 같습니다.

첫째, 사랑의 원리를 따라야 합니다. 바울은 〈고린도전서〉 12장에서 아홉 가지 은사를 소개한 후 그 은사들을 '사랑의 원리'에 따

라 사용할 것을 권면하였습니다. 그리고 계속하여 〈고린도전서〉 13장 1~3절에서 사랑의 가치가 얼마나 고귀한 것인가를 성령의 여러 가지 은사와 비교하여 강조하였습니다.

> 내가 사람의 방언과 천사의 말을 할지라도 사랑이 없으면 소리 나는 구리와 울리는 꽹과리가 되고 내가 예언하는 능력이 있어 모든 비밀과 모든 지식을 알고 또 산을 옮길 만한 모든 믿음이 있을지라도 사랑이 없으면 내가 아무것도 아니요 내가 내게 있는 모든 것으로 구제하고 또 내 몸을 불사르게 내줄지라도 사랑이 없으면 내게 아무 유익이 없느니라(고전 13:1~3)

이 내용을 종합적으로 보면 사랑은 어떠한 은사보다 뛰어난 것임을 알 수 있습니다. 사랑이 없으면 은사는 헛것이 되고 맙니다. 어떤 개인이나 교회에 은사가 풍성하여도 그 은사들을 사용하는데 문제가 나타나고 갈등이나 불화가 있다면, 그 원인은 사랑의 결핍에서 찾을 수 있습니다. 우리가 여러 가지 은사를 받아 사용하는 것도 중요하지만, 사랑이 없다면 그 어떤 은사도 의미가 없는 것입니다.

둘째, 절제하며 덕을 세워야 합니다. 신령한 은사의 특징은 난폭하거나 무질서하지 않습니다. 단정하고 침착하며 질서가 있는 것입니다. 하나님의 성령에 감동된 사람은 질서를 존중합니다. 그러므로 우리가 은사를 나타낼 때에는 질서를 따라 행해야 합니다. 그렇지 않으면 마귀가 그 은사를 역이용하려고 할 것입니다. 하나님은 어지러움의 하나님이 아니라 질서와 평화의 하나님이심을 기억해야 합니다.

07~09과
- 시작 찬송: 190장, 191장
- 복음성가: 마지막 날에, 성령이 오셨네
- 마무리 찬송: 183장

〈고린도전서〉 12:11
이 모든 일은 같은 한 성령이 행하사 그의 뜻대로 각 사람에게 나누어 주시는 것이니라 방언을 말하는 자는 자기의 덕을 세우고 예언하는 자는 교회의 덕을 세우나니 나는 너희가 다 방언 말하기를 원하나 특별히 예언하기를 원하노라 만일 방언을 말하는 자가 통역하여 교회의 덕을 세우지 아니하면 예언하는 자만 못하니라(고전 14:4~5).

셋째, 조화와 균형을 이루어야 합니다. 은사에는 우열이 없습니다. 그러므로 은사는 종류만 다를 뿐 각각의 은사가 다 귀중한 가치가 있음을 깨닫고, 모든 은사가 서로 조화와 균형을 이루어 그리스도의 몸을 이루는 데 유익을 끼치는 일이 중요하다는 점을 알아야 합니다. 성령님이 우리에게 은사를 주시는 목적은 그 은사를 통해 하나님 나라의 신비를 체험하도록 하며 이를 통해 그리스도의 은혜를 깨닫고 주께 나아가게 하기 위함입니다.

하나님나라

'하나님 나라'는 예수님이 선포하신 복음의 핵심으로, '하나님의 통치', 즉 '하나님이 임금으로 다스리심'을 뜻한다. 〈마태복음〉에서는 '하늘나라'(천국)라는 표현을 사용하는데, 여기서 '하늘'은 하나님이나 하나님의 이름을 대신해 경외하는 의미로 사용한 것으로 이해해야 한다.

〈고린도전서〉 12:8~11

어떤 사람에게는 성령으로 말미암아 지혜의 말씀을, 어떤 사람에게는 같은 성령을 따라 지식의 말씀을, 다른 사람에게는 같은 성령으로 믿음을, 어떤 사람에게는 한 성령으로 병 고치는 은사를, 어떤 사람에게는 능력 행함을, 어떤 사람에게는 예언함을, 어떤 사람에게는 영들 분별함을, 다른 사람에게는 각종 방언 말함을, 어떤 사람에게는 방언들 통역함을 주시나니 이 모든 일은 같은 한 성령이 행하사 그의 뜻대로 각 사람에게 나누어 주시는 것이니라

〈고린도전서〉 12장 1~11절 말씀을 읽고 답해 보세요.

성령의 은사에는 어떤 것들이 있나요?

지혜, 지식, 믿음, 신유, 능력 행함, 예언, 영 분별, 방언, 방언통역

은사는 어떻게 활용해야 할까요?

1. 사랑의 원리를 따라야 합니다.
2. 절제하며 덕을 세워야 합니다.
3. 조화와 균형을 이루어야 합니다.

2. 성령 침례를 받는 방법

핵심요약 1. 먼저 죄를 회개해야 한다.
2. 간절히 구해야 한다.
3. 또한 믿음으로 순종해야 한다.
4. 하나님 앞에서 순전한 마음으로 구해야 한다.

첫째, 죄를 회개해야 합니다. 성령 침례를 받기 위해서는 먼저 죄를 회개해야 합니다. 성령 침례는 믿는 자에게 주시는 '하나님의 선물'로서, 믿고 구하는 자는 누구나 받을 수 있습니다(눅 11:13). 다만 우리가 구원을 은혜로 받듯이, 성령 침례도 주님의 전적인 은혜로 받는 것임을 알아야 합니다. 따라서 성령을 받기 위한 어떤 조건이 있을 수 없습니다(갈 3:2).

〈갈라디아서〉 3:2
내가 너희에게서 다만 이것을 알려 하노니 너희가 성령을 받은 것이 율법의 행위로냐 혹은 듣고 믿음으로냐

그러나 우리가 성령을 받기 위해서 준비해야 할 것이 있습니다. 평소에 사랑하고 존경하는 귀한 분이 방문한다고 할 때, 우리는 그 분을 맞이하기 위해 집 안을 깨끗하게 청소하고 정돈합니다. 마찬가지로 우리가 거룩하신 성령님을 모시기 위해서는 성령님이 임하실 곳, 즉 우리의 마음을 깨끗하게 청소하여야 합니다. 이는 곧 '회개'를 해야 한다는 말입니다.

성령님은 말 그대로 '거룩한 영'이십니다. 그러므로 거룩하신 성령님을 모시기 위해서는 무엇보다 회개가 필요합니다. 성령받기를 구하기 전에 내 마음에 있는 여러 가지 나쁜 것들, 미움과 탐욕, 거짓과 불순종 등 주님이 보시기에 잘못된 것을 먼저 회개해야 합니다. 그래야 성령님이 임하시는 것입니다. 성령님은 죄 사함 받은 자에게 임하십니다(행 2:38).

〈사도행전〉 2:38
베드로가 이르되 너희가 회개하여 각각 예수 그리스도의 이름으로 침례를 받고 죄 사함을 받으라 그리하면 성령의 선물을 받으리니

둘째, 간절히 구해야 합니다. 성령 침례는 간절히 사모하는 마음에 임합니다. 예수 그리스도께서 승천하신 후 제자들은 예수님이 분부하신 대로 한곳에 모여 오로지 기도에 힘쓰며 간절한 마음으

로 성령님을 사모하고 기다렸습니다(행 1:14).

간절한 마음이 있다면 자연히 부르짖어 기도하게 됩니다. 하나님은 성령받기를 사모하여 간절히 부르짖어 기도하며 구하는 자에게 성령 침례를 주십니다. 그러므로 성령 침례를 받기 위해서는 간절히 구해야 합니다. 예수님은 구하는 자에게 성령을 선물로 주신다고 약속하셨습니다(눅 11:13).

〈누가복음〉11:13
너희가 악할지라도 좋은 것을 자식에게 줄 줄 알거든 하물며 너희 하늘 아버지께서 구하는 자에게 성령을 주시지 않겠느냐 하시니라

저는 성령 충만을 받고 방언으로 말하라고 자주 강조합니다. 그래서 성령받기를 사모하는 성도들이 종종 제 홈페이지 게시판을 통해 "어떻게 하면 성령 충만을 받고 방언을 할 수 있는지 가르쳐 주세요"라고 질문합니다. 그런 분들에게 저는 "성령받기를 사모하고, 예배드릴 때마다 주님 앞에 간절한 마음으로 예배드리고, 기도 시간에 부르짖어 기도하십시오. 그러다 보면 어느 순간 성령 충만을 받고 방언을 말하게 될 것입니다"라고 대답합니다. 그러면 얼마 안 있어 "금요 철야 예배 때 통성 기도를 하던 중에 방언이 나왔습니다", "예배 시간에 통성 기도를 할 때 방언이 나왔습니다", "기도원에 올라가서 기도할 때 방언이 나왔습니다"라는 답장이 옵니다. 수요 예배나 금요 철야 예배, 새벽 예배에는 통성으로 기도하는 시간이 많기 때문에 그때 간절히 기도하다가 성령을 받고 방언을 말하는 역사가 많이 나타납니다. 기도원에서도 마찬가지입니다. 기도원에서 집중적으로 기도하다가 성령 충만을 받고 방언을 말하게 되는 분들이 많습니다.

중요한 것은 사모하는 마음을 가지고 간절히 기도해야 한다는 것입니다. '주려면 주고 말려면 말라'는 식의 자세로는 성령을 받

지 못합니다. 성령의 은혜를 사모하고 성령의 불이 떨어지도록 간절히 기도해야 합니다.

셋째, 믿음으로 순종해야 합니다. 성령님은 세상과 타협하지 않고 온전히 하나님의 말씀에 순종하는 사람에게 임하십니다(행 5:29). 예수님이 승천하신 후 제자들은 예루살렘을 떠나지 말고 내가 약속한 성령을 기다리라(행 1:4)는 예수님의 명령에 순종하였습니다. 그래서 오순절 날이 이르렀을 때에 약속대로 성령을 받았던 것입니다. 구하는 자에게 성령을 주시겠다고 말씀하신 예수님의 약속을 믿고 순종하여 구하는 자에게 성령님이 충만히 임하십니다.

〈사도행전〉5:29
베드로와 사도들이 대답하여 이르되 사람보다 하나님께 순종하는 것이 마땅하니라

우리는 이 일에 증인이요 하나님이 자기에게 순종하는 사람들에게 주신 성령도 그러하니라 하더라(행 5:32)

넷째, 순수한 동기로 구해야 합니다. 성령 침례를 받기 원하는 사람은 하나님 앞에서 순전한 마음으로 구해야 합니다. 순전함으로 구한다는 것은 욕심을 버리고 성령님으로 만족하고 성령님과 동행하며 살기를 원하는 마음으로 구하는 것을 말합니다. 우리가 성령 침례를 받는 목적은 성령의 권능을 받아 하나님에게 쓰임 받기 위함입니다. 그러므로 우리가 하나님을 올바로 섬기며 하나님의 일에 쓰임 받기 위해 성령 침례를 구하면 하나님이 우리에게 성령을 주십니다.

간혹 귀신의 영을 받아 고통받는 사람을 보게 될 때가 있습니다.

〈사도행전〉8:18~20
시몬이 사도들의 안수로 성령받는 것을 보고 돈을 드려 이르되 이 권능을 내게도 주어 누구든지 내가 안수하는 사람은 성령을 받게 하여 주소서 하니 베드로가 이르되 네가 하나님의 선물을 돈 주고 살 줄로 생각하였으니 네 은과 네가 함께 망할지어다

이런 사람은 정욕으로 구하기 때문에 마귀가 이 사실을 알고 그를 사로잡은 것입니다(행 8:18~20). 그러므로 탐욕적인 동기로 성령 침례를 구해서는 안 됩니다.

성령 침례를 받는 방법은 다양합니다. 개인적으로 성령 침례를 사모하며 구하여 받는 경우도 있고, 성령대망회를 비롯한 각종 집회에 참석하여 기도할 때, 말씀을 들을 때, 주의 종에게 안수받을 때 성령 침례를 받는 경우도 있습니다. 사마리아의 성도들은 베드로와 요한이 안수할 때 성령을 받았고(행 8:17), 사울은 아나니아가 안수할 때 성령을 받았습니다(행 9:17). 또한 에베소교회의 성도들은 바울이 안수할 때 성령을 받아 방언도 하고 예언도 하였습니다(행 19:6).

성령 침례를 받기 위해 어떻게 해야 하는지 본인의 생각을 적어 보세요.

죄를 회개해야 하고, 간절히 구해야 한다.
믿음으로 순종해야 하고, 순수한 동기로 구해야 한다

3. 성령 충만을 유지하는 방법

핵심 요약 1. 성령 충만을 사모해야 한다. 매사에 성령님이 함께하심을 인정하고 성령님을 환영하고 모셔 들이는 적극적인 자세가 필요하다.
2. 항상 성령 안에서 기도해야 한다.
3. 모이기를 힘써야 한다. 이때 가장 중요한 것은 '성령님과 함께하는 모임'이 되어야 한다는 것이다. 이 원칙이 무너지면 사교 모임과 다를 바가 없다.
4. 성령님을 근심시키지 말아야 한다. 즉 더러운 말과 행동과 생각을 하지 말아야 한다.

첫째, 성령 충만을 사모해야 합니다. 성령 충만을 유지하기 위해서는 무엇보다도 매사에 성령님이 함께하심을 인정하고 성령님을 환영하고 마음 가운데 모셔 들이는 적극적인 자세가 필요합니다.

여의도순복음교회의 역사는 성령 충만의 역사였습니다. 5명으로 시작하여 78만 명의 성도가 될 때까지 첫째도 성령 충만, 둘째도 성령 충만, 마지막도 성령 충만의 역사였습니다. 한국 교회 역사상 조용기 목사님처럼 성령 충만을 강조하신 목사님은 없을 것입니다. 성도님들이 성령 충만을 받고 나가서 전도하여 사람들이 구름 떼같이 계속 몰려와서 이런 부흥의 역사가 일어난 것입니다.

우리 교회가 2010년 1월 1일부로 20개 교회를 독립시킬 때 그 교회에 출석하던 성도 36만 명도 함께 우리 교회에서 분리되었습니다. 그럼에도 우리 교회는 그때 남은 성도 43만 명이 전도하여 계속 성장에 성장을 거듭하고 있으며, 지금도 매주 새 신자들이 몰려오고 있습니다. 이것이 바로 성령 충만의 역사입니다. 성령 충만하면 오지 말라고 해도 사람들이 찾아옵니다. 하나님의 은혜를 체험하기 때문에 찾아오는 것입니다.

성령 충만을 체험한 사람만이 성령 충만이 무엇인지를 알 수 있습니다. 그러므로 우리는 성령 충만을 간절히 사모해야 합니다. 언젠가 슬픈 얼굴로 저에게 와서 상담했던 한 목사님이 기억납니다. 그 목사님은 저에게 "목사님, 제가 성령을 받지 못했습니다. 제가 가르친 학생들은 성령받고 방언을 말하는데, 나는 방언을 못하니 너무나 괴롭습니다. 제가 이 사정을 누구한테도 얘기할 수 없어서 목사님을 찾아왔습니다"라고 말했습니다. 그래서 제가 그 목사님에게 "목사님, 하나님 앞에 엎드려 간절히 부르짖어 기도하십시오. '내게 성령을 부어 주옵소서. 내가 성령의 능력으로 충만하기를 원합니다. 내가 주님의 일을 하기 위해 성령 충만이 필요하오니, 나를 성령으로 충만하게 하여 주옵소서' 하고 간절히 부르짖어 기도하십시오. 그러면 성령님이 목사님에게 임할 것입니다"라고 말했습니다.

〈골로새서〉4:2
기도를 계속하고 기도에 감사함으로 깨어 있으라

둘째, 항상 성령 안에서 기도해야 합니다. 성령 충만을 받기 위해서는 성령님이 항상 나와 함께하여 주시기를 간구하며 성령님에게 나의 삶을 맡기는 기도를 드려야 합니다. 그리고 성령 충만을 받은 다음에도 쉬지 말고 계속 기도해야 합니다. 그래야 성령 충만을 유지할 수 있습니다. 성령으로 충만하지 않으면 영적으로 게을러져서 예배를 소홀하고 성경도 읽지 않게 되고 기도의 열심도 잃어버립니다. 그래서 점점 기쁨이 사라지고 마음도 무거워집니다. 그러므로 우리는 늘 성령으로 충만하기 위해 기도해야 하는 것입니다(엡 6:18).

〈에베소서〉6:18
모든 기도와 간구를 하되 항상 성령 안에서 기도하고 이를 위하여 깨어 구하기를 항상 힘쓰며 여러 성도를 위하여 구하라

셋째, 모이기를 힘써야 합니다. 성령 충만 받기 위해서는 예배와 기도 모임에 적극적으로 참석하고 항상 성공적이고 적극적인 신앙을 가진 사람들과 만나고 대화하는 것이 필요합니다. 예수 그리스도를 믿어 구원받은 우리는 이 세상을 살아가는 동안 모이기에 힘써야 합니다. 집에서 혼자 성경을 읽고 기도하는 것도 중요하지만, 믿음이 성장하기 위해서는 늘 모이기에 힘써야 합니다.

모이기를 폐하는 어떤 사람들의 습관과 같이 하지 말고 오직 권하여 그날이 가까움을 볼수록 더욱 그리하자(히 10:25)

하나님을 예배하기 위해, 구제하기 위해, 전도하기 위해, 사랑을 나누기 위해 모여야 합니다. 우리가 모일 때 주님이 우리와 함께하시며 은혜와 복을 주십니다. 예수님은 "두세 사람이 내 이름으로 모인 곳에는 나도 그들 중에 있느니라"(마 18:20)고 말씀하셨습니다.

어느 날 한 청년이 무디 목사님을 찾아와서 "목사님, 하나님을 예배하기 위해 꼭 교회에 모여야 됩니까? 하나님은 어디에나 계시지 않습니까? 집에서 예배하면 안 됩니까?"라고 물었습니다. 그러자 무디 목사님은 "장작불이 타고 있는데 장작개비 하나를 꺼내서 밖으로 내던지면 어떻게 되겠나? 그 장작개비의 불은 곧 꺼지지 않겠나? 장작개비를 모아 놓아야 불이 활활 타오르는 것처럼 성도들도 함께 모여 있어야 성령의 불이 활활 타올라서 은혜가 넘쳐 난다네"라고 대답하였습니다.

예전에는 우리 교회 구역장들이 모이는 일에 앞장섰는데 지금은 그 열정이 많이 식었습니다. 요즘은 매주 구역에 모여 예배를 드리기보다 여러 구역이 기도처에 함께 모여 연합 예배로 드리는 경향이 있습니다. 그것이 더 편하기 때문입니다. 그러나 그렇게 하면 구역장이 구역 식구들을 돌보는 데 소홀하게 됩니다. 그러므로 구역 예배에 몇 명이 모이든지간에 구역장이 직접 예배를 인도해야 합니다. 그래야 구역 식구들의 믿음이 성장합니다.

제가 미국에서 사역할 때 어떤 분에게 구역장 직분을 맡겼더니

드와이트 무디 (1837~1899)
언제나 하나님의 뜻이 우선이었던 순종의 사람, 전도의 아버지이다.
미국 메사추세츠주의 노스필드에서 태어나 4세 되던 해에 아버지를 여의고, 어머니 밑에서 가난하게 성장했다. 그가 받은 정규교육은 초등학교 졸업이 전부였다. 가난한 어린 시절을 보상받기 위해 그는 누구보다 부자가 되겠다는 열망이 강했다.
그러다가 1855년에 교회학교 선생님을 통해 회심하게 된다. 그는 일평생 복음이 필요한 곳, 말씀을 전해야 할 곳이라면 어디라도 가서 하나님이 그에게 맡기신 사명을 다하였다. 하나님만을 전적으로 의지했던 사람 드와이트 무디는 수많은 사람에게 복음을 전한 복음 전도자로 기억되고 있다.

그 분이 매우 부담스러워하였습니다. 그 분은 사람들 앞에 나서서 말해 본 경험이 없었기 때문입니다. 그러나 그 분은 곧 구역장 직분을 맡는 것이 주님의 뜻인 줄 깨닫고 직분을 감당하기 위하여 구역 공과 내용을 녹음하여 듣기 시작하였습니다. 집에서도 듣고, 운전하면서도 들었습니다. 앉으나 서나 들었습니다. 나중에는 얼마나 많이 들었던지 그 내용을 다 외우게 되었습니다. 그렇게 열심히 준비를 하고 난생처음으로 구역 예배를 인도하였습니다. 예배가 끝난 후 구역 식구들이 너도나도 "구역장님, 은혜 받았어요. 구역장님이 이렇게 말씀을 잘하시는 줄 몰랐어요"라고 칭찬해 주었습니다. 그 분은 그 말을 듣고 '야! 하나님이 함께하시는구나'라는 생각이 들어 더욱 열심히 구역 예배를 인도하였습니다. 그 결과 구역이 놀랍게 부흥하는 역사가 일어났습니다.

우리가 모일 때 가장 중요한 원칙은 '성령님과 함께하는 모임'이 되어야 한다는 것입니다. 이 원칙이 무너지면 세상의 사교 모임과 다를 바가 없게 됩니다. 사람들만 모이는 모임에는 아무런 역사도 일어나지 않습니다. 그러나 성령님이 함께하시는 모임이 되면 죄 사함의 역사, 성령 충만의 역사, 치유의 역사, 축복의 역사, 부흥의 역사가 일어나게 됩니다. 구역 모임이든, 교회에서의 모임이든, 어떤 모임이든지간에 성령님과 함께하는 모임이 되면 성령의 역사가 일어나서 하나님에게 영광을 돌리게 됩니다.

넷째, 성령님을 근심하게 하지 말아야 합니다. 성령 충만 받기 위해서는 성령님을 근심하게 하는 일을 삼가야 합니다. 성령님은 인격적인 분이기 때문에 우리는 무슨 일에나 성령님을 근심하게 하지 말아야 하는 것입니다(엡 4:29~31). 즉, 더러운 말과 행동과 생각을 하지 말아야 합니다(골 4:6; 레 19:11; 약 3:13). 하나님을 찬송하고 주님을 다른 사람에게 증거하는 신자가 남을 비판하고 하나님에게 불평하는 죄에 빠지면 성령님이 근심하십니다.

무릇 더러운 말은 너희 입 밖에도 내지 말고 오직 덕을 세우는 데 소용되는 대로 선한 말을 하여 듣는 자들에게 은혜를 끼치게 하라 하나님의 성령을 근심하게 하지 말라 그 안에서 너희가 구원의 날까지 인치심을 받았느니라 너희는 모든 악독과 노함과 분냄과 떠드는 것과 비방하는 것을 모든 악의와 함께 버리고(엡 4:29~31)

〈골로새서〉4:6

너희 말을 항상 은혜 가운데서 소금으로 맛을 냄과 같이 하라 그리하면 각 사람에게 마땅히 대답할 것을 알리라

〈야고보서〉3:13

너희 중에 지혜와 총명이 있는 자가 누구냐 그는 선행으로 말미암아 지혜의 온유함으로 그 행함을 보일지니라

성령 충만을 유지하는 방법을 요약해 보세요.

1. 성령 충만을 사모해야 한다.
2. 항상 성령 안에서 기도해야 한다.
3. "성령님과 함께" 모이기에 힘써야 한다.
4. 성령님을 근심시키지 말아야 한다.

핵심 요약

1. 예수 그리스도 안에 거하는 삶을 살아야 한다.
2. 말씀에 거하고 말씀에 인도함을 받는 삶을 살아야 한다.
3. 정결한 삶을 살아야 한다. 성령의 열매를 맺기 위해서는 자신을 깨끗하게 해야 한다.

4. 성령의 열매를 맺는 방법

성령의 열매는 그리스도인의 변화된 성품으로서, 하나님을 닮은 성품이라고 할 수 있습니다. 성령님은 옛 자아를 십자가에 못

박고 주님의 뜻대로 살고자 하는 성도의 인격 속에 성령의 열매를 맺게 해 주십니다.

방언은 '은사'에 속한 것이기 때문에 인격과 상관없이 선물로 받습니다. 성격이 급하거나 소리를 잘 지르거나 화를 잘 내는 사람이라고 할지라도 방언을 받습니다. 그러나 그리스도인들의 진정한 내적 변화는 성령의 열매로 나타납니다.

첫째, 예수 그리스도 안에 거하는 삶을 살아야 합니다

우리가 성령의 열매를 맺기 위해서는 포도나무에 붙어 있는 가지처럼 예수님과 가깝고 친밀한 관계가 되어야 합니다. 예수님은 '포도나무 비유'를 통해 성령의 열매를 맺으려면 예수님에게 접붙여 있어야 함을 말씀하셨습니다.

> 내 안에 거하라 나도 너희 안에 거하리라 가지가 포도나무에 붙어 있지 아니하면 스스로 열매를 맺을 수 없음 같이 너희도 내 안에 있지 아니하면 그러하리라 나는 포도나무요 너희는 가지라 그가 내 안에, 내가 그 안에 거하면 사람이 열매를 많이 맺나니 나를 떠나서는 너희가 아무것도 할 수 없음이라 (요 15:4~5)

둘째, 말씀에 거하고 말씀의 인도함을 받는 삶을 살아야 합니다

성령의 열매를 맺으려면 성령의 감동으로 쓰인 말씀으로 충만하며 말씀을 따라 살아야 합니다. 우리가 말씀 안에 거할 때 많은 열매를 맺을 수 있습니다.

너희가 내 안에 거하고 내 말이 너희 안에 거하면 무엇이든지 원하는 대로 구하라 그리하면 이루리라 너희가 열매를 많이 맺으면 내 아버지께서 영광을 받으실 것이요 너희는 내 제자가 되리라(요 15:7~8)

셋째, 정결한 삶을 살아야 합니다.

한국대학생선교회를 창립한 김준곤 목사님의 책에 다음과 같은 이야기가 나옵니다. 어떤 남학생이 예수님을 믿은 후에도 자꾸 음란한 생각이 들어서 그 생각을 없애려고 머리를 삭발하였습니다. 그래도 음란한 생각이 떠올라서 머리를 4번이나 더 삭발했지만 여전히 그러한 생각이 없어지지 않아서 목사님을 찾아와 고민을 털어놓았다는 것입니다. 이렇듯 예수님을 믿는다할지라도 단번에 정결하게 되는 것은 아닙니다.

김준곤 (1925~2009)
목사. 전남 신안에서 출생했다. 어린 시절 문준경 전도사에게 첫 복음을 들었고 만주에서 직장생활을 하면서 인격적으로 주님을 만나 신학을 공부했다.
1950년 아버지와 아내를 공산당원들의 손에 잃고 가까스로 구조되기도 했다. 광주숭일중고등학교 교목, 교장을 역임했다. 미국 풀러신학교 유학 중 국제 CCC 설립자 빌 블라이트 박사를 만나 한국 CCC 사역을 제안받고, 1958년 한국대학생선교회를 창설했다. 그때부터 소천 때까지 매일 아침을 금식하면서 민족복음화와 통일한국을 위해 기도했다.
저서로는《예수칼럼》,《영원한 첫사랑과 생명언어》 등 다수가 있다.

하지만 성령의 열매를 맺기 위해서 자신을 깨끗하게 해야 합니다. 이는 가지를 잘라 내는 것처럼 아픈 과정이지만, 결국 더 알차고 아름다운 열매를 맺게 됩니다(요 15:2; 히 12:11). 하나님은 우리가 성령의 열매를 맺기 원하십니다. 그런데 성령의 열매는 단번에 맺을 수 있는 것이 아니라 우리의 일생을 통해 계속해서 맺어 가는 것입니다. 예수님과 연합하고, 성령님을 의지하여 계속 열매를 맺을 때, 우리는 점점 더 예수님의 형상을 닮아 가는 작은 예수가 될 수 있습니다.

우리가 예수님을 믿고 일생을 살아가는 동안 제일 중요한 일이 성령 충만을 받는 것입니다. 죄와 싸워 이기고, 문제를 극복하고, 기쁨으로 주님의 몸 된 교회를 잘 섬기고, 세상에 나가 복음의 증인이 되고, 예수님을 닮아 가는 하나님의 일꾼이 되기 위해서는 성령으로 충만해야 합니다. 성령으로 충만하지 않으면 머리로 믿게 되는데, 이것을 '이성적 신앙'이라고 합니다. 이성적 신앙을 가진 사람은 하나님의 은혜에 대한 감사가 없고 자꾸 따지기만 합니다. 아는 것은 많은데 실천하지 못합니다. 그래서 종종 교회 안에서 문제를 일으키기도 합니다.

그러나 성령을 받으면 예수님이 나의 구세주로 믿어집니다. 단순히 아는 정도가 아니라 '예수님이 날 위해 죽으셨습니다! 누가 뭐라 해도 나는 하나님의 자녀입니다! 주님이 나와 함께하시고 나를 인도해 주십니다!'라는 확신을 갖게 됩니다. 모든 일에 감사하게 됩니다. 이를 '체험적 신앙'이라고 합니다. 이러한 신앙을 가진 사람은 설사 교회 내에 문제가 보이더라도 불평하거나 비난하지 않고 그 문제를 끌어안고 기도합니다. 문제를 해결하는 사람이 되지, 문제를 일으키는 사람은 되지 않습니다.

그러므로 우리는 지식적으로 아는 이성적 신앙에 머물 것이 아니라 성령을 받아 체험적 신앙의 단계로 나아가야 합니다. 성령으로 충만한 사람들이 교회를 섬기면 교회는 부흥합니다. 교회가 부흥하지 않고 문제가 생기는 것은 성령의 음성이 아닌 사람의 소리, 하나님의 뜻이 아닌 사람의 생각, 성령의 역사가 아닌 사람의 행동을 따르기 때문입니다. 그러므로 우리는 성령으로 충만해야 합니다. 예수님을 믿고 난 후 우리의 일생은 첫째도 성령 충만, 둘째도 성령 충만, 마지막도 성령 충만한 삶이어야 합니다.

성령의 열매는 왜 필요한가요?

성령의 열매를 맺는 방법을 요약해 보세요.

1. 예수 그리스도 안에 거하는 삶을 살아야 한다.

2. 말씀에 거하고 말씀에 인도함을 받는 삶을 살아야 한다.

3. 정결한 삶을 살아야 한다.

과제

- 다음 주 예습
- 중보 기도
- 받았거나 받고 싶은 은사를 정하고 그 이야기를 적어 오기.
- 마 7:7~8 암송

4장

기도의 영성

● 기도는 하늘의 기쁨을 내 마음속으로 끌어내리는 신령한 통로입니다. 토마스 아 켐피스는 "기도는 하나님과 친교를 맺는 위대한 예술이다"라고 말했습니다. 하나님은 우리의 기도에 응답하고 자신의 뜻을 밝혀 주며 우리의 삶을 인도해 주십니다. 마귀는 우리를 속이고 유혹하여 우리가 하나님과 동행하지 못하도록 방해를 합니다. 그러나 기도할 때에 우리는 승리하게 되며 하나님과 동행하는 기쁨을 누릴 수 있습니다. 이번 장에서는 기도의 영성에 대해서 알아보고 응답받는 기도를 드리기 위하여 어떠한 훈련을 해야 하는지 구체적으로 살펴보도록 하겠습니다.

예수님을 구세주로 믿고 구원받으면 여러 가지 특권을 누릴 수 있는데 그중 하나가 하나님과 대화하는 길이 열리는 것입니다. 하나님의 자녀는 영적 대화인 기도를 통해 하나님과 교제를 나누어야 합니다.

야훼께서는 자기에게 간구하는 모든 자 곧 진실하게 간구하는 모든 자에게 가까이하시는도다 그는 자기를 경외하는 자들의 소원을 이루시며 또 그들의 부르짖음을 들으사 구원하시리로다 야훼께서 자기를 사랑하는 자들은 다 보호하시고 악인들은 다 멸하시리로다(시 145:18~20)

10 기도란 무엇인가

구하라 그리하면 너희에게 주실 것이요 찾으라 그리하면 찾아낼 것이요
문을 두드리라 그리하면 너희에게 열릴 것이니
구하는 이마다 받을 것이요 찾는 이는 찾아낼 것이요 두드리는 이에게는 열릴 것이니라
〈마태복음〉 7:7~8

핵심 요약 기도는 주님과 나누는 친밀한 대화이며, 신앙의 생명력을 공급하고, 영혼의 생명을 유지시켜 주는 영적 호흡입니다.

✣ 10~12과
- 시작 찬송: 361장, 369장
- 복음성가: 오늘 집을 나서기 전 우리 함께 기도해
- 마무리 찬송: 365장

1. 기도는 하나님과의 영적 교제입니다

주님과 친밀하게 대화하는 것이 바로 기도입니다. 예수님을 처음 믿을 때에는 기도의 중요성에 대해 잘 알지 못하지만 신앙이 깊어질수록 기도만큼 중요한 것이 없음을 깨닫게 됩니다. 기도는 창조주 하나님과 대화를 나누는 것입니다. 기도를 통해 우리의 슬픔과 고통은 물론 기쁨을 비롯한 모든 것을 하나님과 나눌 수 있습니다.

기도는 하나님과의 대화입니다

인간은 다른 사람과 더불어 살아야 하는 사회적 존재입니다. 따라서 인간에게 꼭 필요한 것이 있다면 그것은 바로 대화입니다. 대

화를 해야 의사소통이 이루어져 서로를 잘 알고 이해하게 되며 하나가 될 수 있습니다. 대화는 주님의 몸 된 교회의 성도들이 하나가 되는 일에도 매우 중요합니다. 성도 간에 대화가 잘 안 되면 오해가 생기고 다툼이 일어나며, 마귀는 그 틈을 이용해 성도들 사이를 갈라놓고 교회가 하나님의 영광을 나타내지 못하도록 공격합니다. 성도 간에 의사소통이 잘되는 교회가 그리스도의 사랑으로 하나가 되어 주의 일을 온전히 감당할 수 있습니다.

〈로마서〉8:28
우리가 알거니와 하나님을 사랑하는 자 곧 그의 뜻대로 부르심을 입은 자들에게는 모든 것이 합력하여 선을 이루느니라

그렇다면 하나님과 대화할 수 있는 방법은 무엇일까요? 바로 기도입니다. 기도를 통해 우리는 마음의 소원을 하나님에게 아뢸 수 있고, 하나님은 기도 가운데 우리에게 말씀하시고 하나님이 기뻐하시는 뜻을 알게 하십니다. 이처럼 기도는 하나님과 우리가 대화할 수 있는 하나님의 놀라운 축복이자, 선물입니다.

〈예레미야서〉29:12
너희가 내게 부르짖으며 내게 와서 기도하면 내가 너희들의 기도를 들을 것이요

그럼에도 불구하고 때로는 기도하는 것이 어렵게 느껴질 수도 있습니다. 어떤 분들은 저에게 "목사님, 저는 기도가 어려워요. 기도는 어떻게 하나요?"라고 묻기도 합니다. 저는 그럴 때마다 그 마음 그대로 하나님에게 말씀드리는 것이 기도라고 조언합니다. "하나님, 저는 기도할 줄 모릅니다. 하지만 속상한 일이 있어서 하나님에게 이렇게 말씀드립니다. 하나님, 저를 좀 도와주세요"라고 자신의 마음에 있는 것을 하나님에게 그대로 아뢰면 그것이 기도가 되는 것입니다.

하나님은 우리의 아버지이십니다. 우리가 무엇을 아뢰든 항상 귀를 기울여 주시고 꾸짖지 않으십니다. 어린아이가 밖에서 놀다가 친구한테 괴롭힘을 당해서 엄마 아빠에게 이르면 엄마 아빠가

아이를 품에 안고 위로해 주듯이, 하나님 아버지는 우리의 작은 신음에도 응답하시고 우리의 있는 모습 그대로 용납해 주십니다. 우리는 가족이나 친구, 사랑하는 사람과 대화하듯이, 기도로써 주님과 많이 대화해야 합니다.

죠셉 스크리븐 (1819~1886)
아일랜드의 시인이며 찬송 작시자. 그는 그리스도의 사랑의 실천자로서 틈만 있으면 고아와 가난한 과부들, 그리고 병자들을 찾아다니며 그들을 돌보고 섬기는 일을 게을리하지 않았다. 사랑의 성자로 불리기도 한다. 그의 친구의 말에 의하면 그는 늘 기도하던 때처럼 무릎을 꿇고 죽었다. 그가 평생 사랑을 전하며 살아온 포트 호프 사람들은 그가 죽은 후 그를 위해 기념비를 세웠다. 그가 지은 찬송가 〈죄 짐 맡은 우리 구주〉는 지금도 애창되는 곡들 중 하나다.

찬송가 369장 〈죄 짐 맡은 우리 구주〉를 지은 죠셉 스크리븐(Joseph Scriven)의 일화입니다. 그는 결혼을 앞두고 약혼녀가 물에 빠져 죽는 일을 겪었습니다. 2년 후 새로운 삶을 시작하고자 캐나다로 이주하였는데, 그곳에서 가정 교사를 하던 집 주인의 조카딸을 만나 결혼을 약속하게 됩니다. 그런데 결혼을 앞두고 이 약혼녀마저 폐렴으로 죽게 됩니다. 이때에 홀로 계신 어머니가 위독하시다는 편지까지 날아왔습니다. 엎친 데 덮친 격이었습니다.

그는 하나님 앞에 무릎 꿇고 눈물로 기도할 수밖에 없었습니다. "하나님, 저는 사랑하는 약혼녀를 잃었습니다. 지금 저는 고독합니다. 그러나 저보다 더 외로우실 제 어머니의 친구가 되어 주시고 어머니의 병을 고쳐주세요. 이제부터 저도 외로운 사람들의 친구가 되어 살겠습니다. 주님만을 위해 평생 살겠습니다."

이렇게 간절히 기도하는데 그의 마음에 주님의 평안과 은혜가 임했습니다. 그래서 이 은혜에 감사하여 그 자리에서 어머니에게 시를 한 편 써서 보냈습니다. 이것이 바로 찬송가 369장 〈죄 짐 맡은 우리 구주〉입니다.

죄 짐 맡은 우리 구주 어찌 좋은 친군지
걱정 근심 무거운 짐 우리 주께 맡기세

주께 고함 없는 고로 복을 받지 못하네
사람들이 어찌하여 아뢸 줄을 모를까(1절)

그는 주님 앞에 드렸던 약속대로 평생 외로운 사람들의 친구가 되었습니다. 평생 주의 사랑을 증거하며 그 지역의 성자라 불리울 정도로 많은 사랑의 업적을 남기고 천국에 갔습니다.

우리가 갖고 있는 유일한 힘이 기도입니다. 우리가 도저히 감당할 수 없는 큰 문제와 어려움을 당했을 때에, 절망의 깊은 밤에 기도하고 또 기도해야 합니다. 부르짖고 또 부르짖어야 합니다. 응답이 다가올 때까지 부르짖어야 합니다. 그러면 주님이 주님의 때에 놀라운 기적을 베풀어 주십니다.

〈야고보서〉5:13
너희 중에 고난 당하는 자가 있느냐 그는 기도할 것이요 즐거워하는 자가 있느냐 그는 찬송할지니라

기도는 하나님의 뜻을 기다리는 일입니다. 기도는 나의 모든 것을 아뢸 뿐 아니라 특별한 상황에서 하나님의 특별한 인도하심을 듣는 기다림입니다. 성경에 보면 사울왕은 하나님 앞에서 뜻을 기다리지 못해 버림받았습니다(대상 10:13~14). 그러나 다윗은 범사에 하나님에게 묻고 기다려 하나님의 인도를 따름으로써 은혜와 축복을 받았습니다(삼상 30:8; 삼하 5:19, 23).

〈사무엘상〉30:8
다윗이 야훼께 묻자와 이르되 내가 이 군대를 추격하면 따라잡겠나이까 하니 야훼께서 그에게 대답하시되 그를 쫓아가라 네가 반드시 따라잡고 도로 찾으리라

기도는 신앙의 생명력을 공급합니다

우리는 단지 몇 분만 숨을 쉬지 않으면 죽게 됩니다. 우리의 영혼도 기도를 하지 않으면 힘을 잃고 맙니다. 기도는 영혼의 생명을 유지시켜 주는 영적 호흡입니다. 기도를 통해 하나님의 사랑을 공급받지 못하면 우리의 영혼은 메마르고 지치게 됩니다. 그러므로 기도할 때 성령님이 우리에게 하나님의 생명을 공급하여 우리의

영혼을 새롭게 해 주십니다.

1960년대와 70년대에 걸쳐 한국 코미디계를 주름잡았던 '후라이보이' 곽규석 씨 이야기입니다. 젊은 분들은 잘 모르시겠지만 나이 드신 어른들은 구봉서 씨와 곽규석 씨를 기억하실 것입니다. 당시에 이분들이 TV에 나오면 사람들이 그들의 얼굴만 봐도 웃었습니다. 원래 곽규석 씨는 교회 성가대에서 테너로 봉사하던 분이었습니다. 그런데 연예계로 나간 후에는 점점 주님과 멀어지고 말았습니다.

그러다 광고 회사를 만들면 돈을 잘 번다는 말을 듣고 광고 전문 회사를 만들어서 투자 자금을 모으기 시작했습니다. 요즘 광고 회사는 돈을 잘 벌지만 그때는 초창기라서 1970년에 그만 부도가 나고 말았습니다. 채권자들이 몰려오자 그는 일본으로 도망을 갔습니다. 한국으로 들어가면 감옥에 갈까 봐 일본에 머물러 있었는데, 가족들이 한국에 돌아와서 형을 살고 새 출발을 하라고 간곡히 권고했습니다. 그리하여 가족들의 뜻을 받아들여 한국에 들어와 감옥에 들어갔습니다.

그런데 감옥에 들어간 지 얼마 후에 소포가 도착해서 열어보니 성경책이 들어 있었습니다. 우리 교회 권사님 내외분이 보낸 것이었습니다. 그들은 기도 중에 "곽규석 선생에게 성경책을 보내 줘라"는 하나님의 말씀을 듣고 성경을 보냈던 것입니다. 그런데 그가 감옥에서 성경책을 받아보는 순간, 자신이 예수님을 '잃어버린' 것을 알게 되었고 무릎을 꿇고 통곡하며 회개하게 되었습니다.
"주님, 용서하여 주옵소서. 제가 연예계에 빠져서 예수님을 잃어

버리고 제 맘대로 살았습니다." 이렇게 눈물로 회개한 그는 형을 살고 나와서는 연예계를 떠났습니다. 그리고 주님의 일을 하기로 결심을 하고 미국에 건너가서 침례교 목사님이 되어 천국 갈 때까지 열심히 복음을 전하다가 세상을 떠났습니다.

한번은 곽규석 씨가 저희 교회에 와서 찬송을 부르며 간증했습니다. 그때 불렀던 찬송이 성도들에게 큰 은혜가 되었는데, 바로 빌 게이더가 지은 〈험한 십자가 능력 있네〉라는 찬송입니다.

목적도 없이 나는 방황했네 소망도 없이 살았네
그때에 못 자국 난 그 손길 나에게 새 생명 주셨네
험한 십자가에 능력 있네 거기서 나의 삶이 변했네
찬양하리 주 이름 영원히 주의 십자가 능력 있네

혹시 예수님을 잃어버린지도 모르고 바쁘게 세상을 향해서 나아가고 있지 않습니까? 방황하는 삶을 살고 있지 않습니까? 철저히 회개하고 다시 예수님을 삶의 중심에 모시기 바랍니다. 오직 예수님 한 분을 위하여 삶 전체를 바치고 주님의 영광을 위해 살아가는 인생이 되시기를 바랍니다.

우리가 기도할 때에 하나님은 신앙의 생명력을 공급하십니다. 기도는 성령으로 거듭난 사람의 영적 호흡입니다. 거듭난 사람은 하나님을 아버지로 모신 하나님의 자녀입니다(롬 8:15~16). 거듭난 사람은 하나님과 생명의 교통을 해야 합니다. 호흡이 끊어지면 사람은 죽습니다. 마찬가지로 생명의 하나님과의 영적 호흡인 기

〈로마서〉8:15~16
너희는 다시 무서워하는 종의 영을 받지 아니하고 양자의 영을 받았으므로 우리가 아빠 아버지라고 부르짖느니라 성령이 친히 우리의 영과 더불어 우리가 하나님의 자녀인 것을 증언하시나니

〈베드로전서〉4:7
만물의 마지막이 가까이 왔으니 그러므로 너희는 정신을 차리고 근신하여 기도하라

도가 정상적으로 이뤄질 때 건강한 그리스도인이 됩니다. 기도를 통하여 신앙과 생활에 해로운 모든 염려를 주께 맡겨 버리고, 삶의 수고와 죄와 고통의 무거운 짐을 다 주께 내어놓아야 합니다. 기도하면 주님의 용서와 사랑과 평안과 쉼과 믿음을 받아들일 수 있습니다.

야훼여 나는 가난하고 궁핍하오니 주의 귀를 기울여 내게 응답하소서 나는 경건하오니 내 영혼을 보존하소서 내 주 하나님이여 주를 의지하는 종을 구원하소서 주여 내게 은혜를 베푸소서 내가 종일 주께 부르짖나이다 주여 내 영혼이 주를 우러러보오니 주여 내 영혼을 기쁘게 하소서(시 86:1~4)

기도란 무엇인지 요약해 보세요.

1. 기도는 주님과 친밀하게 대화하는 것이다.
2. 기도는 신앙의 생명력을 공급한다.
3. 기도는 영혼의 생명을 유지시켜 주는 영적 호흡이다.

핵심 요약 기도하면 문제가 해결됩니다. 기도를 통해 성령 충만을 받을 수 있습니다. 또한 기도는 마귀와의 영적 전투에서 승리를 가져오는 강력한 무기입니다.

2. 기도는 문제 해결의 열쇠입니다

기도는 문제 해결의 열쇠입니다. 우리가 영적 전쟁을 할 때 기도를 통해서 이길 수 있습니다.

기도는 문제를 해결하고 성령 충만을 받게 합니다

기도는 우리 인생의 모든 문제를 해결하는 만능열쇠입니다. 그러므로 문제를 만났을 때에는 문제를 바라보지 말고 주님 앞으로 나아가야 합니다.

> 너희가 내게 부르짖으며 내게 와서 기도하면 내가 너희들의 기도를 들을 것이요 너희가 온 마음으로 나를 구하면 나를 찾을 것이요 나를 만나리라(렘 29:12~13)

하나님은 우리의 기도를 통해 우리의 온갖 필요를 채워 주시고, 환난과 핍박을 이기게 하시고, 질병을 치료해 주시고, 승리하게 하십니다. 또한 우리는 기도를 통해 성령 충만 받고 복음 전도의 능력을 받습니다. 예수님이 승천하신 후 제자들은 예루살렘의 한 다락방에 모여 다 같이 전심으로 기도하다가 성령 충만을 받고 담대히 복음을 증거하게 되었습니다(행 1:14, 2:3).

기도할 때 능력을 받게 됩니다. 기도할 때 성령 충만을 받게 됩니다. 기도할 때 우리 인간의 힘으로 해결할 수 없는 많은 일이 하나둘씩 해결되기 시작합니다. 기도할 때 힘들고 어렵고 고통스럽게 우리를 오랫동안 괴롭혔던 문제가 물러가게 되며, 우리의 기도를 통해 하나님의 복이 우리의 이웃과 세상에까지 흘러가게 됩니다. 성경은 "기도를 계속하고 기도에 감사함으로 깨어 있으라"(골 4:2)고 말씀합니다.

〈사도행전〉1:14
여자들과 예수의 어머니 마리아와 예수의 아우들과 더불어 마음을 같이하여 오로지 기도에 힘쓰더라

〈사도행전〉2:3
마치 불의 혀처럼 갈라지는 것들이 그들에게 보여 각 사람 위에 하나씩 임하여 있더니

기도는 마귀와의 영적 전쟁에서 승리를 가져오는 무기입니다

✤ 영적전쟁

예수님이 십자가에서 죽고 부활하심으로 마귀의 권세를 멸하셨기 때문에, 우리의 승리는 이미 확정된 것이다. 그러나 성도는 최후 승리를 얻을 때까지는 영적 싸움 중에 있다. 우리는 하나님의 말씀, 예수님의 이름과 보혈, 성령의 능력으로 어둠의 영들을 이길 수 있다.

우리는 마귀를 대적할 때 강하고 담대하게 기도해야 합니다. "예수님의 보혈의 능력을 믿습니다"라고 믿음으로 고백한 다음에 "나사렛 예수 이름으로 명하노니 흑암의 권세는 물러갈지어다. 염려, 근심, 걱정, 괴로움, 절망은 떠나갈지어다"라고 단호하게 명령해야 합니다. 마귀는 타협의 대상이 아닙니다. 예수님의 이름으로 명령해서 쫓아내야 합니다. 말씀을 붙잡고 보혈의 능력을 의지해서 예수님의 이름으로 선포하면 귀신이 떠나가고 기적이 다가옵니다.

성령님은 하나가 되게 하지만 마귀는 나누어지게 합니다. 마귀는 다투고 분열하는 것을 좋아합니다. 그렇기 때문에 사람들이 서로 미워하며 다투고 분쟁하도록 부추깁니다. 각종 테러의 배후에는 마귀가 있습니다. 마귀의 근본은 분열입니다. 하나님을 찬양하는 영광의 자리에 있던 천사장 루시퍼는 하나님을 대적한 후 천사 3분의 1을 이끌고 이 땅에 내려와 사람들에게 질병과 가난과 저주를 가져다주었을 뿐만 아니라 온갖 시기와 질투와 다툼을 일으켜서 분열하도록 합니다.

〈요한복음〉10:10

도둑이 오는 것은 도둑질하고 죽이고 멸망시키려는 것뿐이요 내가 온 것은 양으로 생명을 얻게 하고 더 풍성히 얻게 하려는 것이라

마귀는 도둑질하고 죽이고 멸망시키려고 옵니다(요 10:10). 그러므로 마귀의 역사를 따라 살면 상처와 저주와 패배의 삶을 살게 됩니다. 우리의 삶 가운데 잘못된 것은 다 마귀로부터 온 것입니다. 교회를 흔들고 분열시키는 것도 다 마귀가 하는 짓입니다. 그러므로 마귀의 역사에 속지 말아야 합니다. 마귀가 우리를 흔들고 시험할 때는 하나님이 기도하라는 신호를 보내신 줄 알고 더욱 근신하고 깨어 기도해야 합니다. 뿐만 아니라 우리의 믿음을 굳건하게 하

여 마귀를 대적해야 합니다. 하나님은 마귀가 가져다주는 시험을 통해 오히려 우리의 믿음의 터를 견고하게 하시기 때문입니다.

그리스도인의 매일의 삶은 마귀와의 영적 전쟁입니다. 전쟁터에 나가는 병사들이 완전 무장을 해야 하듯 우리 또한 하나님의 전신 갑주를 입어 완전 무장을 해야 합니다. 영적 긴장을 늦추지 말고 늘 깨어 기도해야 합니다. 마귀는 영적 존재이기 때문에 오직 영적 전쟁, 즉 기도를 통해서만 물리칠 수 있습니다. 특히 예수 그리스도의 보혈과 이름의 권세로 물리치면 더욱 강한 역사가 나타납니다. 마귀가 주는 시험에 들지 않으려면 항상 깨어 기도해야 합니다. 성도가 기도 생활에 실패하면 인생의 모든 면에서도 실패하게 됩니다(막 14:38; 눅 21:36; 엡 2:1~3, 6:12~13; 약 4:7).

〈마가복음〉 14:38
시험에 들지 않게 깨어 있어 기도하라 마음에는 원이로되 육신이 약하도다 하시고

〈야고보서〉 4:7
그런즉 너희는 하나님께 복종할지어다 마귀를 대적하라 그리하면 너희를 피하리라

보혈 찬송과 기도로 폐결핵을 고침 받고 지금은 안산제일교회에서 목회를 하고 계신 고훈 목사님의 이야기입니다. 그가 12세에 아버지께서 폐결핵으로 돌아가시고 본인도 20세에 폐결핵에 걸렸습니다. 병에 걸린 그는 자신도 아버지처럼 죽겠다고 생각하니 절망이 되어 자살을 하려고 했습니다. 그러던 어느 날 성탄절을 맞이해서 교인들이 새벽송을 부르며 마을을 돌아다닐 때 놀라운 광경을 보게 되었습니다. 무당굿을 하던 무당 두 명이 교인들의 찬송 소리를 듣고 기절하여 쓰러져 버린 것이었습니다. 이 소식은 금방 동네에 퍼졌고 "예수 신이 무당 신보다 세다"고 소문이 났습니다.

이후 그는 '어차피 죽을 목숨인데 무당 신보다 센 예수 신을 믿자'고 마음을 먹고 교회에 출석하기 시작했습니다. 그리고 이렇게 기도했습니다. "하나님, 저의 폐결핵을 고쳐 주시고 목숨을 살려

주시면 제가 신학교에 들어가서 주의 종이 되겠습니다. 그리고 불쌍한 사람을 돌보는 삶을 살겠습니다." 이렇게 밤마다 기도를 드리고 찬송을 하는데 폐결핵 때문에 기침이 나니까 노래를 부를 수가 없었습니다. 그래서 "저도 다른 청년처럼 속이 시원하게 마음껏 찬송을 부르게 해주세요"라고 울면서 간절히 기도했습니다. 그런데 바로 그날 밤 다음과 같은 찬송이 터져 나오기 시작했습니다.

내 주의 보혈은 정하고 정하다
내 죄를 정케 하신 주 날 오라 하신다
내가 주께로 지금 가오니
십자가의 보혈로 날 씻어주소서

그 피가 맘속에 큰 증거됩니다
내 기도 소리 들으사 다 허락하소서
내가 주께로 지금 가오니
십자가의 보혈로 날 씻어주소서(〈찬송가〉 254장)

그 순간 보혈의 능력이 그에게 임하고 폐결핵이 떠나가 버렸습니다. 할렐루야! 이후 그는 서원한 대로 신학교에 들어가 주의 종이 되고 지금은 안산제일교회를 섬기고 있는데, 1만 2천 명이 출석하는 교회로 부흥하게 되었습니다. 그는 당시의 감동을 이렇게 고백했습니다.

목이 터지도록, 밤이 깊어가는 줄도 날이 새는 줄도 모르고, 반복해서 온몸이 땀에 젖도록 불렀습니다. 회개와 감사와 기쁨과 은혜 속에서, '찬송'을 부름으로 나는 '보혈의 침례'를 받고 있었습니다. 나는 병에서 고침 받았고 그 후 무수한 시련과 환난, 질병을 만날 때마다 '보혈 찬송'으로 침례를 받고 오늘까지 생존하는 은혜 속에 살고 있습니다.

이후에도 그에게는 간암 등 죽을병이 공격해 왔지만 그때마다 기도하고 보혈 찬송을 부르며 승리해 왔습니다. 이처럼 우리도 예수님의 십자가 보혈의 능력을 날마다 체험해야 합니다. 십자가의 보혈로 날마다 기도하며 싸워 승리하기 바랍니다.

〈이사야서〉53:5

그가 찔림은 우리의 허물 때문이요 그가 상함은 우리의 죄악 때문이라 그가 징계를 받으므로 우리는 평화를 누리고 그가 채찍에 맞으므로 우리는 나음을 받았도다

우리는 기도를 통해 성령 충만을 받고 성결한 삶을 살아갈 수 있습니다. 성령님이 우리에게 죄를 이기는 능력을 부여해 주시고 영적 전쟁에서 승리할 수 있도록 인도해 주십니다. 우리 모두 기도에 힘써 하나님의 축복을 받아 누리며 능력 있는 신앙생활을 하게 되길 간절히 기도합니다.

3. 기도가 중요한 이유

핵심요약 기도는 우리를 영적인 성장의 길로 인도하며, 하나님의 축복이 흘러나오는 통로입니다. 기도하는 일은 주님의 명령에 순종하는 일이기도 합니다.

기도는 주님의 명령입니다. 성경은 "쉬지 말고 기도하라"(살전 5:17)고 권고하고 있습니다. 기도하는 일은 주님의 명령을 순종하는 일입니다. 그렇다면 기도는 왜 중요할까요?

기도는 우리를 영적 성장의 길로 인도합니다

우리는 기도를 통해 죄를 깨닫고 회개하며 성령 충만을 받게 됩

니다. 예수님을 믿고 중생한 성도는 예수님의 십자가 대속의 공로로 모든 죄를 용서받은 의인입니다. 그러나 날마다 다가오는 죄의 유혹에 맞서 성결한 삶을 살기 위해 기도해야 합니다. 기도하면 성령님이 우리 죄를 깨닫게 하시고 회개하게 하십니다.

〈요한복음〉 16장 8절 말씀을 적어 보세요.

그가 와서 죄에 대하여, 의에 대하여, 심판에 대하여 세상을 책망하시리라

기도는 우리의 경건 훈련임과 동시에 신앙 훈련입니다. 기도를 통하여 우리는 주님을 가까이하게 됩니다. 우리는 의롭게 살고, 시험에 들지 않기 위해 기도해야 합니다. 기도하는 사람만이 성령 충만을 받을 수 있습니다. 하루에 한 시간 이상 하나님 앞에 엎드려 기도하면 그 사람은 마음속에 성령이 충만하게 됩니다. 성령이 충만할 때 우리 속에 하나님 나라가 임하고 하나님과 더욱 깊이 교제할 수 있습니다. 그리고 기도 응답을 통하여 믿음의 성장, 영적 성장을 가져오게 됩니다.

우리는 기도를 통해 하나님의 뜻을 분별할 수 있습니다. 하나님은 우리의 기도에 응답하시기 위해 우리로 기도하게 하시며 우리가 기도할 때 하나님의 뜻을 나타내 주십니다.

너희 안에서 행하시는 이는 하나님이시니 자기의 기쁘신 뜻을 위하여 너희에게 소원을 두고 행하게 하시나니(빌 2:13)

기도는 하나님을 우리 편으로 끌어들이려는 것이 아니라 우리가 하나님 편으로 가기 위한 것입니다. 기도할 때 하나님의 뜻과 계획을 알게 됩니다. 이 때문에 주님은 성도에게 기도할 것을 명령하셨고 약속을 주셨습니다(요 14:13; 렘 33:3). 하나님은 우리의 장래의 일과 자손의 일을 부탁하라고 말씀하십니다. 우리는 기도로 하나님에게 우리의 소원을 아뢰고 응답받을 수 있습니다. 주의 일은 주님의 뜻대로 해야지 내 생각대로 해서는 안 됩니다. 기도할 때 하나님의 선하시고 기뻐하시고 온전한 뜻을 분별할 수 있습니다(롬 12:2).

〈요한복음〉 14:13
너희가 내 이름으로 무엇을 구하든지 내가 행하리니 이는 아버지로 하여금 아들로 말미암아 영광을 받으시게 하려 함이라

기도는 하나님의 축복이 흘러나오는 통로입니다

기도는 하나님이 사람에게 필요한 것을 공급하시는 수단입니다. 에드워드 M. 바운즈(Edward Mckendree Bounds) 목사님은 "기도는 하나님에게서 모든 선한 것이 사람에게 흘러가고 또한 사람에게서 사람에게로 흘러가게 하는 수로입니다"라고 말했습니다. 기도를 통하지 않고는 하나님의 역사가 일어나지 않습니다. 내가 기도해야 우리 개인과 가정, 국가와 민족을 위해 하나님이 간섭해 주십니다.

에드워드 M. 바운즈 (1835~1913)
'기도의 사람', '기도의 선지자'. 《감리교신문》과 《기독변호사》의 편집국장으로 사역하였다. 날마다 새벽 4시에 일어나 3시간씩 기도하는 것으로 하루를 시작했다.
그의 저서 《기도의 능력》과 《부활의 영광》은 100년이 지난 지금도 널리 읽히고 있다.

예수님은 우리에게 일용할 양식을 위해 기도하라고 하셨습니다. 기도를 통해 우리의 필요를 구하면 하나님이 "우리의 온갖 구

하는 것이나 생각하는 것에 더 넘치도록"(엡 3:20) 우리의 필요를 채워 주십니다. 일용할 양식을 구하는 기도는 매일매일 해야 합니다. 하나님은 이스라엘 백성에게 매일 하루 동안 먹을 수 있는 만나를 주셨습니다. 하나님은 우리가 매일매일 하나님과 교통하며 동행하기를 원하십니다. 일용할 양식을 위한 기도는 매일 하나님에게 감사할 수 있게 만드는 능력 있는 기도입니다. 하나님은 날마다 필요한 만큼 물질을 채워 주시기 원하십니다. 이는 많은 물질로 인하여 교만해지거나 세상 쾌락에 빠져 하나님을 향한 우리의 사랑이 막히지 않도록 하기 위한 배려입니다. 또한 우리에게 일용할 양식을 위해 기도하라고 하신 것은 우리가 하루하루 생명을 유지해 가는 것이 하나님의 은혜임을 알기 원하시기 때문입니다. 하나님은 우리의 일용할 양식의 문제에 직접적으로 개입하심으로 우리 삶에 주인이 되심을 나타내기 원하십니다.

우리는 기도를 통해 성공적인 삶을 살 수 있습니다. 예수님이 십자가에서 모든 저주를 속량(갈 3:13~14)하셨기 때문에 그리스도 안에 있는 성도에게는 저주 대신 아브라함의 복이 임하게 되었습니다. 예수님은 우리의 가난을 대신 짊어지셨습니다(고후 8:9). 또한 문제를 만나 하나님에게 부르짖어 기도하면 하나님이 우리의 기도를 들으시고 문제를 해결해 주십니다. 우리가 알지 못하는 크고 은밀한 일을 보여 주십니다(렘 33:3).

예수님을 믿는 자, 그분의 십자가의 능력을 의지하는 자는 지나친 가난과 억눌림의 삶에서 벗어나야 합니다. 성도는 더 이상 저주의 속박 아래 있지 않고 가난의 저주를 대속하신 예수 그리스도 안

〈갈라디아서〉 3:13~14

그리스도께서 우리를 위하여 저주를 받은 바 되사 율법의 저주에서 우리를 속량하셨으니 기록된 바 나무에 달린 자마다 저주 아래에 있는 자라 하였음이라 이는 그리스도 예수 안에서 아브라함의 복이 이방인에게 미치게 하고 또 우리로 하여금 믿음으로 말미암아 성령의 약속을 받게 하려 함이라

에 있기 때문입니다(고후 8:9). 성실하게 사는데도 불구하고 가난과 저주에서 벗어나지 못한다면 반드시 기도로 극복해야 합니다. 기도로 부르짖어 가난과 저주의 속박을 예수님의 이름으로 제하여 버려야 합니다.

〈고린도후서〉8:9
우리 주 예수 그리스도의 은혜를 너희가 알거니와 부요하신 이로서 너희를 위하여 가난하게 되심은 그의 가난함으로 말미암아 너희를 부요하게 하려 하심이라

예수님의 이름이 지닌 능력에는 한계가 없습니다. 기도하는 자녀에게 무한한 자원과 가능성을 열어 놓습니다. 하나님은 우리의 사업과 생활을 넘치도록 축복하기를 원하십니다. 이 하나님의 소원을 이루어 드리기 위해 기도해야 합니다.

우리가 기도할 때 우리를 성전 삼고 계시는 성령님이 우리 몸을 치료하시고, 우리가 손을 얹고 기도하는 사람의 병을 고쳐 주십니다. 우리가 기도할 때 치료하시는 예수님의 능력이 넘쳐나게 됩니다(약 5:15~16). 하나님은 죄를 미워하시는 만큼 병을 미워하십니다. 예수님은 우리의 죄를 사하고 병을 고치시기 위해 채찍에 맞으셨습니다(사 53:5). 치료는 하나님의 속성입니다. 병들었을 때에는 먼저 돌이켜 죄를 회개하고, 하나님에게 나아와 예수님의 이름으로 간절히 기도해야 합니다(약 5:15).

〈야고보서〉5:15~16
믿음의 기도는 병든 자를 구원하리니 주께서 그를 일으키시리라 혹시 죄를 범하였을지라도 사하심을 받으리라 그러므로 너희 죄를 서로 고백하며 병이 낫기를 위하여 서로 기도하라 의인의 간구는 역사하는 힘이 큼이니라

우리는 매일 기도하는 훈련을 통해 영적 거인으로 단련될 수 있습니다. 날마다 쉬지 않고 기도하다 보면 우리 자신도 모르는 사이에 영적 거인으로 단련되어 놀라운 능력의 신앙인이 됩니다. 또한 기도하면 하나님의 능력이 나타나기 시작합니다. 귀신이 쫓겨나며, 병든 자가 낫게 됩니다. 기도를 통해 흑암의 세력을 몰아내고 능력 있는 신앙인으로 살아갈 수 있습니다.

기도를 지극히 중요한 일로 여기고 그 중요성에 대한 높은 평가에 따라 그만한 시간을 기도에 들이는 사람에게 하나님은 천국의 열쇠를 맡기며 그 사람은 그 열쇠를 가지고 이 세상에서 영적인 일을 놀랍게 이룹니다(에드워드 M. 바운즈)

기도를 통해 우리는 성령 충만을 받을 수 있습니다. 성령 충만했던 초대교회의 성도들은 모두 기도의 사람들이었습니다(눅 11:13; 행 2:1~4). 기도는 하나님의 자녀들이 새 힘을 얻는 길입니다(사 40:31; 행 7:54~60). 기도는 교회 부흥과 성장의 비결입니다. 교회의 부흥과 성장은 주의 종들과 성도의 기도의 양에 비례합니다(행 2:41~42, 11:26). 기도는 우리의 마음이 늘 깨어 있어 그리스도의 재림을 준비하게 합니다(막 13:32~37; 요 7:6; 벧후 3:10~12).

〈이사야서〉40:31

오직 야훼를 앙망하는 자는 새 힘을 얻으리니 독수리가 날개치며 올라감 같을 것이요 달음박질하여도 곤비하지 아니하겠고 걸어가도 피곤하지 아니하리로다

〈요한복음〉7:6

예수께서 이르시되 내 때는 아직 이르지 아니하였거니와 너희 때는 늘 준비되어 있느니라

우리는 기도하도록 부름받았습니다. 기도하는 사람들은 하나님이 택하신 지도자들입니다. 루터, 웨슬리와 같은 기도의 사람들은 기도의 능력 때문에 지도자가 되었습니다. 성경에 보면 기도하는 사람들이 하나님에게 쓰임 받은 것을 볼 수 있습니다. 사도들은 기도에 전념하였습니다. 모세는 이스라엘 백성을 위한 중보자였습니다. 다니엘은 목숨을 걸고 기도했습니다. 모든 시대에 걸쳐 하나님은 기도의 사람들을 써서 교회를 다스리셨습니다. 기도가 실패하면 하나님의 통치도 실패할 수밖에 없습니다. 성도는 다른 사람들을 위해 기도해야 합니다.

우리가 기도할 때 국가와 민족의 역사가 변화됩니다. 하나님은 국가와 민족을 위해 기도하라고 명하셨습니다. 기도는 우리를 통해서 우리의 이웃에 하나님의 은총과 축복과 도우심이 흘러가게

만듭니다. 하나님의 도우심이 다른 이웃, 사회, 국가에 임하기 위해 우리는 기도해야 합니다. 바쁠수록 힘들고 피곤하고 지칠수록 기도해야 합니다. 기도하지 않기 때문에 다가오는 문제를 해결하지 못하고, 문제에 갇혀 절망의 시간을 보내게 되는 것입니다.

〈디모데전서〉 2:1~2
그러므로 내가 첫째로 권하노니 모든 사람을 위하여 간구와 기도와 도고와 감사를 하되 임금들과 높은 지위에 있는 모든 사람을 위하여 하라 이는 우리가 모든 경건과 단정함으로 고요하고 평안한 생활을 하려 함이라

> 너희는 야훼를 만날 만한 때에 찾으라 가까이 계실 때에 그를 부르라(사 55:6)
>
> 구하라 그리하면 너희에게 주실 것이요 찾으라 그리하면 찾아낼 것이요 문을 두드리라 그리하면 너희에게 열릴 것이니 구하는 이마다 받을 것이요 찾는 이는 찾아낼 것이요 두드리는 이에게는 열릴 것이니라(마 7:7~8)

이렇듯 우리가 기도 응답을 받기 위해서는 포기하지 않고 부르짖어야 합니다.

박세록 장로님은 서울대학교 의과대학을 졸업하고 미국에서 산부인과 전문의 자격증을 받은 후 웨인주립대학교에서 교수로 재직한 바 있습니다. 또한 《사랑의 왕진가방》, 《생명을 살리는 왕진버스》 등 몇 권의 책도 저술하였습니다. 박 장로님은 아내의 권유로 부흥회에 참석하여 구원의 확신과 성령 충만을 받은 후 북한 선교에 대해 눈을 뜨고 선교를 시작하였습니다. 1989년에는 북한의 공식 초청을 받고 '북미기독교의료선교회'를 조직해 평양 제3병원을 세웠으며, 우리민족서로돕기운동 미주 본부, 한민족복지재단 등을 창설하였습니다. 뿐만 아니라 1997년에는 평양 제3병원에서 외국 국적 의사로는 처음으로 시술하였습니다. 그러나 사역을 시작한 지 10년 만에 모함을 받아 평양 출입금지 명령을 받고

말았습니다. 그를 모함한 사람은 다름 아닌 그가 북한에 들어갈 수 있도록 길을 열어 준 사람이었습니다.

그럼에도 불구하고 박 장로님은 뒤로 물러서지 않았습니다. 1997년에 샘의료복지재단을 결성하여 단동병원을 세우는 것을 시작으로 북한 국경과 맞닿아 있는 중국 국경에 진료소를 세우고 북한 사람들의 생명을 살리는 일에 앞장섰습니다. 뿐만 아니라 '사랑의 왕진가방'을 만들어 의약품 수십 가지를 넣어서 1년에 만 개씩 북한으로 보냈습니다. 그렇게 하자 하나님이 북한 선교의 문을 다시 열어 주셨습니다. 10년 후에 북한에서 다시 그를 초청한 것입니다.

박 장로님은 2006년 10월에 다시 북한에 들어가서 병든 사람들을 치료해 주면서 북한 선교에 힘쓰고 있습니다. 현재 단동병원, 집안진료소, 장백진료소 등을 운영하고 있으며 압록강과 두만강을 따라 조선족을 비롯하여 고려족과 탈북자들을 도우며 이들에게 제자 양육을 실시하고 있습니다.

〈히브리서〉 10:38
나의 의인은 믿음으로 말미암아 살리라 또한 뒤로 물러가면 내 마음이 그를 기뻐하지 아니하리라

하나님은 어려운 일을 당할 때 뒤로 물러서는 사람을 기뻐하시지 않습니다(히 10:38). 그러므로 우리가 주의 일을 할 때 어려운 일이 있어도 뒤로 물러서지 말아야 합니다. 어떤 상황에서도 포기하지 말고 오직 믿음으로 전진해야 합니다.

기도는 신성하고 고귀한 특권이요, 의무입니다. 기도는 하나님에게 가까이 가는 가장 크고 포괄적인 방법입니다. 기도는 하나님과의 친교이며 교제입니다. 기도는 언제 어디서나 신뢰하는 태도로 하나님 아버지에게 직접 나아가 요청하는 것입니다. 기도는 하

나님이 친히 말씀하신 하나님의 명령이며 약속입니다(마 7:7~8, 6:33; 요 14:13; 렘 29:12~13; 시 2:8).

무엇보다도 하나님의 아들이신 예수님이 일생을 기도로 사셨습니다. 예수님은 공생애를 시작하시기 전에 40일 동안 금식하며 기도하셨습니다. 주님은 새벽 미명에 새벽기도로 하루를 시작하셨습니다. 제자를 뽑을 때에는 밤이 새도록 철야하며 기도하셨습니다. 마지막 겟세마네 동산에서도 통곡하며 기도하셨고, 십자가에서 숨을 거두시기 전에도 주님은 기도하셨습니다. 그러므로 우리 모두가 주님이 친히 보여 주신 모범을 따라 기도하는 사람이 되어야 합니다. 우리가 기도하는 사람이 될 때 하나님이 놀라운 역사를 이루어 주십니다. 이처럼 예수님이 먼저 기도를 행하여 보이셨고 제자들에게 기도를 가르쳐 주셨습니다(눅 11:1~4; 막 1:35; 눅 5:16, 6:12).

하나님이 세우신 사도들은 모두 기도의 사람들이었습니다(행 3:1, 6:2~4, 10:9; 롬 1:9; 엡 1:16; 골 1:9; 살전 3:10; 딤후 1:3; 약 5:13). 기도하는 삶을 통하여 하나님의 사랑을 체험하고 모든 문제를 해결받으며 영적 전쟁에 승리하여 귀한 사명을 감당하는 축복의 통로가 되시기를 바랍니다.

〈시편〉2:8

내게 구하라 내가 이방 나라를 네 유업으로 주리니 네 소유가 땅 끝까지 이르리로다

공생애

공생애는 예수님이 침례 요한에게서 침례를 받은 후에 부활, 승천하실 때까지 모든 인류를 구원하기 위해 사셨던 공적인 삶을 말한다. 예수님은 3년 반 동안 하나님의 나라와 복음을 전파하였고, 우리의 죄를 위해 십자가에서 죽고 부활하셨다.

〈마가복음〉1:35

새벽 아직도 밝기 전에 예수께서 일어나 나가 한적한 곳으로 가사 거기서 기도하시더니

✣ 과제

- 다음 주 예습
- 중보기도
- 모임에서 시간을 정한 뒤 한 주 동안 나라와 민족을 위해 매일 기도하자
- 렘 33:3 암송

기도가 중요한 이유를 요약해 보세요.

1. 기도는 우리를 영적인 성장의 길로 인도한다,
2. 기도는 하나님의 축복이 흘러나오는 통로다.
3. 기도하는 일은 주님의 명령에 순종하는 일이다.

11

응답받는 기도에 대하여

구하라 그리하면 너희에게 주실 것이요 찾으라 그리하면 찾아낼 것이요
문을 두드리라 그리하면 너희에게 열릴 것이니
구하는 이마다 받을 것이요 찾는 이는 찾아낼 것이요 두드리는 이에게는 열릴 것이니라
〈마태복음〉 7:7~8

우리가 드리는 모든 기도는 응답됩니다. 하나님이 주시는 응답은 세 가지 종류가 있습니다.

첫 번째 하나님의 응답은 우리가 간구한 것을 그대로 들어 주시는 경우입니다(Yes). 우리의 요청대로 하나님이 허락해 주시거나 그대로 이루어지는 경우가 있습니다. 이것은 모든 기도의 내용이 하나님의 뜻에 합하고, 하나님이 계획하신 것과 들어맞기 때문입니다.

두 번째 하나님의 응답은 우리가 간구한 것과 반대로 인도하시는 경우입니다(No). 이것은 우리에게 더 좋은 것을 주시기 위함입니다. 우리는 당장 눈앞의 것밖에 보지 못하지만, 하나님은 앞으로 있을 모든 과정까지 다 아시고 살펴보십니다. 그러므로 우리는 내

✣ 10~12과
- 시작 찬송: 361장, 369장
- 복음성가: 오늘 집을 나서기 전 / 우리 함께 기도해
- 마무리 찬송: 365장

가 생각한 것과 반대되는 결과 앞에서도 감사할 수 있어야 하고 그것이 모두 하나님의 은혜임을 인정해야 합니다.

세 번째 하나님의 응답은 기다리라고 말씀하시는 경우입니다(Wait). 기도한 것이 이루어지긴 하겠지만 하나님의 때가 될 때까지 기다리라는 응답입니다. 그러나 우리가 믿음으로 기도하지 않는다면 이 중에서 어떤 종류의 응답도 받을 수 없습니다. 믿음은 기도의 기본입니다. 믿음이 없는 기도는 하나님이 기뻐하지 않으십니다. 우리가 인생을 살아갈 때 하나님이 인정하시는 믿음이 꼭 필요합니다. 믿음의 기도는 기적을 만들어 냅니다.

〈마가복음〉 11:24
그러므로 내가 너희에게 말하노니 무엇이든지 기도하고 구하는 것은 받은 줄로 믿으라 그리하면 너희에게 그대로 되리라

1. 기도가 응답받을 때

핵심요약 기도 응답은 우리의 신앙을 자라나게 합니다. 하나님이 우리의 기도에 응답해 주실 때 우리는 감사와 찬양의 제단을 쌓고 하나님에게 영광을 돌려야 합니다.

우리의 신앙이 자라납니다

우리의 신앙은 예수 그리스도의 장성한 분량에 이르기까지 자라나야 합니다. 성경은 우리를 나무에 비유하곤 합니다. 그것은 무한히 성장하는 나무처럼 우리의 신앙도 끊임없이 자라나야 하기 때문입니다. 그렇다면 영적 성장을 위한 좋은 방법으로는 무엇이 있을까요? 우리는 기도의 응답을 통해 영적으로 성장하게 됩니다.

사람들은 육신의 건강을 위해 돈과 시간을 아끼지 않고 투자합니다. 새벽부터 일어나 조깅을 하고 가격이 비싸도 몸에 좋은 음식을 찾아 먹습니다. 그런데 정작 육신의 건강보다 더욱 중요한 영의 건강에 대해서는 무관심한 경우가 많습니다. 우리가 영적으로 강

건해지기 위해서는 하나님 안에 거하며 하나님과 친밀한 관계를 맺어야 합니다. 그런데 하나님과 교제하는 가장 좋은 방법이 바로 기도입니다. 우리는 기도가 응답될 때 '나는 주님 안에 거하고 있다'라는 확신을 얻고 믿음이 자라나게 됩니다.

지금도 기적은 일어나고 있으며 하나님의 은혜는 임하고 있습니다. 간절히 부르짖고 구하면 기적은 다가옵니다. 축복은 다가옵니다(시 118:5; 마 7:8; 렘 33:3). 히스기야 왕이 죽음 앞에서 기도한 것처럼, 우리도 어떠한 문제와 어려움을 만나든지 간절히 부르짖어 기도하고, 또 기도하고, 또 기도하시기를 바랍니다.

〈고린도전서〉14:15
그러면 어떻게 할까 내가 영으로 기도하고 또 마음으로 기도하며 내가 영으로 찬송하고 또 마음으로 찬송하리라

〈시편〉116:2
그의 귀를 내게 기울이셨으므로 내가 평생에 기도하리로다

〈시편〉118편 5절 말씀을 적어 보세요.

내가 고통 중에 야훼께 부르짖었더니 야훼께서 응답하시고 나를 넓은 곳에 세우셨도다

미국 존스홉킨스대학의 소아신경외과 벤 카슨(Ben Carson) 박사의 이야기입니다. 그는 샴쌍둥이(기형적으로 몸의 일부가 붙어 태어나는 일란성 쌍둥이)의 머리를 분리하는 수술로 유명한 의사입니다. 그런데 그는 디트로이트 빈민가에서 태어나 불우한 어린 시절을 보냈습니다. 부모는 이혼했고 홀어머니 밑에서 자라면서 좋지 않은 친구들과 사귀었습니다. 밖에 나가서 싸움을 하고 잘못된 길로 가니 그 어머니의 마음은 무너졌습니다. 남편과 헤어져 아들 하

벤 카슨 (1951~)
세계 최초로 샴쌍둥이의 분리 수술을 성공시킨 소아신경외과 전문의. 2008년 링컨메달을 수상하였다. 현재 켈로그, 코스트코 등의 대기업 이사이며, 예일대학교 이사회의 명예의원이다. 저서로는 베스트셀러인 《벤 카슨의 싱크빅》을 비롯하여 《인생을 보려거든 큰 그림으로 보라》, 《하나님이 주신 손》 등이 있다.

〈유다서〉1:20

사랑하는 자들아 너희는 너희의 지극히 거룩한 믿음 위에 자신을 세우며 성령으로 기도하며

나 믿고 사는데 아들마저 그릇된 길로 가고 있기 때문이었습니다. 하지만 그 어머니는 기도하는 사람이었기에 아들을 위해 눈물로 기도하고 또 기도하였습니다. 그런데 그 어머니가 "하나님 아버지, 저를 불쌍히 보시고 우리 아들을 변화시켜 주셔서 하나님 앞에 귀하게 쓰임 받는 일꾼 되게 하여 주옵소서"라고 기도했더니 하나님은 그 눈물의 기도를 들어주셨습니다. 방황하던 아들은 바른 길로 돌아오고 명문 예일대학교를 졸업하였고, 이후 미시간대학에서 의사로서 공부를 마치자 서른세 살에 존스홉킨스대학 소아외과 과장이 되었습니다.

그런데 하루는 샴쌍둥이의 머리를 분리하는 수술이 잘 진행되지 않았습니다. 이렇게 수술이 어려운 경우에는 대개 붙어 있는 두 아이가 모두 죽고 맙니다. 그래서 그는 하나님에게 "하나님, 이 수술을 주도하셔서 저를 통해 하나님만이 하실 수 있는 일을 이루어 주옵소서"라고 기도했습니다. 그러자 갑자기 전날 밤에 읽은 성경 구절이 그의 머리를 스쳤습니다. "너희가 내 이름으로 무엇을 구하든지 내가 행하리니 이는 아버지로 하여금 아들로 말미암아 영광을 받으시게 하려 함이라"(요 14:13).

그는 그 말씀을 붙잡고 하나님만 의지하며 기도한 후 다시 수술을 시작했습니다. 그 순간, 그는 놀라운 힘이 그의 손을 받치고 있다고 느꼈고 수술은 대성공이었습니다. 분리 수술을 마친 아이들은 회복하여 건강하게 자라게 되었습니다.

어머니의 눈물의 기도는 아들을 변화시켰습니다. 그리고 그 아들이 믿음을 가지고 기도하며 수술할 때마다 하나님은 그의 손을

기적의 손으로 만들어 주셨습니다. 그는 그가 기도하며 수술했던 체험을 이렇게 고백합니다.

> 하나님만 의지하며 기도하고 수술할 때마다 언제나 하나님의 손이 내 손을 붙잡으시는 것을 느꼈습니다. 자신의 연약함을 주께 올려드리며 하나님을 의지하는 '기도의 손'은 '기적의 손'을 만드는 법입니다.

그리스도인은 모두 기도 응답을 경험하여 믿음의 큰 거인이 되어야 합니다. 그래서 주변의 믿음이 약한 사람들을 격려해 주고 붙들어 주고 이끌어 주어야 합니다.

하나님을 영화롭게 합니다

하나님이 우리의 기도에 응답해 주실 때 우리는 감사와 찬양의 제단을 쌓고 하나님에게 영광을 돌려야 합니다. 〈창세기〉 35장을 보면, 야곱이 하나님에게서 응답을 받은 후 "우리가 일어나 벧엘로 올라가자 내 환난 날에 내게 응답하시며 내가 가는 길에서 나와 함께하신 하나님께 내가 거기서 제단을 쌓으려 하노라"(창 35:3)고 말하고 하나님의 뜻을 따른 것을 볼 수 있습니다. 응답을 받았을 때에는 그 은혜를 잊지 말고 반드시 감사를 드려야 합니다.

그런데 문제가 있어 기도할 때에는 하나님에게 간절히 매달리다가 응답을 받고 나면 하나님을 잊어버리는 사람들이 종종 있습니다. 〈누가복음〉 17장에는 예수님이 열 명의 나병 환자를 고치신 사건이 기록되어 있습니다. 그런데 고침 받은 열 명 중 사마리아 사람만 예수님을 기억하고 돌아와 감사를 드렸습니다.

〈골로새서〉 4:2
기도를 계속하고 기도에 감사함으로 깨어 있으라

오늘날 많은 사람이 큰 은혜를 경험하고도 감사하지 못하고 오히려 작은 문제에 섭섭해 하고 불평하며 살아가고 있습니다. 이러한 삶의 모습은 잘못된 것입니다. 우리는 일생 동안 넘치는 감사를 드리며 살기로 결심해야 합니다. 감사의 기도는 우리의 삶에 더 큰 은혜를 가져옵니다.

장애를 가지고 태어난 한 자매가 있습니다. 이 자매가 열 살 때의 일입니다. 1996년 10월 31일 세종문화회관 대극장에서 세계적인 팝 피아니스트인 리처드 클레이더만의 피아노 연주회가 있었습니다. 아이는 이 공연을 꼭 보고 싶었습니다. 그런데 키가 1m도 되지 않는 아이를 보고 입구에서 어린아이는 들어올 수 없다고 막았습니다. 어머니가 그곳에 있는 분들에게 "이 아이는 유치원생처럼 작지만 실제로는 열 살입니다. 아이가 너무나 간절하게 소원하니 제발 들어가서 연주회를 보게 해 주십시오"라고 말하며 실랑이를 벌인 끝에 가까스로 연주회가 시작할 때 들어갈 수 있었습니다.

공연 내내 피아니스트에게서 눈을 떼지 않고 있던 아이는 '나도 장차 저 사람같이 될 거야'라는 꿈을 가졌습니다. 그리고 리처드 클레이더만과 피아노를 협연하는 꿈을 꾸었습니다. 어머니는 "너는 몸이 불편한데 어떻게 그런 꿈을 꿀 수 있니? 너무 큰 기대는 하지 마라"고 말했지만, 아이는 꿈을 잃지 않았습니다. 날마다 그 꿈이 이루어지기를 간절히 소원하며 기도하고 열심히 피아노를 쳤습니다. 그 결과 9년 후에 그 꿈대로 리처드 클레이더만과 협연을 하게 되었습니다.

이 이야기의 주인공은 우리가 잘 아는 이희아 자매입니다.

저는 1985년 7월 9일 양손이 두 손가락밖에 없고 무릎 이하의 다리가 없는 선천성 사지 기형 1급 장애아로 태어났습니다. 처음에는 연필조차 쥐기 힘들었지만 피아노를 치기 시작하게 되었고. 이렇게 시작한 피아노는 절망뿐인 저에게 많은 위로와 용기를 주고 기쁨이 되었습니다.

이제 생각해 보니 이 모든 것이 하나님의 은혜입니다. 하나님은 나에게 가장 귀한 선물로 나를 이해하고 지켜 주시는 어머니를 보내 주셨습니다. 뿐만 아니라 전 세계를 돌아다니며 하나님의 은혜를 찬양하고 연주할 수 있게 해 주셨으며 수많은 친구를 만나게 해 주셨습니다. 하나님 은혜에 감사드립니다.

생명의 빛이시며 희망의 빛이 되신 예수님을 마음에 모신 어린 소녀가 꿈을 갖게 되고 모든 절망을 딛고 일어나게 되었습니다. 그리고 정상인도 하지 못하는 일을 네 손가락만 가지고도 해내며 어느 곳에 가든지 주님의 영광을 나타내고 있습니다.

〈빌립보서〉4:6
아무 것도 염려하지 말고 다만 모든 일에 기도와 간구로, 너희 구할 것을 감사함으로 하나님께 아뢰라

지금 나에게 있는 어려움 때문에 원망하고 불평하고 있었습니까? 그렇다면 이제부터라도 원망과 불평을 버리고 감사의 제단을 쌓으십시오. 평생에 하나님만을 바라보고 이미 주신 은혜에 감사드리며 살게 되기를 바랍니다.

핵심요약 우리는 말씀에 기초해서 기도해야 합니다. 우리가 말씀을 많이 읽고 깊이 묵상할수록 하나님에 대하여 올바른 생각을 품을 수 있으며, 말씀에 기초한 기도를 드림으로써 하나님의 신실한 응답을 받을 수 있습니다. 또한 우리는 인내의 기도를 드려야 합니다. 하나님은 반드시 우리의 기도에 응답해 주시므로 끝까지 인내하며 기도해야 합니다.

2. 응답받는 기도의 비결

인내하며 기도합니다

우리는 열심히 신앙생활을 하지만 기도가 응답되지 않아 낙심하는 경우가 있습니다. 다니엘을 보십시오. 다니엘이 기도하기 시작한 날에 하나님이 그의 기도에 응답해 주셨지만, 다니엘이 그 응

답을 받기까지는 21일이 걸렸습니다. 다윗은 "내가 야훼를 기다리고 기다렸더니 귀를 기울이사 나의 부르짖음을 들으셨도다 나를 기가 막힐 웅덩이와 수렁에서 끌어올리시고 내 발을 반석 위에 두사 내 걸음을 견고하게 하셨도다"(시 40:1~2)라고 하나님을 찬양했습니다. 기도하기를 쉬지 마십시오. 하나님의 역사는 하나님의 때에 하나님의 방법으로 이루어집니다. 우리가 할일은 응답하시는 하나님을 신뢰하고, 기도하면서 기다리는 것입니다. 기도하면 반드시 응답이 다가옵니다.

대의그룹 회장 채의숭 장로님이 쓴《하늘경영》이라는 책이 있습니다. 장로님은 고등학교 시절에 하나님 앞에 다음과 같은 세 가지 소원을 구했습니다.

> 하나님 제게 세 가지 꿈이 있습니다. 첫째는 제가 박사가 되어 교수가 되게 해 주시고, 둘째는 제가 큰 회사 사장이 되게 해 주시고, 셋째는 제가 평생에 100개 교회를 건축하여 하나님에게 드릴 수 있게 해 주옵소서.

하나님은 장로님의 삶에 복을 주셔서 첫 번째, 두 번째 소원에 응답해 주셨습니다. 그런데 장로님이 자동차의 계기판과 오디오, 공조 장치를 생산하는 '대의테크'라는 사업체를 운영하고 있을 때 큰 홍수가 나서 모든 기계가 쓸모없게 되고 말았습니다. 이로 인해 장로님은 완전히 파산할 지경이 되었습니다. 그러나 장로님은 좌절하거나 포기하지 않고 하나님의 말씀을 붙잡았습니다. "사람이 마음으로 자기의 길을 계획할지라도 그의 걸음을 인도하시는 이

〈로마서〉12:12
소망 중에 즐거워하며 환난 중에 참으며 기도에 항상 힘쓰며

는 야훼시니라"는 〈잠언〉 16장 9절의 말씀을 붙잡고 하나님에게 간절히 부르짖었습니다. "치료의 하나님, 제 마음의 절망을 치료하여 주옵소서. 제게 다시 일어 설 수 있는 힘을 주옵소서. 희망을 주시고 비전을 품게 하여 주옵소서"라고 기도하며 하나님을 바라보고 의지했을 때 하나님은 장로님의 사업에 회복의 은혜를 허락해 주셨습니다.

장로님은 하나님의 은혜에 감사하며 세 번째 꿈인 교회 건축을 시작하여 1992년에 스리랑카 즈바나디야에 첫 교회를 세웠습니다. 그리고 그 후로 라오스, 브루나이, 네팔, 미얀마, 캄보디아, 카자흐스탄, 몽골 등 세계 21개국에 약 70개 가까운 교회를 세우게 되었습니다.

믿음을 갖고 나아가면 꿈은 이루어집니다. 기적과 축복이 임합니다. 만약 홍수가 나서 모든 기계가 떠내려갔을 때 장로님이 절망하고 포기했더라면 세 번째 꿈은 영영 이루어지지 못했을 것입니다. 그러나 믿음으로 그 장애물을 뛰어넘고, 중풍병자의 네 친구들이 지붕을 뜯어서 침상을 내리듯이 믿음으로 전진했을 때 하나님이 복을 주신 것입니다. 우리의 믿음은 모든 장애물을 뛰어넘는 능력입니다. 모든 불가능을 가능하게 만드는 능력입니다.

〈베드로전서〉 1:5
너희는 말세에 나타내기로 예비하신 구원을 얻기 위하여 믿음으로 말미암아 하나님의 능력으로 보호하심을 받았느니라

우리는 기도의 응답을 통해 하나님을 만나고 하나님의 뜻을 깨달을 수 있습니다. 우리의 연약한 힘과 지혜로는 하나님의 영광과 능력을 온전히 나타낼 수 없습니다. 하나님은 우리의 기도를 통해서 그의 영광과 능력을 나타내십니다. 그러므로 우리는 기도하고 응답받기를 간절히 사모해야 합니다.

〈시편〉102:1

소망 중에 즐거워하며 환난 중에 참으며 기도에 항상 힘쓰며

하지만 모든 기도에 하나님의 응답이 오는 것은 아닙니다. 하나님은 겸손하게 나의 뜻을 내려놓고 하나님의 뜻을 따라 구하는 기도에 응답해 주십니다. 하나님은 습관을 따라 읊조리는 기도가 아니라 분명한 확신을 가지고 하는 믿음의 기도에 응답해 주십니다. 하나님은 말씀을 따라 기도하고 응답이 올 때까지 인내하며 기도할 때 응답해 주십니다. 기도하면 반드시 기적이 일어납니다. 기도를 통해 하나님의 축복을 받고 은혜를 체험하십시오. 매일의 삶이 승리와 축복과 기적의 삶이 되기를 바랍니다.

조지 뮬러 (1805~1898)

기도로 하늘문을 연 믿음의 거장. '5만 번 이상 기도 응답을 받은 사람', '브리스톨 고아들의 아버지'로 잘 알려진 독일 출신의 영국 목회자이다. 성경을 배포하고, 선교사들을 기도와 물질로 후원하는 사역도 지속적으로 펼쳐나갔다. 70세이던 1875년부터 17년 동안 선교 여행을 통해 42개국에서 300만 명에게 복음을 전했다.

조지 뮬러(George Muller) 목사님은 예수님을 믿지 않는 다섯 명의 친구들이 구원받도록 기도하여 5년 만에 한 친구가, 10년 만에 두 친구가 예수님을 영접했습니다. 그리고 네 번째 친구는 25년 만에 구원받았고, 마지막 한 친구는 조지 뮬러 목사님의 장례식에 와서 예수님을 영접했습니다. 조지 뮬러 목사님은 마지막 한 친구의 구원을 위해서는 50년 이상 기도하였던 것입니다.

하나님은 반드시 우리의 기도에 응답하십니다. 응답이 조금 더딘 것 같다고 해서 포기하지 마십시오. 기도에 응답하시는 좋으신 하나님을 의지하면서 평생 넘치는 감사로 기도하는 사람에게 하나님은 놀라운 일들을 허락해 주십니다.

말씀에 기초하여 기도합니다

하나님의 뜻을 분명히 알게 해 주는 것은 바로 말씀입니다. 그러므로 우리는 자신의 기도를 말씀에 비추어 보아서 그것이 하나님의 뜻에 맞는 것인지 점검해 보아야 합니다. 우리가 말씀을 읽고

깊이 묵상하면, 말씀이 하나님의 뜻을 우리에게 분명하게 보여 줍니다.

〈요한복음〉 15장 7절 말씀을 적어 보세요.

너희가 내 안에 거하고 내 말이 너희 안에 거하면 무엇이든지 원하는 대로 구하라 그리하면 이루리라

이와 같이 우리가 말씀을 마음에 품고 그 말씀에 기초해서 기도하면 그대로 이루어집니다.

우리가 하나님의 말씀을 지키며 살아갈 때 어떠한 복이 우리에게 임합니까? "야훼께서 너를 머리가 되고 꼬리가 되지 않게 하시며 위에만 있고 아래에 있지 않게 하시리니"(신 28:13)하고 약속해 주셨습니다.

우리가 하나님에게 인정을 받으면 주님이 복에 복을 더해 주십니다. 하나님 앞에서 말씀대로 정직하고 성실하고 근면하면 하나님이 복을 주십니다. 하나님에게 인정을 받으면 하나님이 그의 일생을 책임져 주십니다. 그러므로 예수님을 믿었으면 이제 바르게 사십시오. 그래서 이 세상을 아름답게 만들어 나가십시오. 절대로 죄와 타협하지 말고 꿋꿋하게 바로 서서 하나님이 기뻐하시는 삶을 사시기를 바랍니다.

우리가 말씀을 많이 읽고 깊이 묵상할수록 하나님에 대하여 올

바른 생각을 품을 수 있으며 말씀에 기초한 기도를 드림으로써 하나님의 신실한 응답을 받을 수 있습니다.

3. 다니엘의 기도를 본받아

핵심 요약 우리는 다니엘처럼 하나님에게 정해진 시간에 기도하는 습관을 가져야 합니다. 또한 모든 상황 속에서 감사하며 기도해야 합니다.

정기적으로 기도합니다

구약의 인물 중에 기도 응답의 모범을 보여 준 사람으로 다니엘을 꼽을 수 있습니다. 다니엘은 바벨론의 느부갓네살 왕이 예루살렘을 점령하고 왕과 귀족들을 잡아갈 때 그들과 함께 바벨론으로 끌려갔습니다. 용모가 빼어나고 두뇌가 명석했던 다니엘은 느부갓네살 왕의 시동으로 선발되어 3년간 갈대아 인의 학문과 언어를 배웠습니다. 그 후 다니엘은 느부갓네살 왕의 꿈을 해석함으로써 인정을 받아 바벨론 제국의 총리가 되었으며, 바벨론 제국이 멸망한 후 메대 제국과 바사 제국이 세워졌을 때에 중용되어 무려 4명의 왕을 위해 일했습니다. 이처럼 다니엘이 포로의 신분에서 총리가 되고, 여러 제국이 흥망성쇠를 거듭하는 동안에도 계속해서 나라의 중책을 맡았다는 것은 그가 얼마나 대단한 인물이었는지를 보여 줍니다. 그런데 다니엘이 이렇게 위대한 인물이 될 수 있었던 것은 그가 항상 기도하였기 때문입니다. 그는 매일 아침 아홉 시, 낮 열두 시, 오후 세 시에 예루살렘을 향해 창문을 열어 놓고 하나님에게 기도하였습니다.

이처럼 매일 정기적으로 기도하는 그에게 한번은 이런 일이 있었습니다. 메대 제국의 다리오 왕이 다니엘에게 전국을 다스리는 권한을 주려고 하자 이것을 시기한 총리와 고관들이 음모를 꾸몄습니다. 다니엘의 기도 습관을 익히 잘 알고 있던 그들은 다니엘을 겨냥해 '왕 외에 다른 신에게 절하는 사람은 사자 굴에 던져 넣는다'라는 조서를 꾸며 왕에게 올렸습니다. 다리오 왕은 그러한 사정을 모르고 조서에 도장을 찍고 금령을 내렸습니다. 그러나 다니엘은 그 사실을 알고도 하나님에게 기도하였습니다(단 6:10).

다니엘은 평소대로 창문을 활짝 열어 놓고 하루 세 번의 기도 시간을 지켰습니다. 이처럼 다니엘은 '하나님에게 기도하다가 잡혀 죽어도 나는 기도할 것이다'라는 담대한 믿음의 소유자였습니다.

보통 유대인들은 하루에 세 번, 곧 해 뜰 때와 오후 3시와 해 질 때에 기도했습니다. 베드로와 요한은 그리스도인이 되고 나서도 그와 같은 경건한 기도 습관을 유지하면서 더욱 신실한 기도 생활을 하였습니다(행 3:1). 그들이 나면서부터 걷지 못하게 된 자를 일으키는 기적을 행한 것도 정해진 기도 시간에 성전에 올라가다가 일어난 일입니다.

모슬렘이라고 불리는 이슬람교도들은 하루에 다섯 번 정해진 시간에 메카를 향해 절을 합니다. 무슨 일을 하고 있든지 어디에 있든지 상관없이 기도 시간만 되면 엎으려 절을 합니다. 제가 인도네시아로 선교 여행을 갔다가 이른 새벽에 확성기에서 울려 퍼지는 낯선 소리에 잠을 깬 적이 있습니다. 그래서 선교사님에게 무슨 소리인지 물어보니까 모슬렘들이 사원에 모여 기도하는 소리라고 알려 주었습니다. 그러면서 선교사님이 하시는 말씀이 "목사님, 속

〈다니엘서〉6:10

다니엘이 이 조서에 왕의 도장이 찍힌 것을 알고도 자기 집에 돌아가서는 윗방에 올라가 예루살렘으로 향한 창문을 열고 전에 하던 대로 하루 세 번씩 무릎을 꿇고 기도하며 그의 하나님께 감사하였더라

〈사도행전〉3:1

제 구 시 기도 시간에 베드로와 요한이 성전에 올라갈 새

지 마세요. 진짜 기도하는 게 아니고 녹음해 놓은 것을 계속 틀어 놓는 것입니다"라는 것이었습니다.

정기적인 기도 시간을 갖는다고 하면서 단지 습관적으로 타성에 젖어서 하면 영적으로 아무런 유익이 없습니다. 사랑하는 사람이 생기면 매일 같은 시간에 같은 장소에서 만나도 항상 새로운 것처럼, 하나님을 사랑하는 자녀들의 기도 시간은 항상 새롭고 기대감으로 가득해야 합니다. 하나님이 날마다 새 일을 행하실 것이라는 믿음을 가지고 정해진 시간에 기도하는 습관을 갖게 되시기를 바랍니다.

감사하며 기도합니다

다니엘의 기도 응답에서 또 한 가지 배울 수 있는 점은 바로 그가 감사하며 기도했다는 점입니다. 다니엘은 기도를 포기하지 않으면 죽을 것을 알고도 하나님에게 감사하며 기도했습니다.

> 아무것도 염려하지 말고 다만 모든 일에 기도와 간구로, 너희 구할 것을 감사함으로 하나님께 아뢰라 그리하면 모든 지각에 뛰어난 하나님의 평강이 그리스도 예수 안에서 너희 마음과 생각을 지키시리라(빌 4:6~7)

어떠한 문제와 어려움이 있어도 감사함으로 하나님에게 아뢰고 도우심을 구하면 하나님의 평강이 우리의 마음과 생각을 지켜 줍니다. 따라서 넘치는 감사로 기도하는 사람은 항상 마음에 평안이 가득하게 됩니다.

가정에 어려움이 다가오고, 사업이 곤경에 처하고, 질병으로 고통당할지라도 모든 지각에 뛰어난 하나님의 평강이 우리 마음에 가득하면 그 모든 것을 넉넉히 이길 수 있습니다. 그러나 마음의 평안을 잃어버린 채 근심 걱정을 하고 낙심하면 문제나 어려움 때문이 아니라 평안이 없는 그 마음 때문에 넘어지게 됩니다. 마음에 평안이 없으면 작은 문제도 크게 보이고, 조금만 어려움이 있어도 절망에 빠져 더 큰 시련을 자초하게 됩니다.

우리는 다니엘처럼 담대한 믿음을 가지고 모든 상황 속에서 감사하며 기도해야 합니다. 쉬지 말고 기도하고 모든 일에 감사하는 것은 우리를 향한 하나님의 뜻입니다. 또한 우리는 응답이 조금 더딘 것처럼 생각되더라도 절대로 포기하지 말고 하나님으로부터 응답이 올 때까지 기도해야 합니다. 다니엘이 큰 전쟁에 대한 환상을 본 후 하나님에게 그 뜻을 구했을 때 악한 세력과의 영적 전쟁으로 말미암아 하나님의 응답이 21일간 지체되었습니다. 그러나 다니엘은 낙심하지 않고 계속 기도했습니다. 그러자 하나님이 미가엘 천사를 보내어 악한 세력을 물리치게 하셔서 결국 다니엘은 응답을 받아 환상의 뜻을 확실히 이해할 수 있게 되었습니다.

〈다니엘서〉 10:1~3

바사 왕 고레스 제삼년에 한 일이 벨드사살이라 이름한 다니엘에게 나타났는데 그 일이 참되니 곧 큰 전쟁에 관한 것이라 다니엘이 그 일을 분명히 알았고 그 환상을 깨달으니라 그때에 나 다니엘이 세 이레 동안을 슬퍼하며 세 이레가 차기까지 좋은 떡을 먹지 아니하며 고기와 포도주를 입에 대지 아니하며 또 기름을 바르지 아니하니라

✣ 과제

- 다음 주 예습
- 중보 기도
- 지금까지 응답받은 기도를 적어 보기
- 막 16:17~18 암송

어떻게 기도해야 응답받나요? 요약해 보세요.

1. 말씀에 기초해서 기도해야 한다. 우리가 말씀을 많이 읽고 깊이 묵상할수록 하나님에 대하여 올바른 생각을 품을 수 있으며 말씀에 기초한 기도를 드림으로써 하나님의 신실한 응답을 받을 수 있다.
2. 우리는 인내의 기도를 드려야 한다. 하나님은 반드시 우리의 기도에 응답해 주시므로 끝까지 인내하며 기도해야 한다.

12

어떻게 기도해야 할까

구하라 그리하면 너희에게 주실 것이요 찾으라 그리하면 찾아낼 것이요
문을 두드리라 그리하면 너희에게 열릴 것이니
구하는 이마다 받을 것이요 찾는 이는 찾아낼 것이요 두드리는 이에게는 열릴 것이니라
〈마태복음〉 7:7~8

기도는 축복의 문을 여는 열쇠입니다. 기도를 많이 하는 사람은 하나님의 금고를 여는 열쇠를 가진 사람입니다. 삶에 필요한 것이 생기면 기도라는 열쇠를 가지고 하나님의 금고를 열 수 있습니다. 이것이 기도 응답입니다. 그래서 어떤 사람은 모든 것이 부족한 형편에서 사업을 시작했어도 기도로써 하나님의 축복을 받아 사업을 크게 일으킵니다. 어떤 분은 영적 토양이 척박한 곳에 가서 교회를 개척했을지라도 많은 기도로 천국 창고의 문을 열어 하나님에게 예배당을 봉헌하고 하나님의 나라를 확장합니다. 하나님의 축복은 기도하는 사람이 차지합니다. 그렇다면 우리는 어떻게 기도해야 할까요?

✣10~12과
- 시작 찬송: 361장, 369장
- 복음성가: 오늘 집을 나서기 전 우리 함께 기도해
- 마무리 찬송: 365장

핵심 요약 1. 말씀을 의지하고 하나님에게 간구하면 하나님은 속히 응답하신다. 왜냐하면 말씀은 하나님의 약속이고, 하나님은 약속을 지키시는 신실한 분이기 때문이다.
2. 말씀을 붙잡고 응답받을 때까지 기도해야 한다. 예수님은 제자들에게 예루살렘에 머물면서 하나님 아버지께서 보내실 성령을 기다리면 몇 날이 못 되어 성령 침례를 받게 될 것이라고 약속하셨다. 제자들이 예수님의 말씀을 따라 한곳에 모여 기도하자 성령 침례의 응답을 받았다.

1. 말씀을 붙잡고 기도해야 합니다

먼저 우리는 말씀을 붙잡고 기도해야 합니다. 말씀을 의지하고 하나님에게 간구하면 하나님은 속히 응답하십니다. 왜냐하면 말씀은 하나님의 약속이고, 하나님은 약속을 지키시는 신실하신 분이시기 때문입니다.

〈사도행전〉 1장 4~5절 말씀을 적어 보세요.

사도와 함께 모이사 그들에게 분부하여 이르시되 예루살렘을 떠나지 말고 내게서 들은 바 아버지께서 약속하신 것을 기다리라 요한은 물로 침례를 베풀었으나 너희는 몇 날이 못 되어 성령으로 침례를 받으리라 하셨느니라

예수님이 주신 말씀을 믿고 기도합니다

승천하시기 전, 예수님은 제자들에게 예루살렘에 머물면서 하나님 아버지께서 보내실 성령을 기다리면 몇 날이 못 되어 성령 침례를 받게 될 것이라고 약속하셨습니다. 제자들에게 있어 예수님이 고난당하시고 죽으셨던 예루살렘에 머문다는 것은 생명을 위협받는 일이었습니다. 그러나 예수님은 성령 침례를 받게 되리라

는 약속의 말씀으로 제자들을 붙들어 주셨습니다. 이에 제자들은 예수님의 약속의 말씀을 의지하여 예루살렘을 떠나지 않고 성령 침례를 기다렸습니다. 그리고 약속대로 성령을 체험하게 되었습니다.

《안수로 병 고치는 내과의사》라는 책이 있습니다. 이 책의 저자 안우성 박사님은 서울대학교 의과대학 출신의 의학 박사로서 부산 인제대학교 의과대학 병리학 교수를 역임했고, 미국으로 건너가서 뉴욕 주립대학병원과 세계적으로 유명한 뉴욕 마운트사이나이병원에서 의료 활동을 했으며, 지금은 LA 근교에 있는 레이크우드에서 내과 전문의로 병원을 경영하고 있습니다. 그런데 안우성 박사님이 경영하는 병원은 오후 5시까지만 환자들을 치료하고, 직원들이 퇴근하고 난 5시 이후부터는 기도원이 된다고 합니다. 이때는 이곳에 찾아오는 분들에게 기도해 주는 것입니다.

그런데 하루는 오후 6시에 62세 된 대장암 말기 환자가 찾아왔습니다. 이 환자는 대한민국 해병대 중령 출신의 집사님으로 아주 체격이 좋았습니다. 그런데 그만 대장암에 걸려서 수술을 받고 체중이 30㎏이나 빠졌습니다. 그 후 석 달이 지난 다음 다시 암이 전이되어서 이제는 수술도 불가능한 상태가 되었습니다. 그런데 안우성 박사님에게 가면 기도도 해 주고 못 고치는 병도 낫는다는 소문을 듣고 찾아온 것입니다.

안우성 박사님은 그 집사님을 진찰하고 난 다음 이와 같이 이야기했습니다.

〈마가복음〉 16:16~18
믿고 침례를 받는 사람은 구원을 얻을 것이요 믿지 않는 사람은 정죄를 받으리라 믿는 자들에게는 이런 표적이 따르리니 곧 그들이 내 이름으로 귀신을 쫓아내며 새 방언을 말하며 뱀을 집어올리며 무슨 독을 마실지라도 해를 받지 아니하며 병든 사람에게 손을 얹은즉 나으리라 하시더라 집사님, 제가 의술로는 더 이상 집사님을 치료할 수 있는 방법이 없습니다. 그 대신 다른 방법을 하나 알려 드리겠습니다. 집에 돌아가서 〈이사야서〉 53장 5절의 "그가 찔림은 우리의 허물 때문이요 그가 상함은 우리의 죄악 때문이라 그가 징계를 받으므로 우리는 평화를 누리고 그가 채찍에 맞으므로 우리는 나음을 받았도다"라는 말씀을 노트에 적으시기 바랍니다. 이것을 1만 번 적은 다음에 저에게 갖고 오십시오.

그 집사님이 이 말에 놀라 "안 박사님, 무슨 숙제가 그렇게 많습니까?"라고 말하자, 안 박사님은 이렇게 대답했습니다.

구약성경에 나오는 나병에 걸린 나아만 장군을 보십시오. 나아만 장군은 엘리사 선지자로부터 요단강에 가서 일곱 번 몸을 담그면 나을 것이라는 말을 듣고 화가 나서 돌아가려고 했습니다. 그러나 하인의 간청을 듣고 선지자의 말에 순종하여 물에 들어갔다가 완전히 고침을 받지 않았습니까? 이처럼 말씀에 순종하면 하나님의 기적이 일어날 것입니다.

이 말을 듣고 그 집사님은 말없이 집으로 돌아갔습니다.

그로부터 석 달이 지나 그 집사님으로부터 전화가 걸려 왔습니다. 안 박사님은 그동안 소식이 없었기 때문에 '혹시 세상을 떠나셨나?'라고 생각했었는데 석 달 만에 연락이 온 것입니다. 그 집사님은 아주 밝고 힘찬 목소리로 말했습니다.

박사님, 제가 어제까지 〈이사야서〉 53장 5절 말씀을 1만 번 썼습니다. 그런데 오늘 내시경을 해 보니 대장암이 행방불명됐습니다. 완전히 고침 받았습니다. 할렐루야!

그 집사님은 말씀을 쓸 때마다 "그가 채찍에 맞음으로 나는 나음을 입었습니다!"라고 믿음으로 고백하면서 기도했더니 암이 떨어져 나가 버렸다고 간증했습니다. 치료함을 받고 새사람이 되었습니다. 하나님의 기적이 임한 것입니다. 그러므로 우리가 하나님 약속의 말씀을 의지할 때 우리에게 성령 충만의 은혜가 임하게 됩니다.

말씀을 붙잡고 응답이 올 때까지 기도합니다

제자들은 예수님의 말씀을 따라 한곳에 모여 성령 침례의 응답을 기다리며 기도했습니다. 예수님의 어머니 마리아와 동생들, 그리고 예수님의 제자들 등 모두 120명의 무리가 함께 기도했습니다. 그들은 성령 침례를 받겠다는 오직 한 가지 목표를 가지고 한마음이 되어 기도에 힘썼습니다.

그렇게 말씀을 붙잡고 기도한 지 열흘째 되던 오순절 날 하나님이 그들에게 성령을 부어 주셨습니다(행 2:1~4). 그들이 합심하여 기도하고 있는데 어느 순간 성령님이 불같이 바람같이 그들 위에 임하셨습니다. 그러자 그들은 성령 충만을 받고 성령에 완전히 잠겼습니다. 이것은 예수님이 주신 약속의 말씀을 붙잡고 간절히 기도한 결과였습니다. 이처럼 우리도 하나님이 약속의 말씀대로 응답해 주실 것을 믿고 간절히 기도하면 우리 눈앞에 하나님의 역사가 나타납니다.

〈사도행전〉 2:1~4
오순절 날이 이미 이르매 그들이 다같이 한 곳에 모였더니 홀연히 하늘로부터 급하고 강한 바람 같은 소리가 있어 그들이 앉은 온 집에 가득하며 마치 불의 혀처럼 갈라지는 것들이 그들에게 보여 각 사람 위에 하나씩 임하여 있더니 그들이 다 성령의 충만함을 받고 성령이 말하게 하심을 따라 다른 언어들로 말하기를 시작하니라

또한 기도를 응답받기 위해서는 부르짖어 기도하는 것이 좋습니다(렘 29:12). 어떤 사람들은 하나님이 귀머거리도 아닌데 여의도순복음교회 교인들은 왜 소리를 지르며 기도하느냐고 말합니다. 그리고 부르짖는 통성 기도보다 조용한 묵상 기도가 훨씬 영성

이 깊은 기도인 것처럼 말하기도 합니다. 물론 통성으로 여러 시간 기도한 후에 영적으로 깊이 들어갔을 때에는 묵상 기도를 하는 것도 유익합니다. 그러나 우리가 보통 새벽 예배에 나와서 바로 묵상 기도를 해 보면 5분도 안 되어 잡념이 머릿속에 가득 찹니다. '집에서 나올 때 문단속은 잘하고 나왔나?', '오늘은 무엇을 해야 하나?' 하고 이런저런 생각을 하다가 집중력을 잃어버리고 맙니다. 그러면 기도가 되지도 않고 마음만 복잡해져서 답답한 마음으로 돌아가게 됩니다. 하지만 부르짖어 기도하면 다릅니다. 통성으로 기도하면 자신의 기도 소리에 잠이 깰 뿐만 아니라 영혼이 힘을 얻습니다. 차마 사람들 앞에서 말하지 못했던 마음속 깊은 곳에 있는 아픔과 상처들도 주님 앞에 다 쏟아 놓을 수 있게 됩니다.

〈마태복음〉 14:14
예수께서 나오사 큰 무리를 보시고 불쌍히 여기사 그 중에 있는 병자를 고쳐 주시니라

우리가 어려운 일을 당할수록 부르짖어 기도해야 합니다. 부르짖어 기도하면 주님은 불쌍히 여기시고 기적을 베풀어 주십니다(마 14:14).

일본 동경순복음교회를 건축할 때의 일입니다. 당시 교회는 보증금 1억 125만 엔(한화로 약 13억 5천만 원)에 매월 900만 엔(한화로 약 1억 2천만 원)을 지불하는 4층 빌딩을 빌려 쓰고 있었습니다. 교회를 건축하려면 수백억 원의 돈이 필요했습니다. 성도 수는 많았지만 대부분 경제적으로 어렵게 살았기 때문에 건축 헌금을 하자고 제안할 수도 없었습니다. 그래서 주님 앞에 엎드려 기도하기 시작했습니다. 그러자 주님은 어떻게 기도해야 할지 가르쳐 주셨습니다. 주님은 "저를 불쌍히 여겨 주옵소서. 저를 불쌍히 여겨 주옵소서"라고 기도하라고 말씀하셨습니다. 그래서 기도할 때마다

"주님, 저를 불쌍히 여겨 주옵소서. 저를 불쌍히 여겨 주옵소서. 우리 성도들을 불쌍히 여겨 주옵소서. 우리 교회를 불쌍히 여겨 주옵소서"라고 기도하였습니다. 그 결과 1년 후에 아름다운 성전을 건축하게 되었습니다.

벤저민 프랭클린은 "100년 살 것처럼 일하고, 내일 죽을 것처럼 기도하라"고 말했습니다. 간절히 부르짖어 기도하라는 뜻입니다. 다윗은 환난을 당했을 때 하나님에게 부르짖어 기도하였습니다.

> 사망의 줄이 나를 얽고 불의의 창수가 나를 두렵게 하였으며 스올의 줄이 나를 두르고 사망의 올무가 내게 이르렀도다 내가 환난 중에서 야훼께 아뢰며 나의 하나님께 부르짖었더니 그가 그의 성전에서 내 소리를 들으심이여 그의 앞에서 나의 부르짖음이 그의 귀에 들렸도다(시 18:4~6)

스코틀랜드의 종교 개혁자 존 녹스는 "오, 주여! 제게 스코틀랜드를 주소서. 그렇지 않으면 죽음을 주소서"라고 기도하였습니다. 그의 기도에 대한 응답으로 스코틀랜드가 변화되었습니다. 오늘날도 우리가 간절히 부르짖어 기도하면 하나님의 놀라운 기적을 체험하게 됩니다.

존 녹스 (1514~1572)
16세기 영국 스코틀랜드의 목사로 스코틀랜드 종교 개혁의 지도자이자 스코틀랜드 장로교의 창시자이다. 한때 사제 서품을 받고 로마 가톨릭 성직자로 활동했으나, 당시 개혁 신앙을 부르짖던 위셔트의 영향을 받아 개신교로 회심하였다. 제네바 망명생활 중 칼빈의 영향을 크게 받아 개혁파 신학과 장로제에 대한 지식을 얻게 되었다.
그는 "기도하는 한 사람은 기도하지 않는 한 민족보다 강하다"라고 말하는 기도의 사람이었다.

2. 성령 안에서 기도합니다

> 모든 기도와 간구를 하되 항상 성령 안에서 기도하고 이를 위하여 깨어 구하기를 항상 힘쓰며 여러 성도를 위하여 구하라(엡 6:18)

핵심 요약 1. 항상 성령 안에서 기도해야 한다.
2. 성령님은 하나님의 뜻대로 성도를 위하여 간구하신다. 성령님은 우리가 기도하도록 도와주실 뿐만 아니라 우리를 위해 직접 중보기도하신다.

항상 성령 안에서 기도합니다

여기서 '항상 성령 안에서 기도한다'라는 말은 '항상 성령 충만하여 기도한다'라는 뜻입니다. 기도는 인간적인 힘으로 하는 것이 아니라 성령 충만함 받고 성령의 능력으로 하는 것입니다. 내 힘으로 기도하면 오랜 시간 기도할 수 없지만, 성령님이 주시는 힘으로 기도하면 얼마든지 기도할 수 있습니다. 또한 삶의 문제와 어려움을 만났을 때 내 힘으로 기도하면 곧잘 힘이 빠져 기도를 포기하게 되지만, 성령 충만하여 기도하면 쉬지 않고 기도할 수 있을 뿐만 아니라 모든 문제와 어려움을 용기 있게 헤쳐 나갈 수 있습니다.

〈데살로니가전서〉 5장 16~22절 말씀을 적어 보세요.

항상 기뻐하라 쉬지 말고 기도하라 범사에 감사하라 이것이 그리스도 예수 안에서 너희를 향하신 하나님의 뜻이니라 성령을 소멸하지 말며 예언을 멸시하지 말고 범사에 헤아려 좋은 것을 취하고 악은 어떤 모양이라도 버리라

1983년에 태어난 김어령 군은 돌이 지나도록 걸음마를 못하고, 말도 늦어 두 돌 즈음에 부모님이 어령 군을 데리고 병원을 찾았습니다. 병원에서는 어령 군이 뇌종양과 뇌수종을 앓고 있다고 진단

했습니다. 어령 군은 두 번의 수술을 받았지만 뇌손상으로 인해 지적 장애 2급 상태가 되었습니다.

어령 군은 장애인들에 대한 사람들의 편견과 사회의 미흡한 배려 때문에 어려움을 겪으며 자랐습니다. 장애로 인해 일반 학교에 가지 못하고 특수 학교에 입학한 어령 군은 다른 아이들에게 지속적으로 괴롭힘을 당해 마음에 많은 상처를 입었습니다. 이를 안 어령 군의 어머니는 차라리 학교를 그만두라고 권유했지만, 어령 군은 포기하지 않고 하나님의 도우심을 간구했습니다. 그리고 그 기도의 힘으로 모든 어려움을 이겨 내며 수업을 한 번도 거르지 않았습니다.

그러던 어느 날 어령 군은 교회에서 장애인들을 위해 악기를 가르쳐 준다는 광고를 보고 찾아갔다가 첼로를 접하게 되었습니다. 어령 군은 그렇게 시작하게 된 첼로에 재능을 보여 후에 대학에서 첼로를 전공하였습니다. 이렇게 어엿한 첼리스트로 성장한 어령 군은 온누리사랑 체임버오케스트라와 밀알앙상블오케스트라의 멤버로서 국내외에서 활발한 연주 활동을 하고 있습니다. 그리고 어령 군의 이러한 모습이 세상에 알려져 2009년에는 서울시에서 주는 장애극복상을 수상했으며, 현재는 세종대학교 대학원 음악과에 재학 중입니다.

어령 군의 어머니 송명애 집사님은 이러한 아들의 이야기를 담아 《지적 장애인 첼리스트: 어령아, 훨훨 날아라》라는 제목의 책을 냈습니다. 이 책은 다음과 같은 기도로 마무리되어 있습니다.

하늘 아빠, 우리 눈이 좀 더 좋아졌으면 좋겠습니다. 그냥 있는 모습 그대로 볼 수 있게 말예요. 우리 눈이 좀 더 여유롭고 따뜻해지면 좋겠습니다. 장애만을 전부로 보지 않게요. 오늘의 어령이를 있게 해 주신 하늘 아빠. 우리 하늘 아빠 완전 최고입니다!

〈시편〉31:23~24
너희 모든 성도들아 야훼를 사랑하라 야훼께서 진실한 자를 보호하시고 교만하게 행하는 자에게 엄중히 갚으시느니라 야훼를 바라는 너희들아 강하고 담대하라

비록 장애를 안고 있지만 무한한 능력의 하나님을 의지하며 기도한 어령 군과 어머니 송명애 집사님의 모습은 우리에게 큰 도전이 됩니다. 어령 군과 송명애 집사님이 인간의 힘으로 장애를 극복하려고 했다면 사회의 편견과 장애 앞에 무릎을 꿇고 낙심했을 것입니다. 그러나 기도하기를 포기하지 않고 굳세게 붙잡아 주시는 성령의 손길을 의지했기 때문에 모든 어려움을 극복하고 승리할 수 있었습니다.

또한 성령 안에서 기도하는 것은 방언으로 기도하는 것입니다. 우리는 오순절 날 성령님이 임하실 때 성도들의 입에서 방언이 터져 나왔다는 점을 주목해야 합니다. 방언은 성령 충만을 받은 성도들에게 하나님이 주시는 가장 대표적인 선물입니다. 방언 기도는 영으로 하는 기도로 우리의 신앙에 큰 유익을 줍니다. 방언으로 기도하면 영으로 기도하면서 마음으로도 기도할 수 있기 때문에 우리의 기도가 더욱 더 강력하게 됩니다. 더욱이 우리말로 기도하는 것보다 방언으로 기도하면 훨씬 더 오랫동안 기도할 수 있기 때문에 신앙생활에 있어서 방언 기도는 꼭 필요합니다.

〈고린도전서〉14:2
방언을 말하는 자는 사람에게 하지 아니하고 하나님께 하나니 이는 알아 듣는 자가 없고 영으로 비밀을 말함이라

방언 기도는 영적으로 하나님과 깊이 있는 교제를 나누는 가장 강력한 수단 중의 하나입니다. 일반적으로 방언 기도는 우리말로 기도하기 어려울 때와 구체적인 형편을 확실하게 알지 못하는 사

람들을 위해 중보 기도할 때 합니다. 성령은 하나님의 마음을 알고 계십니다. 성령은 또한 개인과 개인의 삶의 상황을 위한 하나님의 뜻을 분별하게 하십니다. 성령은 우리의 필요를 알고 계시는 것만큼 우리가 기도해 주는 다른 사람의 필요에 대해서도 잘 알고 계십니다. 실제로 성령은 우리를 위해 대신 기도해 주시는 중보의 사역을 행하십니다. 이러한 이유 때문에 우리는 특별히 남을 위해 기도할 때 성령의 언어로 기도할 필요가 있습니다.

방언은 개인의 기도 생활에 있어서 더 이상 신비적 현상으로 치부되지 않습니다. 이것은 오순절교단뿐 아니라 타 교단에 이르기까지 마찬가지입니다. 방언은 성령 침례를 받은 외적 증거입니다. 우리는 방언 기도를 통하여 하나님과의 교제를 더욱 깊게 할 수 있습니다(고전 14: 2, 15). 그러므로 우리는 성령 충만을 받을 뿐만 아니라 방언으로 기도하기를 힘써야 합니다. 특별히 영적 리더로 세움 받은 성도는 방언으로 기도하는 일에 더욱 힘써야 합니다.

〈고린도전서〉14:15
그러면 어떻게 할까 내가 영으로 기도하고 또 마음으로 기도하며 내가 영으로 찬송하고 또 마음으로 찬송하리라

성령님은 하나님의 뜻대로 성도를 위하여 간구하십니다

성령님은 우리가 기도하도록 도와주실 뿐만 아니라 우리를 위해 직접 중보 기도를 해 주십니다. 성경은 다음과 같이 말씀하고 있습니다.

〈로마서〉 8장 26절 말씀을 적어 보세요.

이와 같이 성령도 우리의 연약함을 도우시나니 우리는 마땅히 기도할 바를 알지 못하나 오직 성령이 말할 수 없는 탄식으로 우리를 위하여 친히 간구하시느니라

성령님은 하나님의 뜻대로 간구해 주십니다. 우리는 정욕으로 쓰려고 잘못 구할 수도 있지만, 성령님은 항상 우리 삶에 하나님의 뜻이 이루어질 수 있도록 기도해 주십니다. 따라서 우리가 성령 충만한 가운데 기도하면 우리의 일생이 하나님 앞에 바로 서게 되고 무엇을 하든지 하나님의 영광을 나타낼 수 있게 됩니다.

2010년 7월 3일자 《조선일보》 토요일 섹션 제1면 전체에 여의도순복음교회 지휘자였던 한태근 선생님에 대한 기사가 실렸습니다. 신일고등학교에서 음악을 가르친 한태근 선생님은 우리가 잘 아는 '꼬부랑 할머니'라는 노래를 지은 분입니다. 어느 날 한 선생님의 소변에 피가 섞여 나와서 검사를 받아 보니 방광암이었습니다. 그래서 지난 2000년에 세브란스 병원에 근무하는 한 선생님의 제자 최영득 박사가 집도의가 되어 선생님을 수술하게 되었습니다. 그런데 개복을 해 보니 방광 전체가 암으로 뒤덮여 있어서 칼을 댈 수 없을 정도였습니다. 수술이 불가능해서 다시 배를 닫고 말았습니다. 최영득 박사는 의사 생활을 하면서 이렇게 심하게 암

으로 뒤덮인 경우는 두 번밖에 보지 못했다고 말할 정도였습니다. 최 박사는 한태근 선생님에게 "이제 하실 일은 기도밖에 없습니다"라고 말했습니다. 한태근 선생님 같은 경우는 길어야 1년을 넘기지 못하는 것이 통상적이라고 합니다.

한태근 선생님은 생사의 기로에서 하나님에게 기도했습니다. "하나님, 제가 아직 할일이 남아 있습니다. 저의 생명을 6개월만 연장시켜 주십시오." 당시 한태근 선생님은 성경을 가지고 찬송가를 만들고 있었습니다. 성경을 〈창세기〉부터 〈요한계시록〉까지 찬송으로 부를 수 있도록 성경찬송가를 만드는 작업이었습니다. 그 일을 끝내게만 해 달라고 하나님에게 간절히 기도했습니다. 한태근 선생님은 성경찬송가 작곡을 계속하면서 항암 치료를 받다가 점차 병세가 호전되어 수술을 세 번 받고 지금까지 10년을 넘게 살고 계십니다.

금방 생명이 다하여서 세상을 떠날 것 같던 분이 하나님의 긍휼히 여기심을 받아 마침내 성경을 내용으로 만든 찬송가 300곡집을 완성했습니다. 완성하고도 제작비가 없어 기도를 했는데 어디선가 '꼬부랑 할머니' 노래를 쓰겠다고 하면서 사용료 700만 원을 지불해서 그것으로 성경찬송가를 제작할 수 있었습니다. 그 후에 한 선생님은 《찬양 치유법》이라는 책도 쓰셨습니다. 한 선생님은 하나님에게 기도했더니 하나님이 치료해 주시고 응답해 주셨다고 간증하고 있습니다. 하나님이 치료하셨다는 간증이 기독교 신문도 아닌 《조선일보》에 한 면 전체를 다 채우고도 남을 정도로 크게 실렸습니다.

〈데살로니가 전서〉5:23
평강의 하나님이 친히 너희를 온전히 거룩하게 하시고 또 너희의 온 영과 혼과 몸이 우리 주 예수 그리스도께서 강림하실 때에 흠 없게 보전되기를 원하노라 성령 충만한 기도의 용사가 되십시오. 성령 충만한 기도의 용사는 기도를 쉬지 않습니다. 기도의 능력으로 모든 문제와 어려움을 이겨 내고 흔들리지 않는 믿음으로 승리하는 신앙생활을 해 나갑니다. 그러나 성령 충만을 받지 않고 내 생각과 내 감정에만 빠져 있으면 기도를 지속하기도 힘들고 하나님에게 응답을 받기도 어렵습니다. 응답이 와도 그 응답이 하나님에게서 온 것인지 아닌지 분별하지 못합니다. 오직 성령 충만한 가운데 깨어 기도할 때 하나님의 뜻을 온전히 깨닫고 그 뜻을 이루어 드릴 수 있습니다.

성령님은 하나 되게 하시는 영입니다. 따라서 우리가 기도하면 성령님은 조화와 일치를 이루게 해 주십니다. 사람들이 다투고 싸우는 이유는 서로 자기가 옳다고 생각하며 자기주장을 관철시키려고 하기 때문입니다. 그러나 문제가 생기고 분열이 일어날 때 잘잘못을 따지고 책임 소재를 규명하다 보면 조화와 일치는커녕 문제가 더 악화될 가능성이 높습니다. 성령 안에서 성도들이 조화와 일치를 이루어 가기 위해서는 서로 용납해야 합니다(엡 4:2). 여기에서 '겸손'과 '온유'는 예수님의 대표적인 성품이고, '오래 참음'과 '사랑' 또한 예수님의 성품에 속하는 것입니다. 따라서 성령 안에서 조화와 일치를 이루기 위해서는 예수님의 성품을 닮아 상대방을 용납해야 한다는 것을 알 수 있습니다.

〈에베소서〉 4:2
모든 겸손과 온유로 하고 오래 참음으로 사랑 가운데서 서로 용납하고

성령님이 하나 되게 하신 것을 지키기 위해서는 기도하며 평안의 매는 줄로 묶어야 합니다. 영적 지도자는 공동체가 조화와 일치를 이루어 나가기 위해 평안을 구해야 합니다.

에베소서 4장 3~4절 말씀을 적어 보세요.

평안의 매는 줄로 성령이 하나 되게 하신 것을 힘써 지키라 몸이 하나요 성령도 한 분이시니 이와 같이 너희가 부르심의 한 소망 안에서 부르심을 받았느니라

성령님을 따라 기도하면 늘 은혜와 축복과 승리의 삶을 살게 됩니다. 우리가 성령 안에서 하나 된 삶을 살 때, 하나님은 우리 가정이 복을 받게 하시고, 구역이 복을 받게 하십니다. 뿐만 아니라 우리가 성령 안에서 하나 될 때 교회가 부흥하고 성장하여 온 천하에 하나님의 영광을 나타내도록 하십니다.

〈에베소서〉 4:5~6
주도 한 분이시요 믿음도 하나요 침례도 하나요 하나님도 한 분이시니 곧 만유의 아버지시라 만유 위에 계시고 만유를 통일하시고 만유 가운데 계시도다

3. 기도를 훈련하는 실제적인 방법

기도를 생활화하기 위해서는 훈련이 필요합니다. 기도의 훈련에는 단계별로 어떤 과정을 경험해야 하는지, 구체적인 방법에 대해서 알아보겠습니다.

핵심요약 1. 먼저 겸손하게 하나님의 도우심을 구하며 기도하기로 단호하게 결단해야 한다.
2. 기도하기 위하여 구체적인 계획을 잡아야 한다.
3. 기도를 실행하고 점검하는 습관을 가져야 한다.
4. 지속적인 기도를 드릴 수 있도록 훈련을 쌓아가야 한다.

단호하게 결단하고 기도합니다

첫째로 겸손하게 하나님의 도우심을 구하며 결단하는 일이 우

〈다니엘서〉10:12

그가 내게 이르되 다니엘아 두려워하지 말라 네가 깨달으려 하여 네 하나님 앞에 스스로 겸비하게 하기로 결심하던 첫날부터 네 말이 응답받았으므로 내가 네 말로 말미암아 왔느니라

선되어야 합니다. 성경은 다니엘이 기도하기로 결심하던 첫날부터 그 기도를 응답하셨다고 말씀하십니다(단 10:12).

우리는 기도를 다음으로 미루지 말고 '지금'해야 합니다. 하지만 기도를 하기로 결단하는 것은 우리의 힘과 의지로 하는 것이 아니라 하나님에게 겸손히 의지하여 그분의 도우심을 받는 것입니다. 우리가 하나님을 믿고 맡길 때 하나님은 우리가 기도에 집중할 수 있도록 이끌어 주시기 시작합니다.

둘째로 기도의 삶으로 나아갈 수 있도록 말씀을 의지하고 성령님의 인도를 구하는 과정이 필요합니다. 기도 생활의 중요한 원칙은 성경말씀에 의지해서 기도하는 것입니다. 말씀을 읽고 묵상하며 그 말씀에 근거하여 기도하면, 더 놀라운 역사가 일어납니다. 성경에 기록된 하나님의 말씀을 신뢰하고 붙든다는 것은 곧 하나님을 온전히 믿는 것이기 때문입니다.

〈데살로니가전서〉 2장 13절 말씀을 적어 보세요.

이러므로 우리가 하나님께 끊임없이 감사함은 너희가 우리에게 들은 바 하나님의 말씀을 받을 때에 사람의 말로 받지 아니하고 하나님의 말씀으로 받음이니 진실로 그러하도다 이 말씀이 또한 너희 믿는 자 가운데에서 역사하느니라

성경이 기도의 교과서라면 성령님은 기도의 교사라고 할 수 있습니다. 개인적인 노력만으로 기도의 삶을 살 수 없지만 성령님의 도우심으로 인도함을 받을 수 있습니다. 성령님은 누구보다도 우리를 잘 아시는 분입니다. 성령님은 우리가 하나님의 뜻대로 기도하도록 도와주십니다(롬 8:26~27). 기도하는 과정뿐 아니라 기도의 내용까지 성령님이 인도해 주십니다.

셋째로 결단할 때의 마음이 유지되도록 기도 서약문을 작성해 두는 것도 좋은 방법입니다. 기도의 삶을 살기로 결단한 것을 기록으로 남겨두면 좀 더 긴장하고 기도 훈련에 임할 수 있습니다. 매일 일정한 시간에 하나님과 만나겠다는 기도 서약문은 기도 생활을 몸소 실천하는 데 강한 동기 부여가 되며 처음 결단했을 때의 마음가짐을 놓치지 않게 해 주는 역할을 합니다. 예를 들면 다음과 같이 서약문을 작성하고 보이는 곳에 놓고 바라보며 기도할 수 있습니다.

기도 서약문

나의 삶을 통해

그리스도께서 영광받으시길 원하므로

나 ______(이름)______ 는

매일 하나님과 만남의 시간을

______(장소)______ 에서 ______(시간)______ 에

가질 것을 서약합니다

구체적인 계획을 세워 기도합니다

첫째로 하루 중, 하나님과 집중적으로 교제할 구체적인 시간을 정해 둡니다. 기도는 형식적이거나 억지스러운 자리가 되어서는 안 됩니다. 꼭 자리에 앉지 않아도 길을 가면서나 다른 일을 하면서 자연스럽게 하나님에게 마음으로 기도할 수 있습니다. 그러나 기도를 생활화하고 기도 훈련을 쌓아가기 위한 첫 단계에서는 시간을 정해 두고 기도하는 것이 바람직합니다. 특히 규칙적으로 기도할 수 있는 시간을 마련해 두는 것이 좋습니다.

기도 시간을 정할 때에는 몇 시에 기도하겠다고 정하는 것뿐만 아니라 몇 시까지 기도하겠다고 정해 놓는 것도 중요합니다. 처음에는 아주 짧은 시간으로 시작해도 좋습니다. 그러나 하루에 5분, 10분 정도의 짧은 시간이라도 규칙적으로 쌓이게 되면 엄청난 기도의 능력이 나타나게 됩니다.

✣ 핸드폰
알람을 이용하면 시간을 기억하기 쉽다. 누군가와 함께 있다면 양해를 구하고 화장실에서라도 기도하자.

✣ 성경말씀을
적어 보이는 곳곳에 붙여 놓고 볼 때마다 기도하는 것도 좋다.

우리는 매일 살아가면서, 어떤 일보다 기도가 중요하고 우선시되어야 함을 늘 유념해야 합니다. 기도 시간을 계획하고 그 시간에 정기적으로 기도하는 것은 인간의 게으름과 나약함을 극복하여 온전히 하나님의 은혜의 세계로 나아 갈 수 있도록 합니다. 그러므로 행여 바쁜 상황에 놓이게 될지라도 핑계하지 말고 그 시간에 하나님과 기도로 교제해야 합니다.

둘째로 정기적인 기도 모임에 참여하는 것도 좋은 방법입니다. 기도를 목적으로 하는 모임에 참여하다 보면 기도 생활에 큰 유익이 있음을 체험하게 됩니다. 기도 시간을 정해 놓고 함께 기도하다 보면 시간이 빠르게 지나가고 많은 기도를 합심으로 드리게 됩니다. 그러므로 정기적으로 참여할 수 있는 기도 모임을 만들거나 기존의 기도 모임에 참여하고자 하는 계획을 세워야 합니다.

소그룹으로 모여 기도에 우선 순위를 두다 보면 어느덧 기도가 생활화되는 자신을 발견하게 됩니다. 또한 혼자서 기도할 때 경험하지 못한 성령님의 역사를 경험할 수 있으며, 정기적인 모임으로 더욱 철저한 기도 습관을 가질 수 있습니다. 대표적인 기도 모임으로는 새벽 기도, 구역 모임, 소그룹 기도 모임, 가정 예배 등이 있습니다.

두세 사람이 내 이름으로 모인 곳에는 나도 그들 중에 있느니라(마 18:20)

그들이 듣고 한마음으로 하나님께 소리를 높여 이르되 대주재여 천지와 바다와 그 가운데 만물을 지은 이시요 …… 빌기를 다하매 모인 곳이 진동하더니 무리가 다 성령이 충만하여 담대히 하나님의 말씀을 전하니라(행 4:24, 31)

실행하고 점검하며 기도합니다

점검에는 두 가지 방법이 있습니다. 첫째로 자기 스스로 점검해 보아야 합니다. 특별히 기도 노트를 마련하여 손으로 기록하면, 기도가 훨씬 더 효과적일 수 있습니다. 기도 노트는 우리의 기도를 보다 생산적이고 효과적이며 목적에 맞게 만드는 힘이 있습니다.

둘째로 동역자들 사이에 영적인 관심을 두고 서로 점검해 주는 일이 필요합니다. 〈사도행전〉 3장 1절에서 베드로와 요한은 함께 기도하러 올라갔습니다. 이처럼 함께 기도하면 기도하는 것 자체에 힘을 더해 줄 뿐만 아니라 서로 점검할 수 있습니다. 그러므로 가족이나 친구 등의 동역자들과 함께 기도 시간을 정하고 서로의 기도 제목을 나누는 '동역 기도'를 하는 것이 좋습니다. 영적인 관심을 두고 서로 점검해 주는 것은 사랑의 교제를 나누는 길이기도 합니다.

지속적으로 기도합니다

첫째로 기도 훈련을 쌓아 가다 보면, 기도 시간이 자연스럽게 길어집니다. 시간이 지나면서 각자의 믿음의 분량에 따라 기도 시간이 점점 늘어나는 것은 바람직합니다. 그렇게 인내심을 가지고 기도 연습을 계속하다 보면 하나님과의 교제에 대한 즐거움을 맛보게 되고, 자연스럽게 깊은 기도를 드리게 됩니다. 기도는 하나님과의 친밀한 관계로, 거룩한 삶으로 이끌어 주기 때문입니다. 성경은 "하나님의 말씀과 기도로 거룩하여짐이라"(딤전 4:5)라고 말씀하고 있습니다.

둘째로 기도 훈련을 쌓아 가다 보면, 언제 어디에서든 하나님의 임재를 느끼게 되고 자연스럽게 하나님과 대화하게 됩니다. 꾸준한 기도 훈련을 통해 기도가 조금 더 쉽고 즐겁게 됩니다. 그리고 자연히 하나님과의 교제가 깊어집니다. 특정 기도 시간이 아니더라도, 다른 일을 하면서 마음속으로 주께 기도드릴 수 있습니다.

성경은 쉬지 말고 기도하라고 말씀합니다. 쉬지 않고 기도하는 단계는 성령님을 온전히 의지하고 하나님의 말씀 안에 거할 때에 가능합니다. 기도 훈련을 계속하다 보면, 성령님의 인도와 말씀이 살아 역사하는 것을 경험합니다. 그렇게 할 때에 감사와 찬양이 넘치는 것을 깨닫게 됩니다. 우리 모두 하나님의 약속의 말씀을 붙잡고 성령님과 함께 담대한 믿음으로 기도하여 삶 가운데 하나님의 은혜와 부흥의 기적이 나타나기를 소망합니다.

〈사도행전〉 14:3
두 사도가 오래 있어 주를 힘입어 담대히 말하니 주께서 그들의 손으로 표적과 기사를 행하게 하여 주사 자기 은혜의 말씀을 증언하시니

인간은 영적으로 하나님과 대화하고 교제하도록 지음 받았지만 타락으로 인하여 그것에서 벗어나 있습니다. 일부 크리스천들은 기도를 등한시하기도 합니다. 우리는 기도를 배워야 하고 매일 기도 생활을 하도록 자신을 훈련시켜야 합니다. 기도는 저절로 되는 것이 아니라 우리 자신이 노력하고 단련하고 헌신해야 할 영적 훈련입니다.

기도할 시간이 없다는 사람에게 조용기 목사님은《나는 이렇게 기도한다》는 책에서 이렇게 선포합니다.

> 사탄이 하는 가장 큰 거짓말 중의 하나는 기도할 시간이 없다는 것이다. 그러나 우리 모두는 잠잘 시간과 먹을 시간이 있고 숨 쉴 시간이 있다. 기도가 잠자고 먹고 숨 쉬는 것만큼 중요하다는 것을 진실로 깨닫는다면 우리는 더욱더 많은 시간 동안 기도하고자 할 것이다.

따라서 기도는 영적 훈련일 뿐만 아니라 무사안일에 대한 거룩한 공격이기도 합니다.

하나님과의 관계를 날마다 새롭게 하는 사람은 현재의 상태에 만족하지 않고 끊임없이 기도에 매달립니다. 기도는 매일 해야 하는 훈련입니다.

기도는 우리 영혼의 호흡입니다. 사람이 숨을 쉬어야 살 수 있는 것처럼 하나님의 자녀들은 기도할 때 영적인 생명을 유지할 수 있습니다. 그러므로 시간을 정해 놓고 기도할 뿐 아니라 생활 속에서

무시로 기도해야 합니다. 직장인들은 출퇴근길에 운전하면서 또는 버스나 지하철 안에서 기도할 수 있고, 주부는 집안일을 하면서 기도할 수 있습니다. 이렇게 순간순간을 기도로 채우면 우리의 삶이 하나님의 은혜로 차고 넘치게 됩니다.

기도는 단지 하나님에게 복이나 도움을 나열하듯이 구하는 행위가 아닙니다. 기도는 하나님이 원하시는 것을 우리가 구하는 형태의 의사소통입니다. 하나님의 음성을 듣기 위해서는 무엇보다도 그에 합당한 자세 곧 기꺼이 순종하려는 자세를 가져야 합니다. 하나님의 뜻을 기쁜 마음으로 순종하려는 마음이 없이는 하나님의 음성을 확실하게 들을 수 없습니다.

기도하는 것은 믿음을 선포하는 것입니다. 기도의 응답도 믿음으로 받습니다. 하나님의 마음에 합한 기도를 말씀을 중심으로 인내하며 드리면 믿음의 응답이 다가옵니다. 많은 사람이 하나님의 풍성함을 체험하지 못하는 이유는 하나님이 그의 자녀에게 좋은 것을 넘치게 주실 것이라는 약속의 말씀에 대한 믿음을 말로써 고백하지 않기 때문입니다. 믿음의 기도는 우리를 꿈과 환상으로 인도합니다. 이러한 꿈과 환상은 우리의 소원하는 바를 정신적인 그림으로 명확하게 그려 주는 수단이 되며 우리의 믿음이 이미 이루어진 것처럼 믿고 행동하게 하는 힘이 됩니다. 기도하는 것은 하나님이 주시기 전에 하나님의 응답을 마음으로 내면화시킵니다.

〈시편〉34:8

너희는 야훼의 선하심을 맛보아 알지어다 그에게 피하는 자는 복이 있도다

하나님은 기도에 응답하며 우리에게 말씀하시는 좋으신 분입니다. 하나님이 말씀하실 때 우리는 그 시간을 잘 알고 있어야 합니다. 하나님의 때를 알기 위해서는 훈련과 인내가 필요하며 지속적

인 기도 훈련은 우리가 들은 올바른 말씀을 언제 말해야 할지, 언제 말하지 말아야 할지를 알게 합니다. 그리고 하나님과의 친밀함을 통하여 예수님과 연합되는 사건이 일어나게 됩니다. 모두가 기도의 응답을 받는 능력 있는 성도가 되시기를 바랍니다.

어떻게 기도해야 하는지 요약해 보세요.

1. 먼저 겸손하게 하나님의 도우심을 구하며 기도하기로 단호하게 결단해야 한다.
2. 기도하기 위하여 구체적인 계획을 잡아야 한다.
3. 기도를 실행하고 점검하는 습관을 가져야 한다.
4. 지속적인 기도를 드릴 수 있도록 훈련을 쌓아가야 한다
5. 말씀을 의지하고 하나님에게 간구하면 하나님은 속히 응답하신다.
6. 항상 성령 안에서 기도해야 한다.

과제

- 다음 주 예습
- 중보 기도
- 믿음이란 무언인지 5줄 이상 적어 오기
- 롬 5:8 암송